셀 리더 지침서

THE SHEPHERD'S GUIDEBOOK

Copyright ⓒ 1994, 1995, 1996 by Ralph W.Neighbour, Jr

All rights reserved.

Korean edition copyright ⓒ 2001 by NCD Publishers

셀리더 지침서

지은이 | 랄프 네이버
옮긴이 | 박영철

초판 1쇄 펴낸 날 | 2001년 7월 16일
개정판 14쇄 펴낸 날 | 2014년 2월 14일

등록번호 | 129-81-80357
등록일자 | 2005년 1월 12일
등록처 | 경기도 고양시 일산구 장항동 578-16 나동
발행처 | 도서출판 NCD

ISBN 978-89-89028-30-7

도서출판 NCD

주소 | 서울시 강남구 테헤란로 25길 30 4층 (역삼동, 한라빌딩)
주문 | 영업부 | (일산) 031-905-0434,0436 팩스 031-905-7092
본사 | 편집부 | (강남) 02-538-0409, 3959 팩스 02-566-7754
한국 NCD | 지원 · 코칭 | 02-565-7767 팩스 02-566-7754
NCD몰 | www.NCDMall.com

건강한 교회로 성장시키는 도서출판 NCD

도서출판 NCD는 '자연적으로 성장하는 더 좋고 많은 교회 번식 운동'을 펼치고 있는 한국NCD와 크리스천코칭센터 및 이와 관련된 기관들의 사역을 문서로 지원하는 출판사입니다.
한국 NCD는 현재 전 세계 6대주 66개국 10,000교회 4,200만 자료로 검증된 설문 조사 자료를 토대로 하여 한국에서 8가지 질적 특성을 중심으로 교회의 건강을 진단할 뿐만 아니라 더 많은 교회들이 건강하게 세워질 수 있도록 지속적인 자료 및 도구 제공, 훈련, 세미나, 컨설팅, 코칭 사역, 세계 선교, 지역 및 정보 네트워크를 위해 사역하고 있는 국제적인 전문 사역 기관입니다.

셀 리더 지침서

The Shepherd's Guidebook

셀그룹 리더들을 위한
영적이고 실제적인 지침들

랄프 네이버 지음
박영철 옮김

NCD
도서출판
www.NCDKorea.com

Contents

Contents
Contents

목차

Contents

Contents

Contents

개정판 서문

이 지침서를 완성하는 데에는 29년이란 세월이 걸렸다. 그것은 전통적인 교회 구조 안에서 발견되는 문제들에 대한 해답을 찾기 위하여 내게 필요했던 기간이었다. 이러한 기간 중 어떤 때에는 소그룹의 생활 양식에서 선구자적인 역할을 감당하려는 그런 교회에서 목회를 한 적도 있다. 나는 그야말로 소경을 인도하는 소경과 같았다. 왜냐하면 그 당시에는 우리들이 본받을 만한 모델이 없었기 때문이다. 36세 때 이런 여정을 시작하면서, 나는 이와 같은 책이 이미 나와 있기를 바랐었다. 만약 있었다면 그 책을 한 장 한 장 철저히 탐독했을 것이다. 하지만 다른 사람들은 대부분 그런 책을 읽으려고 하지 않았을 것이다. 그리고 또 재정적 손실을 무릅쓰고 그런 책을 출판하려고 하는 출판사도 없었을 것이다.

그 때를 돌이켜 보면, 오직 몇 명의 용기 있는 사람들만이 전통주의를 뒤로 하고 새로운 경험을 하기 위한 여정을 떠났다. 그런 우리에 대해 사람들은 나이에 비해 너무나 혁신적이라고 생각하였다. 래리 리처드와 다른 동료들이 초기에 이러한 여정을 함께 하던 자들로, 우리는 필요에 따라 서로를 의지하였다. 교회 생활의 초석과도 같은 셀의 개념이 개발되지도 않았고, 셀의 연합체라고 볼 수 있는 회중들도 잘 형성되지 않았던 때였다. 더구나 축제 예배의 형태로서 찬양도 아직 본격적으로 등장하기 전이었다.

하나님의 성령께서 더욱 성경적인 방법으로 이제 사랑스러운 그리스도의 신부를 단장하셨다. 전 세계에서 셀그룹 교회들이 폭발적으로 생겨나고 있음은 정말로 놀라운 일이다! 본인의 저서 『셀교회 지침서』(Where Do We Go from Here?)는 다양한 언어로 번역되어 수많은 사람들에게 읽혀지고 있다. 나는 그 책에서 사랑스런 신부에 대해 썼으며 새신자들에게 실제적인 안내를 해 주고자 하였다. 그것은 본 서보다는 더욱 폭넓은 주제를 다루고 있으며,

셀교회의 전반적인 모든 생활에 셀 그룹들이 어떻게 조화되는지에 대한 광범위하게 이해할 수 있는 토대를 제공한다.

그 책과 달리 이것은 안내서다. 이것은 셀교회에서 사용하려는 의도로 쓰여진 것으로 전통적인 교회를 위한 것은 아니다. 지난 십 년 동안 나는 전통적인 교회들의 부흥을 가져올 수 있는 방안들을 탐구해 왔다. 나는 『터치 기본 훈련』(Touch Basic Training)이라는 책자를 10,000부 이상 보급하였을 뿐만 아니라 잃어버린 영혼에게 복음을 전파하기 위한 전도 소그룹인 관계 중심의 전도 소그룹(Share Group)에서 사용할 수 있도록 처음에는 700명이 넘는 전통 교회의 목회자들을 가르쳐 보았다. 이들 중 대부분은 자기 교회의 잡다한 목회 프로그램에 전도를 위한 전도 소그룹을 추가하는 일이 불가능하다는 것을 발견했다. 그들 가운데 23명은 이러한 전도 소그룹을 교회 생활에 접목하려다가 교회로부터 해고를 당하기까지 했다.

마침내 나는 다음과 같은 결론에 도달했다. 새 술을 낡은 부대에 쏟아 부을 수는 없다! 이 말이 무슨 뜻인지를 여러분이 이해하길 바라며, 결코 전통 교회 구조라는 미지근한 물과 이러한 기름을 섞으려고 시도하지 말기를 바란다. 이 지침서는 기존의 교회 구조들을 새롭게 혁신하기 위해 쓰여진 것이 아니다. 결국 "전통적인 교회 생활을 떠나라! 우리는 아무것도 갱신하려고 하지 않는다. 다만 1세기의 초대교회와 같은 완전히 새로운 존재가 되려고 한다"라고 외치는 수천의 공동체들을 위해 쓰여진 것이다.

전 세계를 통해서 이들 새로운 셀교회들의 성장이 미국의 주일학교와 같은 전통적인 프로그램을 사용하고 있는 교회보다 훨씬 앞서고 있음을 볼 수 있다. 점점 더 많은 그리스도인 사역자들은 옛날 방식의 교회 생활이 백혈병에 걸려 있음을 인지하고 있다. 전통적인 교회 가운데 33%는 교인 수에 있어서 50명을 넘지 못하며, 또 다른 33%의 교회는 150명 선에서 완전히 그 성장을 정지한 상태다. 그 다음 28%의 교회는 350명 선에서 정체되어 있고, 이 중에서 5%의 교회만이 매우 드물게 2,000명 선을 넘고 있음을 보면서 이와 같은 질문을 던지게 된다. "왜? 무엇이 그 성장을 멈추게 하였는가?"

120명의 사람이 60년 만에 로마 제국 전체를 휩쓸어 버린 초대 교회의 폭발적인 성장과 비교할 때 이와 같은 현상은 매우 당혹스러운 것이다. 적대적인 환경에서도 흔히 수만 명에 이르는 성장을 보이는 최근 전 세계적인 셀교회의 발전은 그들을 조롱하고 있는 것이다.

내 말이 너무 신랄한가? 최근에 만났던 주눅 들린 목회자들을 향해서 나는 이 책을 쓰고 있는 것이 아니다. 그들은 내게 다음과 같이 말했다. "한국의 문화는 셀교회 체제가 잘 맞습니다. 그러나 이런 셀교회 체제는 미국과 같은 경우엔 잘 되지 않을 것입니다." 사탄이 그리스도의 몸인 교회를 무기력하게 만드는 동안 졸고 있던 목회자들은 종종 이런 엉뚱한 말들을 내뱉는다.

이 책에서 셀그룹의 리더를 표현할 때 '목자' 라는 용어를 사용하는 데 많이 고심하였다. '통제 그룹' 을 만들었던 은사주의 그룹들이 '목자' 라는 단어를 자기들 방식대로 오용했기 때문이다. 그들은 '양떼' 들에게 자신들의 '목자' 에게 십일조를 직접 바치라고 요구했고, 목자들은 또한 그들의 모든 것을 관장하는 사도들에게 자신들의 수입 중 1퍼센트를 차례대로 바쳐야만 했다. 그러나 셀교회는 이런 왜곡된 개념을 사용하지 않는다. 진정한 공동체란 그리스도인이 개인적으로 성장하도록 도와줄 뿐만 아니라 최대한 독립이 가능하도록 이끈다.

그러므로 나는 이 용어의 원래의 의미에 충실한 쪽을 선택했다. 이러한 그룹들이 성경적인 용어들을 올바르게 사용할 권리가 있는 모든 하나님의 백성으로부터 이러한 그룹들이 그 단어를 빼앗을 권리는 없다고 생각하면서 말이다. 목자란 다른 사람들을 지배하는 사람들이 아니며, 또 상부 지시나 허가를 얻어 다른 사람들을 관리하는 사람이 아니다. 참된 목자란 양떼와 더불어 살며, 실질적으로 많은 시간을 함께 보내지는 않더라도 형제 자매들이 믿음과 사역 안에서 성장하는 것을 즐거워하는 사람이다.

진정한 셀그룹은 자신들의 생활 양식이 서로에게 영향을 끼치고 있는 두 개의 기둥 사이에 매달려 있음을 발견하게 된다. 첫째 기둥은 그리스도 안에서의 셀그룹의 생명력을 증거하지 않을 수 없는 강렬한 욕망이다. 셀 원들은 다른 사람들에게 나눌 복된 소식을 가지고 있는데, 그 소식은 진리와 행복과 충만함을 가져다주는 것들이다. 그들은 어두움을 향하여 빛을 발하는 산 위의 등불이 되길 원한다. 열심히 전도해서 얻게 된 당연한 결과 이상으로 숫자가 증가하게 되면 그 셀그룹은 오히려 소멸될 수 있다는 사실을 알기 때문에, 그들은 구성원이 15명에 이르면 그룹을 두 개로 나누어 번식시킬 준비를 하고 있다.

이러한 의미에서 그들은 사탄의 권세와 대결하여 싸우고 있는 동지들인 것이다. 만일 당신이 악마의 세력과 사탄의 실제에 대해서 회의적이라면, 당신이 처한 위치를 다시 한 번 생각해 볼 필요가 있다. 불신자들을 그리스도에게로 인도한다는 것은 주의 깊게 기억했던 성경구절들에 관한 데이터베이스를 단순히 읊조리는 문제가 아니라 타오르는 불 가운데 빠져 있는 사람을 재빨리 구원해 내는 문제다. 증거하는 일은 지옥에 있는 마귀들을 불러내 양떼를 공격하게 만들 것이다. 각오하고 준비하라!

셀그룹의 생활 양식에 영향을 끼치는 두 번째 기둥은 관계의 질이다. 즉, 다른 사람들과 일치를 이루며, 더불어 사는 '이유'를 발견하며, 우정으로 묶여지는 일 등은 설명할 수 없을 만큼 귀중한 보화들이다. 셀그룹에서 각 사람은 자신의 가치를 발견하고, 자신이 사랑스러운 자이며 사랑할 수 있는 자라는 사실을 발견한다. 예수님의 메시지는 구원받은 자의 공동체라는 특별한 방법으로 함께 살도록 우리를 부르신다.

이와 같은 두 가지 기둥은 셀그룹을 형성할 수 있을 만큼 강력한 힘을 동일하게 지속적으로 발휘해야 한다. 전 세계의 기독교적인 셀이 보이는 경향은 복음 전도라는 개념이 점차 사라지고, 단순히 서로 '양육' 하는 것에 머무르고 있다. 이런 셀들은 경직된 사람들을 양산하게 되는데, 다시 말하면 이들은 '땅만 쳐다보는' 신자들이라 할 수 있겠다. 자신의 주변에 고통받고 있는 이웃을 등한시하면서 오직 믿는 사람들끼리 서로에게 초점을 맞춘다면 진정한 제자도는 결코 생겨나지 않을 것이다..

디온 로버트(Yaye Dione Robert) 목사는 진정한 목자의 마음을 가진 사람에 관한 영광스런 모델이다. 그는 1976년에 세 사람을 데리고 코트디부아르(Ivory Coast)의 수도인 아비장에서 목회를 시작하였다. 1994년 4월에 그가 이끄는 셀교회의 회원이 45,000명을 넘게 되었다. 이 책에 설명된 셀그룹과 유사한 수많은 셀들이 약 3개월 만에 두 배로 증가하였다. 더불어 살며 다른 사람에게 복음을 전하는 이와 같은 아프리카 사람들의 운동은, 해마다 문자 그대로 수천 명을 하나님 나라의 백성으로 이끌고 있다. 훈련과 복음 전도라는 두 기둥 사이의 균형이 잘 이루어지고 있으며, 그리하여 하나님께서 날마다 그들에게 믿는 자를 더해 주고 있는 것이다.

모든 위기들과 긴장들 그리고 좋은 시간을 통하여 셀그룹의 생명력이 깊어지고 성장해 간다면, 어떤 특별한 조건들이 충족되고 있음에 틀림없다. 그런데 만일 이런 조건들을 충족시키지 못한다면 여러 가지 부작용이 나타날 수 있다. 많은 전통 교회들이 양육과 성장을 도모하기 위하여 교묘한 눈속임으로 이 그룹의 운동을 시험해 보았다. 그러나 회원이 증가되기는커녕 도리어 영적인 후퇴 현상을 초래했음을 깨달았을 뿐이다.

그러므로 셀 리더(목자) 후보생이라면 이 지침서를 기도하는 마음으로 읽는 것이 매우 중요하다. 또 지역 상황에 따라 성령이 부어 주시는 통찰력으로 아주 중요한 견해들을 이해하여 소화하는 것이 중요하다. 이 책의 마지막 부분에는 주 단위로 셀그룹 모임을 하기 위한 유용한 지침이 제공되어 있다.

이 책의 판권이란 어떤 부도덕한 사람이 어느 부분을 사용하여 다시 출판하거나 판매하려는 것을 방지하려는 것이다. 그러나 이 책에 있는 모든 형식들은 복사해도 무방하다. 그러므로 여러분의 셀 리더들을 더 잘 훈련시키기 위해서 이 책의 어떤 장들을 다시 쓴다든지, 여러분 자신의 견해에 이 책의 내용을 보태는 것도 허락한다. 만일 이 자료를 당신의 상황에 맞게 보다 효과적으로 적용함으로써 단 한 사람의 영혼이라도 하나님 나라로 인도할 수 있다면 그렇게 하라!

여러분이 이 책을 그런 식으로 사용하게 되면 나에게 소식을 주기 바란다. 우리를 따르는 셀교회의 후 세대에서 더욱 새로운 개정판이 나오도록 지혜를 나누자. 그리고 이 말을 기억하라. "그가 놓쳐서는 안 될 것을 얻기 위해 지킬 수 없는 것을 주는 사람은 더 이상 바보가 아니다."

랄프 네이버 (R. W. Neighbour Jr.)

제1부

목자의 삶

The Shepherd's
Guidebook

CELL

Cell Leader INtern

목자의 삶 Ralph W. Neighbour

제1장

목자 사역을 시작한 것을 환영합니다

셀교회는 신약성경적인 교회 형태다. 교회를 이해하려면 인간의 몸을 생각해 보라. 셀은 몸을 이루는 기초 단위다. 셀이 없으면 몸은 존재할 수도 없다! 어떤 셀은 서로 결합하여 골격을 이룬다. 다른 셀의 덩어리는 혈액, 기관, 눈, 피부 등을 형성한다.

셀교회의 기초 단위는 셀이다. 그것은 7~15명으로 구성된 공동체로서 계속적으로 집에서 집으로 옮겨 다니며 활동을 한다. 이와 같은 셀의 형태를 가지고서야 교회는 1세기의 순수한 모습으로 존재할 수 있게 된다. 때때로 이러한 셀을 "기독교 기초 공동체"로 부른다. 그것이 어떻게 불려지는가는 중요하지 않지만 셀이 교회의 기초 단위라는 사실은 결정적으로 중요하다!

그런데 셀을 가지고 있는 교회와 셀교회 사이에는 하늘과 땅만큼의 차이가 있다. 전자는 신자들을 사로잡기 위한 많은 프로그램들을 마련한다. 후자는 교회의 모든 일들을 셀그룹 구조에 맞춘다. 여기에는 프로그램이 아니라 오직 셀만이 존재한다.

셀그룹은 사람들에게 복음을 전하고 양육하고 봉사를 위하여 훈련하는 곳이며, 셀 원들이 서로를 세워 주며 훈계하는 일을 하는 곳이다. 그것은 신자들이 서로를 책임지면서 전적으로 투명한 관계를 맺는 공동체다.

셀은 신자의 모든 기본적인 필요들을 채우기 때문에 전통적인 교회가 행하던 잘 짜여진 프로그램들을 대치한다. 순수한 셀교회는 주일학교도, 훈련 시간도, 심방하는 프로그램도, 수요 예배도 없으며, 전통 교회에서 절기마다 갖는 공식적인 예배들도 없다. 이런 자리를 대신하여 모든 셀은 진정한 공동체, 즉 "확대된 가족 단위"로 존재하게 된다. 순수한 셀교회는 다른 프로그램을 필요로 하지 않는다. 모든 기본적인 필요들이 셀그룹 안에서 충족된다. 교회 생활에 또 다른 프로그램을 첨가시키는 것은 신자들에게 관심의 초점을 산만하게 하고 비생산적으로 만들 뿐이다.

셀그룹 내에서의 활동에는 여러 가지 제한이 있다. 짧은 찬양과 경배로 셀 모임을 시작할 수도 있지만 그것이 일차적인 목적은 아니다. 성경이 매우 자유롭게 사용되지만 그렇다고 성경공부를 하는 장소는 아니다. 이러한 필요들은 다른 차원의 교회 생활에서 채워지는데, 이에 대하여는 이어지는 단락에서 논의될 것이다. 따라서 셀 리더가 훌륭한 성경공부 교사이거나 강력한 설교자가 될 필요는 없다.

그 대신에 셀 리더는 셀 원들을 사랑하는 목자가 되어야 한다. 목동이 양들을 돌보고 그들의 필요를 채우는 것처럼, 목자는 목회 차원에서 섬기는 자이다. 셀 원들의 필요를 돌보며 그들을 사역으로 인도하는 일에 목자의 열정이 있어야 한다. 이와 같은 개념을 마음에 분명하게 새겨 두고 이 책을 읽는다면 당신의 사역은 크게 달라지게 될 것이다. 셀 리더는 목회자의 역할을 하게 되며 목양은 하나님께서 당신에게 맡기신 사역이다.

목자의 사역은 아주 중요하다

마태복음 9장 36절에서 예수께서는 유대인 공동체의 "무리들을 보시고 민망히 여기시니 이는 저희가 목자 없는 양과 같이 고생하며 유리"하기 때문이었다. 오늘날 똑같은 문제가 그리스도인 공동체에도 존재한다. 전통 교회에서는 사례를 받는 목회자가 목자의 일을 위하여 고용된다. 일반적으로 한 사람의 목사가 수십 또는 수백 명의 그리스도인들을 책임진다. 사실상 한 목자가 그토록 많은 양들을 돌본다는 것은 불가능한 일이다. 그들의 영적, 개인적 필요를 세심하게 돌보기 위하여 헌신하는 일은 거의 불가능하다. 결과적으로 수많은 신자들이 교회 회원으로서의 의무를 게을리 하며 사람들을 섬기는 사역을 증진시키지 못한다.

셀교회에서는 이러한 일이 발생하지 않는다! 목자와 양의 비율은 1:15의 비율을 결코 넘지 않는다. 따라서 양떼의 필요를 면밀하게 관찰할 수 있다. 각 사람의 영적 은사들이 개발된다. 각 셀 원은 그리스도를 증거하는 접촉점 역할을 감당한다. 당신 스스로를 소그룹에서 공과를 가르치는 주일학교 교사와 같은 존재로 여기지 말라. 또 당신 자신을 소그룹을 운영하는 "교회 일꾼"으로도 생각하지 말라. 당신은 목자인 것이다!

당신은 많은 목회적 기능을 수행하게 될 것이다. 전 세계에 있는 많은 셀교회들의 경우, 목자(셀 리더)는 새신자에게 세례(침례)를 베풀고 주의 만찬을 집례하며 병든 자를 위하여 기도한다. 목자로서 당신이 셀 원들을 목회적으로 돌보는 일차적인 위치에 있다.

전형적인 셀그룹

아래의 도표를 주의 깊게 공부하라.

양떼에는 세 종류의 그룹이 있다(요일 2:13~14)

목자	예비 목자	
아비들	청년들	어린아이들
불신자들을 전도하고 그 목장의 다른 사람들을 돌보도록 훈련된 사람들	다른 사람들을 돌보고 준비된 불신자들을 추수하도록 훈련된 사람들	새신자 상처받은 자 양육되고 사역으로 인도될 수 있는 사람들

세 그룹으로 나누는 것은 셀그룹 안에 세 개의 하부 그룹이 있음을 말한다. 당신은 셀 원들을 알게 되었을 때 그들을 어느 부류의 사람으로 분류할 것인지를 결정해야 하며 성장함에 따라 재분류하게 된다. 이와 같은 성숙의 세 수준은 요한일서 2장 13~14절에 나타나 있다. "아비들"과 "청년들"이라는 용어는 남녀 모두가 해당된다.

당신의 셀그룹은 다음과 같은 사람들을 포함할 것이다.
- 목자(셀 리더): 당신은 양떼를 목회적으로 돌보는 책임을 지고 있다.

● 예비 목자: 항상 당신 곁에 있는 사람. 약 6개월 후에는 당신의 셀은 배가할 것이다. 셀 원 중 절반은 당신과 함께 남게 되고 또 다른 절반은 예비 목자가 목양할 것이다. 그때쯤 양 목장의 지도자는 각각 새로운 예비 목자를 두게 될 것이다.

● 다섯 명에서 일곱 명의 사람들: 이들이 셀 그룹을 형성한다. 당신이 그들을 알아감에 따라, 그들이 성숙을 향한 여정에 있어서 각각 다른 지점에 도달해 있음을 깨닫게 될 것이다. 물론 각 사람을 완벽하게 구분하는 것은 불가능하지만 대체적으로 다음과 같은 일반적인 영역으로 구분됨을 인식하게 될 것이다.

　1. 어린아이들: 말씀의 젖을 먹고 양육되어야 할 새신자들과 상처받은 사람들. 이들은 영적으로 성장하기에 앞서 과거의 상처를 치유받아야 할 신자들이다.

　2. 청년들: 자신의 가치 체계를 재조정하고 다른 사람들에게 자신의 신앙을 전해 줄 준비가 되어 있는 신자들

　3. 아비들: 헌신된 일꾼들로서 믿지 않는 자들에게 복음을 전하고 양떼를 돌보는 일에 당신을 도울 수 있도록 훈련된 사람들

셀그룹은 두 가지 방식으로 전도한다

목자	예비 목자	
아비들	청년들	어린아이들
세 사람으로 구성된 전도 소그룹이나 취미 활동 그룹을 통해 불신자에게 전도함	두 사람이 짝을 지어 요한복음 3장 16절 그림을 사용하여 그리스도를 찾는 사람에게 복음을 전함	가치의 변화 새신자를 후원하여 사역으로 인도함

어린아이들은 양육을 위해 청년들을 후원자로 두게 된다. 청년들은 아비들과 연결되어 보다 높은 차원의 사역으로 인도된다. 예비 목자는 훈련의 한 부분으로 상처받은 사람들에게 사역하는 방법을 배우게 될 것이다. 이와 같이 돌봄을 위한 영적 사슬이 양떼 가운데 형성된다.

아이들이나 상처받은 사람들이 준비되자마자, 그들은 진리를 찾는 불신자들에게 자신이 믿는 바를 전하도록 훈련되어야 한다. 이러한 훈련을 통하여 그들은 전도하는 방법을 배우고 새로운 사람들과 관계를 개발하고 돌보는 일을 한다. 이 단계에 있는 사람들을 청년들이라고 부를 수 있다. 새신자는 셀그룹으로 연결되어야 한다.

아비들은 불신자를 그리스도께로 이미 인도한 경험이 있는 성숙한 신자들이다. 그들은 영적 진리를 추구하지 않는 불신자들을 전도하기 위하여 특별한 그룹을 만들 수 있도록 훈련된다. 그들은 셀그룹의 나머지 구성원들에 의해 지원되는 하위 그룹을 형성한다. 매주 모이는 셀그룹과는 달리 관계 개발을 위한 이 하위 그룹은 오직 10주라는 단기간 동안 존속한다. 사람들이 기존의 불신자들과 맺고 있는 관계를 중심으로 이 그룹이 형성될 때, 그것은 전도 소그룹으로 불려진다. 만일 그것이 특별한 취미를 중심으로 형성된다면, 우리는 그것을 취미 활동 그룹이라 부른다. 이 그룹은 불신자들에게 파고들어 그리스도께로 그들을 인도하는 데 있어서 결정적인 역할을 한다.

많은 불신자들이 그리스도인과 교회에 대하여 왜곡된 시각을 가지고 있다. 셀그룹으로부터 형성된 특별한 팀이 이 사람들과 밀접한 관계를 개발하지 않는다면 그들은 영원히 복음을 듣지 못한 채 살아갈 것이다. 셀그룹은 이러한 사람들을 끌어들이기에 너무나 강하게 영적인 부분에 초점을 맞추기 때문에 이들에게 접촉하기 위해서는 전도 소그룹 또는 취미 활동그룹이 필요하다. 당신의 셀그룹 속에 있는 아비들로 구성된 이러한 팀은 때때로 매주 셀그룹과 전도를 위한 그룹이라는 두 종류의 모임에 참여하게 된다.

제10장에서 이러한 사역을 보다 자세하게 설명할 것이다. 목자로서 당신의 과제는 양떼로 하여금 각 사람들을 돌보고 불신자들에게 전도하도록 인도하는 것이다.

셀들이 모이면 회중을 형성한다

각 가정 그룹이 고유하고 독립적인 성격을 유지하는 "가정 교회" 운동과 달리 셀그룹은 그룹들끼리 특별한 방식으로 관계를 맺는다. 셀들의 집합체는 지리적인 단위의 회중을 형성한다. 셀교회가 이 단어를 이러한 새로운 의미로 사용한다는 사실을 아는 것은 중요하다. 전통적인 교회들의 경우 회중이 교회의 기본 단위이며 소그룹(셀)은 이차적인 것이다. 그들은 "회중"이라는 단어를 "교회"라는 단어와 동의어로 사용한다. 회중은 독자적인 생명이나 구조를 가지고 있지 않다. 그 대신에 회중이 "특정한 과업과 연관시켜 셀그룹의 활동"을 규정한다.

때때로 셀들은 회중적 차원의 예배를 드린다. 예를 들면 호주에 있는 시드니 성 마리아 침례교회(St. Mary's Baptist Church)는 주일날 여러 단위의 회중들이 예배를 드린다. 이들은 여러 곳에 흩어져 있다. 각 회중은 담임 목사와 화요일 저녁마다 만나는 설교자들을 세웠다. 그들은 함께 다음 주일에 각 지역에서 드리는 예배에 선포될 설교를 공동으로 준비한다. 이러한 방식으로 셀교회는 지역 주민들을 끌어들일 수 있는 소규모 지역 예배를 후원한다.

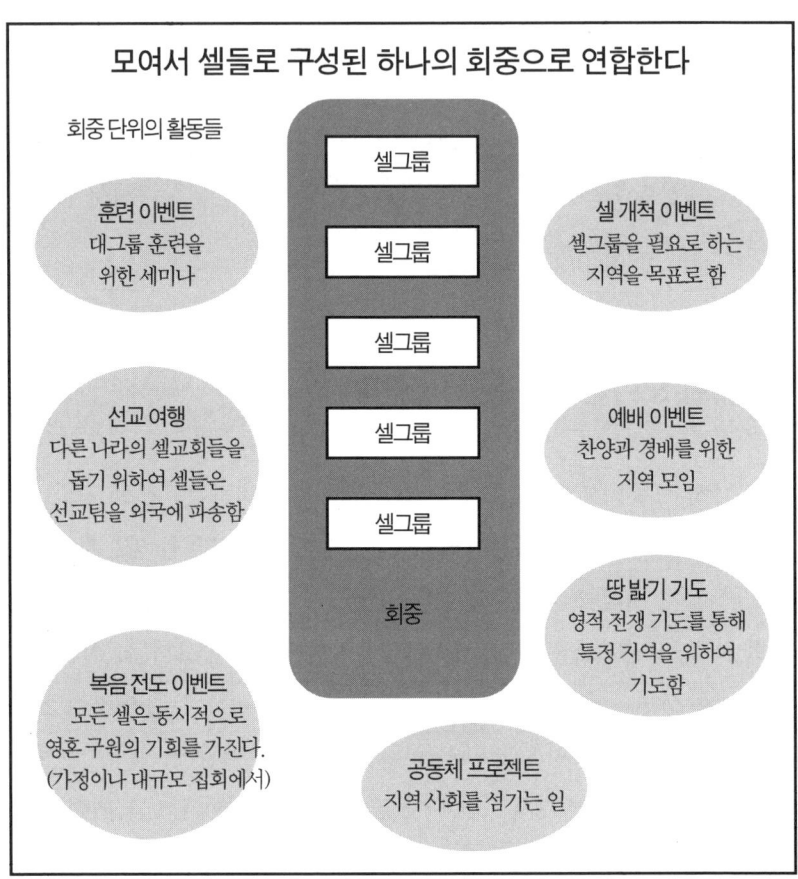

모여서 셀들로 구성된 하나의 회중으로 연합한다

회중 단위의 활동들

셀그룹

셀그룹

셀그룹

셀그룹

셀그룹

회중

훈련 이벤트
대그룹 훈련을
위한 세미나

셀 개척 이벤트
셀그룹을 필요로 하는
지역을 목표로 함

선교 여행
다른 나라의 셀교회들을
돕기 위하여 셀들은
선교팀을 외국에 파송함

예배 이벤트
찬양과 경배를 위한
지역 모임

땅밟기 기도
영적 전쟁 기도를 통해
특정 지역을 위하여
기도함

복음 전도 이벤트
모든 셀은 동시적으로
영혼 구원의 기회를 가진다.
(가정이나 대규모 집회에서)

공동체 프로젝트
지역 사회를 섬기는 일

때때로 셀교회의 모든 셀들은 축제 예배를 드리기 위해 집회를 갖는다. 그러면 수백 명의 사람들이 함께 모여 예배와 기도, 성경공부 그리고 저녁 식사를 함께 나눈다.

셀 원들의 훈련을 위해 "회중"이 활용될 수도 있다. 예를 들면 회중 가운데 예비 목자들만 모아서 훈련을 시킬 수 있다. 많은 경우에 성경 공부는 회중 단위로 이루어진다. 청소년, 여성, 남성 등을 위한 수련회도 회중에 의해 지원될 수 있다.

회중의 가장 중요한 임무는 새로운 셀그룹을 개척하기 위해 셀그룹들이 연합하게 하는 일이다. 예를 들면 셀들로 이루어진 두 개의 회중을 활용하여 전도되지 않은 지역에 새로운 셀을 개척하도록 하는 결정을 돕는 것이다.

이처럼 서로 연합하여 여러 개의 셀이 형성되면 새로운 구역(subzone)이 생기는 것이다. 이러한 방식으로 새로운 지역을 주님의 주재권 아래로 복종시키는 것이다.

회중은 언제 형성되는가?

셀교회가 개척된 다음, 한 지역에 5개 이상의 셀그룹들이 모이면 회중을 형성한다. 같은 지역 안에 있는 셀들이 서로 자연스럽게 교제권을 형성해 회중이 만들어질 때 가장 효과적인 회중이 된다.

예를 들어, 아프리카 코트디부아르라는 나라의 아비장에 있는 요푸곤 셀교회(Yopougon Cell Church)에는 여러 개의 회중들이 있다. 셀그룹들이 도시 전체에서 교외로까지 번져가면서, 지리적인 위치에 따라 회중을 나누게 되었고 그 회중은 각각 시간을 달리하여 본 예배당에서 예배를 드린다.

5개 이상의 회중은 지역을 형성한다

5개 정도의 셀그룹으로 이루어진 각 회중은 지역 리더(Zone Supervisor)에 의해 돌보아진다. 그리고 회중들이 함께 모여 한 개의 지역(Zone)을

목자 사역을 시작한 것을 환영합니다

만든다. 250명 이상 되는 이 "공동체"의 사람들을 돌보기 위해 전임 사역을 하는 지역 목사(Zone Pastor)가 세워진다.

대개 셀교회가 20~30개의 셀그룹과 5~6개의 회중을 갖기까지는 지역을 만들 필요가 없다. 만일 셀그룹들이 건강하게 성장하고 있다면 6~9개월 안에 셀그룹의 수는 40개 이상으로 배가할 것이다. 그때에 가서 또 하나의 지역을 만들면 된다. 교회가 자꾸 성장함에 따라 지역들은 다시 교구(District)를 형성하게 된다. 한 명의 교구 목사(Distirict Pastor)가 20개 회중, 100개 이상의 셀그룹을, 그리하여 1,000명이 넘는 사람들을 돌보게 된다.

싱가포르의 신앙 공동체 침례교회(Faith Community Baptist Church)에서는 약 7주마다 정기적인 셀 모임 대신 교구 기도 모임을 갖는다. 교구 모임에서는 특별 영혼 전도 활동과 지도자 수양회를 갖기도 한다.

목자로서 사역을 시작하면서 하나님이 당신에게 갖고 계신 장래의 사역을 깨닫도록 기도하라. 하나님은 당신을 지역 리더로, 그 다음에는 지역 목사로까지 부르실 수도 있다!

축제 예배는 모든 셀들이 모이는 현장이다

셀교회들이 축제 예배를 드리는 모습은 각기 다르다. 이를 위해 두 가지 형태가 자주 사용된다. 첫 번째 형태는 매주에 한 번 같은 장소에서 예배를 드리는 것이다. 싱가포르의 신앙 공동체 침례교회는 매 주일에 두 시간짜리 축제 예배를 4회 반복한다. 매 예배 때마다 1,600명의 사람들이 참석한다. 어떤 셀그룹은 두 시간의 예배와 성경공부 시간에 함께 참여한다. 모든 셀그룹들이 한 장소에 모일 수 있도록 12,500석의 싱가

포르 실내 체육관을 이와 같은 주일 축제 예배를 위해 정기적으로 빌린다.

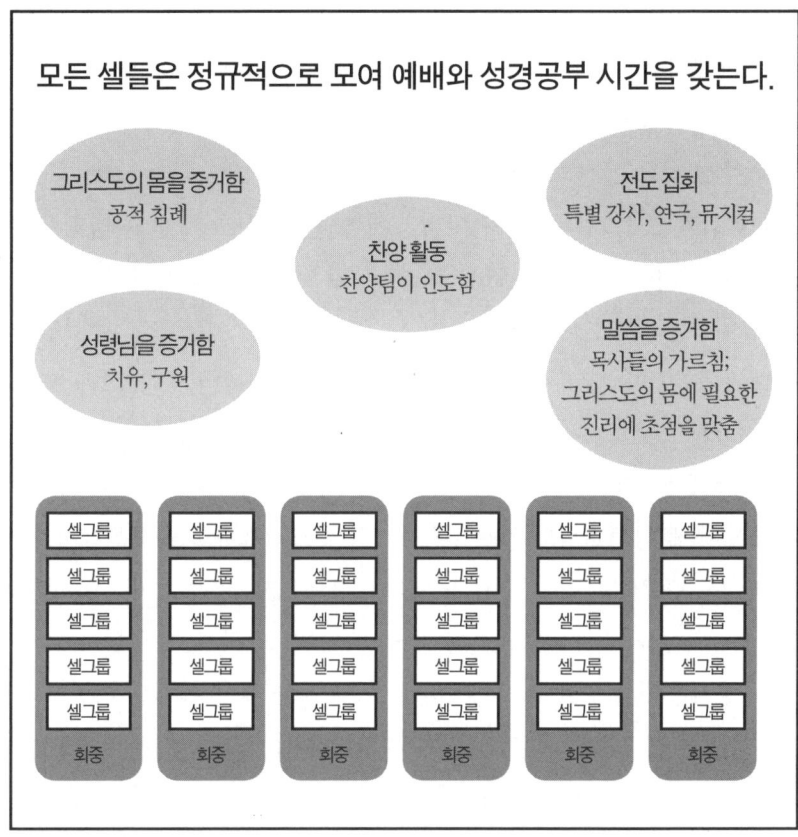

두 번째 형태로는 각 회중은 매주 모이고 축제 예배를 6주에 한 번 여는 것이다. 셀들이 넓은 지역에 퍼져 있을 때에는 이런 형태가 쓰인다. 이런 형태의 전형적인 실례는 래리 크라이더(Larry Kreider) 목사가 담임하는 도브 그리스도인 교회(DOVE Christian Fellowship)다. 7개의 군(county) 지역 단위에서 11개의 회중들이 모인다. 이들 중 일부는 매주 축제 예배를 가지지만, 일부는 주일마다 아침에 셀그룹 모임을 갖고

한 달에 한 번 회중 모임을 갖는다. 래리 크라이더 목사는 다음과 같이 말한다. "도브 교회가 창립된 이래로 한 번씩 주일 아침 축제 예배를 갖지 않기로 결정한 다음 한달 동안 가정에서 모임을 가지면서 셀들의 비전과 관계성을 강화하게 했습니다. …… 어떤 경우에 우리가 다시 주일 아침 축제 예배로 모였을 때, 주님께서 우리 교회에 100명이나 사람들을 더해 주신 것을 발견하게 되었습니다!'

아프리카 코트디부아르의 아비장에 있는 요푸곤 개신교 침례교회 (Yopougon Protestant Baptist Church and Mission)는 일 년에 한 번만 축제 예배를 개최한다. 그것은 "영성 수양회"라는 이름으로 매 부활절 주말에 개최된다. 1986년도에는 여기에 9,500명이 참석했다. 1993년도에는 80,000명 이상이 참석했고, 15,000명이 예수님을 영접했다.

셀교회들도 역시 전도 행사로서 축제 예배를 활용한다. 싱가포르의 신앙 공동체 침례교회의 연례 행사인 "함께 크리스마스를 축하합시다!'에는 35,000명의 사람들이 모였다. 세르지오 솔로르자노(Sergio Solorzano) 목사가 목회하는 엘살바도르의 엘림 교회(Elim Church)는 실외 경기장에서 수만 명의 사람을 모이게 하는 축제 예배를 매년 갖는다. 이 교회는 7개의 교구, 34명의 지역 목사들, 525명의 지역 리더들, 그리고 2,750명의 셀 리더들로 구성되어 있다. 주일에는 일곱 차례의 축제 예배가 교구 단위로 드려진다. 매 예배가 시작되고 끝날 때마다 수십 대의 버스들이 수천 명의 셀 원들을 태우고 내리기 때문에 2차선 도로에 교통 혼잡이 생길 정도다!

위의 어떤 경우에서든지 셀들은 축제 예배를 지원한다. 교회가 "구도자 중심의 예배"나 또는 거대하고 매혹적인 집회로 사람을 유인하는 것이 아니라, 그리스도의 몸에 있는 생명이 셀 안에 있다.

축제 예배에 있어서 또 다른 매우 중요한 요소는 확실한 성경공부다.

프로그램 중심 교회와는 달리, 셀교회에서는 20분짜리 "단편 설교"가 없다. 대개 설교 시간은 한 시간 정도 소요된다. 불신자들에게는 거의 초점을 맞추지 않는다. 대신 셀 원들에게 성경적인 원리들을 교육하는 데 중점을 둔다. 이 설교 시간은 주중에 셀그룹에서 성경공부하는 시간의 기초를 제공한다.

당신의 셀은 개별적으로 기능할 수 없다

목자여, 양떼를 당신의 개인적인 "교회"로 착각하지 말아라. 셀그룹들은 바깥 세상에게 복음을 전하려는 비전 아래 함께 뭉친다. 잃어버린 자를 얻지 못해 배가하지 못하는 셀은 건강한 셀이 아니다. 암은 제대로 배가하지 못하는 세포(셀)들로 인해 생기는 병이다. 당신은 교회의 담임 목사, 교구 목사, 지역 목사 그리고 지역 리더들의 영적인 권위 아래에 있다. 사탄이 소유한 어두움의 권세를 이길 수 있는 효과적인 방법을 위해 기도하고 작전을 세우는 일을 함에 있어서 그들은 당신의 셀을 비추는 한 가닥의 빛이다. 촛불 하나가 넓은 지역을 다 밝게 만들 수는 없지만, 1,000개의 촛불을 합친다면 더욱 효과적으로 어두움을 밝힐 수 있다. 당신이 사역을 할 때 셀교회의 모든 목자들과 힘을 합쳐서 사역을 한다면 엄청난 능력을 발휘하게 될 것이다!

The Shepherd's
Guidebook

The Shepherd'
idebook

book

제 2 장

좋은 목자의 자질

목자: 명사. 양을 치는 일을 하는 사람. 한 공동체를 영적으로 돌보
는 일을 하는 사람. 목회자 또는 사역자

이 얼마나 놀라운 일인가! 당신은 주님으로부터 "한 공동체를 영적으로 돌보는 일을 하도록" 임무를 부여받았다. 이 거룩한 부르심을 진지하게 받아들이고 책임을 맡은 셀그룹 구성원들을 신중하게 돌보아야 한다. 본 서는 목자의 삶을 개발시켜 줄 것이다. 또한 당신의 사역을 도와줄 것이며 섬기는 일에 매우 유익한 도구들을 제공해 줄 것이다.

당신의 목장을 한번 살펴보자.

1. 출석인원이 15명 이상을 넘지 않아야 된다.
2. 시작 단계에서는 5~8명 정도는 확보되어야 한다.

이렇게 많은 사람들을 돌보는 일은 일종의 "전임 사역"인 것이다. 목장이 커지게 되면 그들의 필요들을 모두 세심하게 돌보는 일이 어렵다는 사실을 발견하게 될 것이다. 따라서 혼자 사역을 감당하기에 벅찰 만큼 커지면 그룹을 배가시킬 수 있도록 준비하는 일이 매우 중요하다.

그리고 그들을 섬기는 일을 살펴보자.

1. 셀 원 각자가 자신의 영적 은사를 발견하고 사용하도록 돕는다.
2. 셀 원 각자가 섬기는 종의 마음을 가지고 그리스도의 사랑으로 서로를 돌보도록 인도한다.

당신은 주로 격려자와 촉진자의 역할을 감당한다. 교사나 상담자 또는 복음 전도자의 역할을 감당할 수도 있겠지만 위의 두 가지 과업을 항상 당신의 일차적인 과제로 여겨야 한다. 이러한 과업을 발전시킴에 있어서 당신은 삶에서 다양한 영역들을 경험하게 될 것이다. 어떤 경우에는 자신의 영적 능력이 한계에 이를 때까지 사역해야 하며, 지역 리더의 조언이 필요할 때도 있을 것이다. 지역 리더의 사역은 당신의 필요를 채워 주고 은사들을 개발하고 섬기는 삶을 증진시키는 일에 기도하는 마음으로 도와준다. 그리스도의 가족은 개개인의 그리스도인이 자신보다 몇 발자국 앞서 걸어간 사람들의 인도를 받으면서 동시에 뒤따라오는 사람들을 돌보아 줄 때 가장 훌륭한 기능을 발휘한다. 그것은 돌봄의 고리다. 예수께서는 다음과 같은 그분의 기도에서 이러한 사실을 분명하게 보여 주셨다.

> 세상 중에서 내게 주신 사람들에게 내가 아버지의 이름을 나타내
> 었나이다 저희는 아버지의 것이었는데 내게 주셨으며 저희는 아
> 버지의 말씀을 지키었나이다 지금 저희는 아버지께서 내게 주신
> 것이 다 아버지께로서 온 것인 줄 알았나이다 나는 아버지께서 내
> 게 주신 말씀들을 저희에게 주었사오며 저희는 이것을 받고 내가
> 아버지께로부터 나온 줄을 참으로 아오며 아버지께서 나를 보내
> 신 줄도 믿었사옵나이다 내가 저희를 위하여 비옵나니 내가 비옵
> 는 것은 세상을 위함이 아니요 내게 주신 자들을 위함이니이다 저
> 희는 아버지의 것이로소이다 내 것은 다 아버지의 것이요 아버지
> 의 것은 내 것이온데 내가 저희로 말미암아 영광을 받았나이다 나
> 는 세상에 더 있지 아니하오나 저희는 세상에 있사옵고 나는 아버
> 지께로 가옵나니 거룩하신 아버지여 내게 주신 아버지의 이름으
> 로 저희를 보전하사 우리와 같이 저희도 하나가 되게 하옵소서 내
> 가 저희와 함께 있을 때에 내게 주신 아버지의 이름으로 저희를 보
> 전하와 지키었나이다 그 중에 하나도 멸망치 않고 오직 멸망의 자
> 식뿐이오니 이는 성경을 응하게 함이니이다(요 17:6~2)

주님의 본을 따르는 목자

돌봄의 고리는 성부로부터 성자를 거쳐 당신에게까지 이른다. 그리고
그것은 당신을 통하여 또 다른 사람에게까지 이른다. 예수께서 "내가 당
신의 이름을 가르쳤나이다"라고 말하지 않은 사실을 주목하라. 그 대신

에 예수께서는 나타내었나이다라는 단어를 사용했다. 좋은 목자로서 당신은 나타내는 자이지 가르치는 자가 아니다. 당신이 어떠한 사람인가가 무엇을 알고 있는가보다 훨씬 더 중요하다.

당신은 양떼를 목양하는 것과 관련된 성경구절을 개인적으로 공부함으로써 도움을 얻을 수 있다. 성구 사전을 사용하여 "목자"라는 단어를 조사하고 거기에서 발견하는 많은 구절들을 묵상해 보라. 그 구절들을 읽을 때 주님께서 당신에게 목자의 마음을 주시도록 기도하라.

목자와 관련된 삶을 설명하는 한 방법으로 다음에 소개되는 구절들을 고려하라. 각 구절들을 깊이 있게 묵상하여 그것을 삶에 적용하는 방법을 생각해 보라.

안내자로서의 목자

> 모세가 여호와께 여짜와 가로되 여호와 모든 육체의 생명의 하나님이시여 원컨대 한 사람을 이 회중 위에 세워서 그로 그들 앞에 출입하며 그들을 인도하여 출입하게 하사 여호와의 회중으로 목자 없는 양과 같이 되지 않게 하옵소서 (민 27:15-17)

이 성경 구절은 당신의 삶에 두 가지 관계가 있어야 함을 명백하게 말해준다. 첫째, 수직적인 관계가 있어야 한다. 당신은 "이 공동체(회중)를 위해 세워진 사람으로서" 목자장이신 그리스도를 향한 책임을 지는 사람이다. 둘째, 양떼와 수평적 관계를 가져야 한다. 당신은 각 셀 원들을 책임져야 한다.

너희 중 장로들에게 권하노니 나는 함께 장로된 자요 그리스도의 고난의 증인이요 나타날 영광에 참예할 자로라 너희 중에 있는 하나님의 양 무리를 치되 부득이함으로 하지 말고 오직 하나님의 뜻을 좇아 자원함으로 하며 더러운 이를 위하여 하지 말고 오직 즐거운 뜻으로 하며 맡기운 자들에게 주장하는 자세를 하지 말고 오직 양 무리의 본이 되라 그리하면 목자장이 나타나실 때에 시들지 아니하는 영광의 면류관을 얻으리라(벧전 5:1~4)

자기를 높이지 아니하는 목자

하나님을 높이기보다 자신을 높이는 세상 지도자들에 관한 예수님의 다음과 같은 언급을 생각해 보라.

저희 모든 행위를 사람에게 보이고자 하여 하나니 곧 그 차는 경문을 넓게 하며 옷술을 크게 하고 잔치의 상석과 회당의 상좌와 시장에서 문안 받는 것과 사람에게 랍비라 칭함을 받는 것을 좋아하느니라 그러나 너희는 랍비라 칭함을 받지 말라 너희 선생은 하나이요 너희는 다 형제니라 땅에 있는 자를 아비라 하지 말라 너희 아버지는 하나이시니 곧 하늘에 계신 자시니라 또한 지도자라 칭함을 받지 말라 너희 지도자는 하나이니 곧 그리스도니라 너희 중에 큰 자는 너희를 섬기는 자가 되어야 하리라 누구든지 자기를 높이는 자는 낮아지고 누구든지 자기를 낮추는 자는 높아지리라(마 23:5~12)

목자가 되는 일은 전폭적인 헌신이 필요한 일임이 분명하다! 그것은 섬기는 종의 삶이다. 그렇지 않은가? 그것은 주님과 당신의 양떼와 밀접한 관계를 유지하는 일을 포함한다. 선한 목자는 양을 억지로 끌고 가지 않는다. 그는 사랑하는 마음으로 그들을 인도한다.

양육하는 목자

또 그 종 다윗을 택하시되 양의 우리에서 취하시며 젖 양을 지키는 중에서 저희를 이끄사 그 백성인 야곱 그 기업인 이스라엘을 기르게 하셨더니 이에 저가 그 마음의 성실함으로 기르고 그 손의 공교함으로 지도하였도다(시 78:70~72)

저희가 조반 먹은 후에 예수께서 시몬 베드로에게 이르시되 요한의 아들 시몬아 네가 이 사람들보다 나를 더 사랑하느냐 하시니 가로되 주여 그러하외다 내가 주를 사랑하는 줄 주께서 아시나이다 가라사대 내 어린 양을 먹이라 하시고 또 두 번째 가라사대 요한의 아들 시몬아 네가 나를 사랑하느냐 하시니 가로되 주여 그러하외다 내가 주를 사랑하는 줄 주께서 아시나이다 가라사대 내 양을 치라 하시고 세 번째 가라사대 요한의 아들 시몬아 네가 나를 사랑하느냐 하시니 주께서 세 번째 네가 나를 사랑하느냐 하시므로 베드로가 근심하여 가로되 주여 모든 것을 아시오매 내가 주를 사랑하는 줄을 주께서 아시나이다 예수께서 가라사대 내 양을 먹이라(요 21:15-17)

여기에서 예수께서는 양떼 중에는 어린 양과 성숙한 양이 있음을 묘사하고 있다. 양떼는 성숙 정도가 다른 양들로 구성되어 있으며 목자는 이 사실을 안다. 양떼는 매우 독특한 개인들로 구성되어 있다. 그들을 단순한 하나의 집합체로 다룰 수는 없다. 각자는 독특한 필요와 독특한 능력을 가지고 있다.

또한 예수께서는 양떼로부터 얼마나 많은 털과 고기를 얻을 수 있는지에 관심을 가지신 것이 아니라 그들의 필요를 채우고 또한 그들을 섬기기 위하여 할 수 있는 일이 무엇인지에 관심을 가졌음이 분명하다. 당신의 사역에 대한 보상은 그리스도께로부터 "잘 하였도다!"라는 말씀을 듣는 것이어야 한다. 그것으로 충분하다.

어떤 그리스도인들은 '과업 중심' 적인 인물들을 찾아 일군으로 세우는데, 그 이유는 그들이 특정한 사역의 필요를 채울 수 있는 기술이나 능력을 가지고 있기 때문이다. 그리하여 이와 같이 '재능을 가진 사람'을 발견하는 데 관심을 기울인다. 하나님의 사람들 사이에는 이런 일이 있어서는 안 된다. 잘 알다시피 모든 그리스도인은 예외 없이 성령의 은사를 받았으며 그 영적 은사들을 활용할 것을 기대한다. 하나님의 사람들 가운데에는 "계층"이 없다. 이러한 사실은 당신의 목장에 있는 어린 이들까지도 마찬가지다.

사탄은 이러한 사실을 당신이 이해하지 못하도록 방해한다. 때때로 당신의 양떼에는 매우 심각하게 인격적으로 손상 입은 사람들이 있을 수도 있다. 대부분의 경우 그들은 도움을 받지 못한 상태로 여기저기를 떠돌아다닌다. 목자로서 당신은 이러한 문제를 가진 사람들을 위하여 기도하며 하나님께서 자신에게 그들을 지금보다 나아지도록 도울 수 있는 능력을 달라고 간구해야 한다. 이러한 일은 그들과 특별한 시간을 가지는 것을 필요로 하는 동시에 그들의 행동을 사랑하는 마음으로 대해 주도록 요청한다. 우리는 그런 사람들로부터 어려움을 당했기 때문에 꽁무니를 빼려고 한다.

양떼를 양육하는 일은 당신으로 하여금 이전보다 더 주님과 가까워지게 해줄 것이다! 당신은 "사랑스러운 사람들"에게만 빠져드는 인간적인 성향을 피하는 방법을 배우게 될 것이며, 나머지 사람들에게도 마찬가지로 겸손해지는 방법을 배우게 될 것이다. 당신은 각 사람을 그리스도께로부터 깊은 사랑을 받는 독특한 인격체로 보게 되며, 구원받은 사람이나 구원받지 못한 사람에게 모두 그분의 생명을 나누어주는 특별한 능력을 가진 사람으로 보게 될 것이다.

보호하는 목자

너희는 자기를 위하여 또는 온 양떼를 위하여 삼가라 성령이 저들 가운데 너희로 감독자를 삼고 하나님이 자기 피로 사신 교회를 치게 하셨느니라 내가 떠난 후에 흉악한 이리가 너희에게 들어와서 그 양떼를 아끼지 아니하며 또한 너희 중에서도 제자들을 끌어 자기를 좇게 하려고 어그러진 말을 하는 사람들이 일어날 줄을 내가 아노니 그러므로 너희가 일깨어 내가 삼 년이나 밤낮 쉬지 않고 눈물로 각 사람을 훈계하던 것을 기억하라 지금 내가 너희를 주와 및 그 은혜의 말씀께 부탁하노니 그 말씀이 너희를 능히 든든히 세우사 거룩케 하심을 입은 모든 자 가운데 기업이 있게 하시리라(행 20:28~32)

이 구절에 나오는 "감독자"라는 단어는 "검사하다, 세심하게 보다, 감시자, 보호자"라는 뜻이다. 자신의 모든 양떼를 평가하면서 목자는 스스로에게 "이 사람을 돕기 위하여 내가 할 수 있는 일이 무엇인가? 영적 성장을 위하여 필요한 것이 무엇인가?"라고 물어야 한다. 이렇게 하여 모든 셀 원들은 보다 높은 차원의 사역으로 인도된다. 항상 기억해야 할 것은 그리스도의 몸을 이루는 개개인은 사역자며 성령님께서 주신 영적 은사들로부터 흘러나오는 사역으로 인도되어야 한다는 사실이다.

필요를 돌보는 목자

인자야 너는 이스라엘 목자들을 쳐서 예언하라 그들 곧 목자들에게 예언하여 이르기를 주 여호와의 말씀에 자기만 먹이는 이스라엘 목자들은 화 있을진저 목자들이 양의 무리를 먹이는 것이 마땅치 아니하냐 너희가 살진 양을 잡아 그 기름을 먹으며 그 털을 입되 양의 무리는 먹이지 아니하는도다 너희가 그 연약한 자를 강하게 아니하며 병든 자를 고치지 아니하며 상한 자를 싸매어 주지 아니하며 쫓긴 자를 돌아오게 아니하며 잃어버린 자를 찾지 아니하고 다만 강포로 그것들을 다스렸도다 목자가 없으므로 그것들이 흩어지며 흩어져서 모든 들짐승의 밥이 되었도다 내 양의 무리가 모든 산과 높은 멧부리에마다 유리되었고 내 양의 무리가 온 지면에 흩어졌으되 찾고 찾는 자가 없었도다 그러므로 목자들아 여호와의 말씀을 들을지어다 주 여호와의 말씀에 내가 나의 삶을 두고 맹세하노라 내 양의 무리가 노략거리가 되고 모든 들짐승의 밥이 된 것은 목자가 없음이라 내 목자들이 양을 찾지 아니하고 자기만 먹이고 내 양의 무리를 먹이지 아니하였도다 그러므로 너희 목자들아

여호와의 말씀을 들을지어다 주 여호와의 말씀에 내가 목자들을
대적하여 내 양의 무리를 그들의 손에서 찾으리니 목자들이 양을
먹이지 못할 뿐 아니라 그들이 다시는 자기를 먹이지 못할지라 내
가 내 양을 그들의 입에서 건져 내어서 다시는 그 식물이 되지 않게
하리라 나 주 여호와가 말하노라 나 곧 내가 내 양을 찾고 찾되 목
자가 양 가운데 있는 날에 양이 흩어졌으면 그 떼를 찾는 것 같이
내가 내 양을 찾아서 흐리고 캄캄한 날에 그 흩어진 모든 곳에서 그
것들을 건져 낼지라 내가 그것들을 만민 중에서 끌어내며 열방 중
에서 모아 그 본토로 데리고 가서 이스라엘 산 위에와 시냇가에와
그 땅 모든 거주지에서 먹이되 좋은 꼴로 먹이고 그 우리를 이스라
엘 높은 산 위에 두리니 그것들이 거기서 좋은 우리에 누워 있으며
이스라엘 산 위에서 살진 꼴을 먹으리라 나 주 여호와가 말하노라
내가 친히 내 양의 목자가 되어 그것들로 누워 있게 할지라 그 잃어
버린 자를 내가 찾으며 쫓긴 자를 내가 돌아오게 하며 상한 자를 내
가 싸매어 주며 병든 자를 내가 강하게 하려니와 살진 자와 강한 자
는 내가 멸하고 공의대로 그것들을 먹이리라(겔 34:2~16)

"연약한 자와 병든 자"에 대한 주님의 언급을 주목하라. 목자는 포기
하기보다는 치유하며 거절하기보다는 회복시킨다. 셀그룹에서 자신의
전 생애를 변화시킨 진리를 발견한 한 여성의 다음과 같은 말을 생각해
보라.

나는 20대 중반에 이혼을 했습니다. 백화점에서 지불할 수 없을 정
도로 물건을 산다는 것이 부정직하다는 생각을 전혀 하지 못한 채
물건을 외상으로 사들이기 시작했습니다. 결국 빚은 11,000 달러

를 넘어섰습니다. 빚 독촉에 시달린 나머지 나는 다른 주로 이사를 해버렸습니다. 이곳에서 셀그룹을 만났고 처음으로 지난날의 생활을 곰곰이 되돌아보기 시작했습니다.

내가 행한 일들을 솔직하게 나누었을 때 셀그룹에서 몇 명의 사람들이 아파트로 찾아와 모든 청구서들을 내어놓게 했습니다. 그리고 그들은 나로 하여금 회사마다 일일이 전화를 걸어 그 빚을 갚겠다는 약속을 하게 만들었습니다. 그들의 제안에 따라 두 직장을 다니면서 하루에 16시간씩 일주일에 6일간 일을 하기 시작하였습니다. 한쪽 일자리에서 받는 봉급으로 생활을 하고 또 다른 일자리에서 받는 봉급으로는 빚을 갚아 나갔습니다. 그렇게 하는 동안 내가 속한 셀그룹의 여자들은 아파트를 청소하고 빨래를 해 주고 계속적인 기도로 나를 격려해 주었습니다. 빚으로부터 자유로워지는 데는 18개월이 걸렸습니다. 내가 셀 그룹에 정기적으로 참석할 수조차 없었지만 그들에게서 달라진 건 아무것도 없었습니다. 그들은 나를 마치 혈육처럼 사랑했던 것입니다. 목자는 종종 내가 점원으로 일하는 할인 매장으로 찾아와 간단한 기도를 해 주곤 했습니다.

이 경험을 통하여 내가 영적으로 얼마나 성장했는지 말하기 어렵습니다! 나는 처음으로 우리 각자가 서로를 돌보며 섬기는 사역자라는 사실을 깨달았습니다. 우리 셀그룹이 나를 사역했으며 이제 나는 그리스도와의 관계에서 성장하여 다른 사람들을 섬길 수 있는 자가 되었습니다. 나는 언제나 목장에 속해 있을 것입니다!

당신은 몇 달이 안 되어 이와 같이 많은 간증을 접하게 될 것이다. 모든 목자는 셀그룹 모임에서 발생하는 하나님의 일들에 관하여 한 권의 책을 쓸 수 있을 정도가 될 것이다. 예를 들면, 결혼 생활에 어려움을 겪는 부부는 셀그룹에서의 당신의 사역을 통하여 "평안하라! 잠잠하라!"라는 그리스도의 음성을 듣게 될 것이다. 스스로 매우 끔찍한 자화상을 가지고 있는 사람들은 그리스도 안에서 자신들이 놀라운 존재라는 사실을 인식하게 될 것이다. 놀라운 방식으로 구원의 역사가 일어날 것이다. 영적, 정서적, 육체적인 영역에서 치유가 일어날 것이며 머리되시는 주님께서 그분의 몸 안에서 활발하게 역사한다는 사실을 확인시켜 주실 것이다. 어떤 사람들이 사탄의 속박으로부터 구출됨으로써 귀신을 제어하는 예수님의 능력을 경험하게 될 것이다. 주님께 지혜와 능력과 인도를 계속적으로 구하는 가운데 당신의 기도 생활은 그 범위와 능력에 있어서 더욱 확장될 것이다. 사실 목자의 경험을 해 본 사람이라면 목자로서의 사역이 당신으로 하여금 그리스도께로 더욱 가까이 나아가게 한다는 사실에 동의하게 될 것이다.

제사장들을 훈련시키는 목자

베드로는 모든 그리스도인이 그리스도의 제사장 직분을 맡은 사람이라는 사실을 다음과 같이 기록했다.

갓난아이들같이 순전하고 신령한 젖을 사모하라 이는 이로 말미암아 너희로 구원에 이르도록 자라게 하려 함이라 너희가 주의 인자하심을 맛보았으면 그리하라 사람에게는 버린 바가 되었으나 하나님께는 택하심을 입은 보배로운 산 돌이신 예수에게 나아와 너희도 산 돌같이 신령한 집으로 세워지고 예수 그리스도로 말미

암아 하나님이 기쁘게 받으실 신령한 제사를 드릴 거룩한 제사장
이 될지니라 …… 오직 너희는 택하신 족속이요 왕 같은 제사장들
이요 거룩한 나라요 그의 소유된 백성이니 이는 너희를 어두운 데
서 불러 내어 그의 기이한 빛에 들어가게 하신 자의 아름다운 덕을
선전하게 하려 하심이라 …… 너희가 이방인 중에서 행실을 선하
게 가져 너희를 악행한다고 비방하는 자들로 하여금 너희 선한 일
을 보고 권고하시는 날에 하나님께 영광을 돌리게 하려 함이라(벤
전 2:2~5, 9, 12)

제사장이 하는 일은 무엇인가? 그는 거룩하신 하나님과 인간 사이에
서 있다. 한쪽 손으로는 하나님을 붙들고 또 다른 손으로는 하나님의 손
길을 필요로 하는 사람을 붙잡는다. 제사장은 통로로서 그리스도의 활
동이 그를 통하여 흘러간다. 이러한 이유로 베드로는 제사장를 "거룩"
하고 "왕 같은" 존재여야 한다고 말한다. 하나님을 붙잡는 손은 거룩한
손이어야 하며 필요를 가지고 있는 사람을 만날 때 하나님께 속한 그들
의 손은 왕 같은 손이다.

목자들은 제사장들로 하여금 왕 같은 사역으로 들어가도록 훈련시킨
다. 그들은 언제나 양들이 제사장으로서의 사역을 수행할 수 없으면 성
장하지 못한다는 사실을 인식하고 있다.

본문에서 "세워지고"라는 용어를 주목하라. 효과적으로 사역하는 제
사장들은 성숙한 상태로 태어나는 것이 아니다. 처음에 그들은 젖을 필
요로 하는 "갓난아기들"이었다. 점차적으로 그들은 한 단계씩 성숙해
간다. "세워지고"라는 단어는 "교화되고"로 번역될 수 있다. 이러한 사
실을 다시 한 번 강조하자. 목자로서 당신의 사역은 훈련시키는 사역이
며 신자들을 세우는 사역이다.

에베소서 4장 11~13절에서도 목자의 사역이 언급되고 있다. 바울은 "지도자의 은사를 가진 사람들"은 은사에 맞게 사람들을 훈련시켜야 한다는 사실을 지적한다.

> 그가 혹은 사도로 혹은 선지자로 혹은 복음 전하는 자로 혹은 목사와 교사로 주셨으니 이는 성도를 온전케 하며 봉사의 일을 하게 하며 그리스도의 몸을 세우려 하심이라 우리가 다 하나님의 아들을 믿는 것과 아는 일에 하나가 되어 온전한 사람을 이루어 그리스도의 장성한 분량이 충만한 데까지 이르리니

헬라어 단어 포이멘(*poimen*)은 이 한 구절만을 제외하고 언제나 "목자"로 번역되었다. 초기 교회 시대의 경우 모든 교인들의 무리들은 이 집에서 저 집으로 옮겨 다니면서 떡을 떼고 교제하며 기도했으며 그들의 목자를 세웠다. 목자로서 당신의 사역은 현대에 이르러 새롭게 교회에 주어진 것이 아니다. 포이멘 직분은 오순절 사건 이래로 계속 존재해 왔다!

당신의 주임무는 하나님의 사람들로 하여금 제사장 직분을 감당하도록 준비시키는 것이다. 이 사실을 기억하라! 당신이 자신의 사역을 평가할 때에 다음과 같은 질문을 사용하기를 원할 것이다. "나는 양떼를 훈련하는 일을 잘 도왔는가? 셀그룹으로서 우리는 사역을 잘 감당해 왔는가? 그리스도께서 우리에게 주신 영적 은사를 사용하여 서로를 세우고 있는가? 우리는 우리 주변에 있는 불신자들에게 영향을 미치고 있는가? 그리스도와 지속적으로 대화를 나누고 있는가?" 어떤 사람들은 대부분의 그리스도인 소그룹들이 "자기 중심적인 무리들"이 되었다고 빈정거린다. 자신들의 필요를 충족시키기 위하여 모이면서도 그 모임 바깥에

있는 사람들을 향하여 힘을 합하여 사역하는 일에 무관심한 무미건조하고 비활동적인 신자들은 하나님의 왕국에 병충해요 저주다! 그리스도께서 현존하는 몸이 당신의 양떼이며 그분은 그것을 통하여 일하신다. 당신이 받은 사명은 양떼를 대피시키는 데 있는 것이 아니라 사역으로 인도하는 것이다. 셀그룹이 배가하기 전까지 6~9개월 동안 그들과 함께하는 이유가 바로 여기에 있다. 셀그룹에는 또 다른 목자이신 성령께서 계시다는 사실을 결코 잊지 말아라. 셀그룹의 능력은 단순히 그룹 자체의 역동성을 발전시키는 것이 아니라 성령의 활동적인 사역에 있다. 그룹들로 하여금 머리되신 예수님이 아니라 그룹 원들끼리 서로 의지하게 만드는 것은 인본주의적이고 육신적인 태도다. 셀그룹을 많이 경험한 사람들은 모든 셀그룹에는 동일한 원동력이 있음을 발견했는데, 그 이유는 주님이 모든 사람의 주인이시기 때문이다. 당신은 정규적으로 구원의 역사가 일어나는 것을 볼 수 있어야 하는데, 이로 말미암아 셀그룹이 배가할 수 있는 크기로 자라나게 된다(셀그룹은 분열되거나 나누어지는 것이 아니라 배가되는 것이다).

모든 자원을 머리되시는 예수님께 의지하는 목자

누가복음 10장에서 예수님께서는 제자들을 베레아 지방으로 보내어 복음을 전파하게 하셨다. 예수께서는 다음과 같은 명령을 주셨다.

갈지어다 내가 너희를 보냄이 어린 양을 이리 가운데로 보냄과 같도다 전대나 주머니나 신을 가지지 말며 길에서 아무에게도 문안하지 말며 어느 집에 들어가든지 먼저 말하되 이 집이 평안할지어

다 하라 만일 평안을 받을 사람이 거기 있으면 너희 빈 평안이 그
에게 머물 것이요 그렇지 않으면 너희에게로 돌아오리라 그 집에
유하며 주는 것을 먹고 마시라 일군이 그 삯을 얻는 것이 마땅하니
라 이 집에서 저 집으로 옮기지 말라 어느 동네에 들어가든지 너희
를 영접하거든 너희 앞에 차려놓는 것을 먹고 거기 있는 병자들을
고치고 또 말하기를 하나님의 나라가 너희에게 가까이 왔다 하라
(눅 10:3~9)

　본문으로부터 몇 가지 놀라운 사실들을 발견할 수 있다. 첫째, 예수께
서 그들을 "어린 양을 이리 가운데로 보냄과 같도다"라고 말씀하셨을
때 제자들은 두려움에 가득찼다. 어린 양들은 언제나 보호를 위하여 목
자를 의지해야 한다.

　둘째, 그들은 길에서 아무에게도 문안하지 말도록 지시를 받았다. 그
들에게는 과업이 최고의 우선 순위였으며 그것이 개인적인 관심에 우선
하는 것이었다. 하나님의 왕국에 일부가 되는 것은 군대에 입대하는 것
과 같다. 전쟁을 치르는 군인은 우선 순위에 대해 갈등을 하지 않는다.
어떤 호주 사람이 말한 것처럼 "그리스도인은 하나님 앞에 완전히 엎드
려야 한다."

　셋째, 그들은 돈이나 옷가지들을 챙기지 말라는 지시를 받았다. 그렇
게 함으로써 그들은 자신의 필요와 자신들이 만나는 사람들의 필요를
하나님께서 공급하실 것을 신뢰해야만 했다. 그들은 "자금을 모금하는
사람들"이 되지 않고 주님께서 그들이 만나게 되는 문제를 해결하도록
능력을 주실 것을 기대해야만 했다. 문제는 영적인 것이지 육적인 것이
아니었다(결국 그들은 사탄과의 전쟁에 돌입하고 있었던 것이다). 돈
도 옷도 신발도 내적 평안과 구원을 필요로 하는 사람들의 필요를 충족

시킬 수 없다!

그리스도께서 우리가 사람들에게 제공하기를 원하시는 것은 그분 자신이다. 그분만이 사람들의 필요를 충족시킬 수 있다. 우리의 삶으로부터 흘러나오는 그리스도를 제공하여 다른 사람들의 삶을 변화시킬 수 있어야 한다.

그리스도의 능력 있는 삶이 우리를 통하여 흘러나오는 것을 발견하게 될 때 우리는 전적으로 복지를 위한 기부금, 심리학적인 평가, 성경 공부 등만으로는 섬기는 일을 할 수 없음을 배운다. "가난한 자에게 아름다운 소식"을 전하는 것은 새로운 자동차의 키를 사람들에게 주는 것으로 성취되는 것이 아니다. "갇힌 자에게 자유를" 주는 것은 보석금으로 되는 것이 아니다. "눈 먼 자에게 시력을 회복시켜 주는" 것은 의료 정책을 세움으로써 이루어지는 것이 아니다. "눌린 자를 자유케 하는" 것은 안정제를 처방해 주는 것을 통해 이루어지지 않는다. 제사장이 온전하게 훈련되었을 때 그는 그리스도와 깨어진 관계나 삶을 어떻게 그분께로 인도할 것인지를 알게 된다.

당신은 목자로서 가보지 않은 곳으로 다른 사람들을 인도할 수 없다. 당신의 기도 생활은 어떠한가? 자신의 필요를 위하여 얼마나 꾸준히 그리스도를 의지하는가? 그분이 당신의 상황에 가장 적절한 해결자임을 깨달으면서 얼마나 자주 그분께 자신을 내어드리는가? 삶이 뒤죽박죽된 가운데 당신을 향한 그분의 변함 없는 사랑을 얼마나 자주 경험하게 되는가? 이러한 개인적인 경험을 통하여 가본 곳으로 다른 사람들을 인도할 수 있다.

당신의 옛 생활 양식에 작별을 고하라

목자가 되는 것은 삶을 새로운 각도에서 보는 것을 의미함이 분명하지 않은가? 목자는 결코 "나는 양떼를 수요일 저녁 7시부터 9시 30분까지 돌볼 것이다"라고 말하지 않는다. 지금 그런 이야기를 하는 것이 전혀 아니다! 목자는 양떼와 함께 살며 양떼들이 있는 곳에서 잠을 자고 잃어버린 양을 찾기 위하여 위험한 상황 속으로 뛰어들며 어린 양을 팔에 안고 나온다. 목자는 "사망의 음침한 골짜기"로 뛰어들어 양들을 "푸른 초장"으로 인도한다.

분명히 이것은 종잡을 수 없을 정도로 이 꽃에서 저 꽃으로 날아다니는 나비와 같은 사람이 되도록 부르신 것이 아니다. 디모데전서를 읽으면 목자가 하는 일이 거의 언급되어 있지 않음을 발견하게 될 것이다. 초점은 목자의 성품과 삶의 양식에 있다. 목자로서 사역을 준비할 수 있는 최상의 일은 당신 자신의 능력이라는 절벽 끝에 서서 스스로를 던지는 것이다. 그리스도의 충분하심이 당신과 함께 있음을 깨닫지 못할 때 그것은 심각한 문제다. 이제 시작해 보자! 당신의 부적절함을 고백하는 가운데 도약이 이루어진다.

The Shepherd's
Guidebook

The Shepherd'
idebook

book

3

Cell   INt

hw. N

제 3 장

영적 훈련가로서의 목자

제자 훈련은 보살핌과 나눔으로 이루어진 하나의 고리다

예수께서 우리에게 위탁하신 사명이 마태복음 28장 18~20절에 기록
되어 있다.

> 예수께서 나아와 일러 가라사대 하늘과 땅의 모든 권세를 내게 주
> 셨으니 그러므로 너희는 가서 모든 족속으로 제자를 삼아 아버지
> 와 아들과 성령의 이름으로 세례를 주고 내가 너희에게 분부한 모
> 든 것을 가르쳐 지키게 하라 볼지어다 내가 세상 끝날까지 너희와
> 항상 함께 있으리라 하시니라(마 28:18~20)

"제자를 삼아"란 무슨 뜻인가? 헬라어 '마테튜오사테'(*matheteusate*)라는 단어에 대하여 『신약신학사전』(*Theological Dictionary of the New Testament*)은 44페이지에 걸쳐 설명하고 있다! 아래의 요점들은 다음 페이지에 나오는 도표를 이해하는 데 도움을 줄 것이다.

1. 한 사람이 훈련되는 것은 훈련가에게 달려 있다.
2. 전체적인 관계의 기초는 훈련받는 사람과 훈련가 사이의 내적인 친교이며, 그로 인한 실제적인 효과들이다.
3. 이러한 관계는 단순히 정보를 얻기 위한 목적이나 전문적인 지도를 통하여 기술들을 습득하려는 목적을 달성하기 위한 단순한 외부적인 연결이 아니다.
4. 그것은 동참한 모든 사람들이 똑같이 노력하기 때문에 생겨나는 교제에 그 기초를 둔다.

마틴 루터는 다음과 같이 말하였다. "복음으로 무장한 아주 소박한 농부는 교황보다 더 능력이 있다!" 우리는 모든 그리스도인들이 다른 사람에게 사역하는 성경적인 권리를 연습할 수 있게 해야 한다. 고린도전서 14장 26절에서 사도 바울은 모든 사람이 다른 사람들을 세워 주는 일에 동참해야 한다는 사실을 분명하게 설명하고 있다. 다른 사람을 책임지는 일이 영적 성장의 한 부분을 차지한다. 만일 그것이 이루어지지 않는다면 그리스도인으로서의 성장은 멈추고 말 것이다.

당신 자신을 위해 무엇인가를 배웠던 경험을 토대로 다시 다른 사람에게 가르쳐 본 일이 있는가? 그런 경험이 있다면 그것을 다른 사람에게 전해 줌으로써 당신에게도 많은 유익이 있었음을 알 수 있을 것이다. 당신이 체험한 바를 다른 사람에게 전해 줄 때 당신은 성숙을 향한 새로운

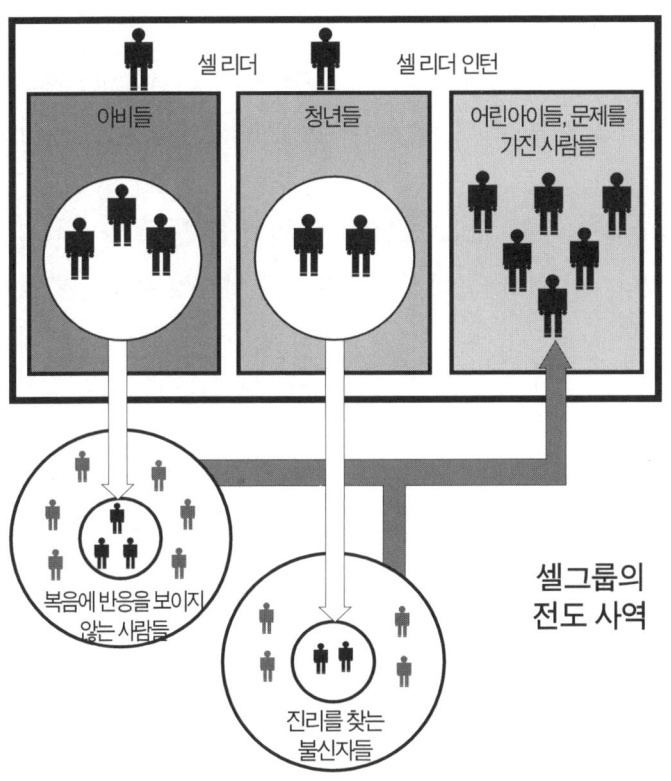

셀그룹의
전도 사역

이 도표는 한 셀그룹이 번식하는 단계를 보여 주고 있다. 셀 원들은 두 가지 방법으로 전도한다. "청년들"은 복음에 반응을 보이는 사람들과 접촉한다. "아비들"은 전도 소그룹 또는 취미 활동 그룹들을 통해서 복음에 응답하지 않는 불신자들과 관계를 맺는다.

새신자들은 영적, 정서적 치유를 필요로 하는 그리스도인들과 함께 첫 번째 하부 그룹을 이룬다. 그들은 "청년들"과 "아비들"에 의해 양육된다. 그리고 점진적으로 "청년들" 그룹으로 성장하게 된다.

일반적으로 예비 목자는 문제를 가진 사람들에게 사역의 초점들 맞추는데 이는 그들이 많은 관심과 돌봄을 필요로 하기 때문이다. 셀 리더는 셀의 복음 전도 사역과 함께 훈련 과정을 지도하는 일에 집중해야 한다.

지평에 들어가게 된다. 누군가 다른 사람으로부터 가르침을 받는 일, 경험을 통해 스스로 배우는 것 그리고 그것들을 다른 사람에게 전달해 주는 일 등이 바로 성경이 말하는 전형적인 제자도다. 대부분의 사람들은 단순히 책을 읽음으로써가 아니라 다른 사람들을 관찰함으로써 변화되고 성장한다.

우리는 어느 누구도 그리스도인 순례자의 길에서 똑같은 지점에 처해 있지 않다. 연령에 따라, 체질에 따라, 욕구에 따라 각 그룹은 독특한 형태를 지닌다. 앞으로 몇 달 동안 당신의 셀그룹이 자라고 배가되는 일을 통하여 이러한 사실, 즉 배가를 통해 생겨난 두 번째 그룹과 첫 번째 그룹은 마치 맏아들과 동생 사이처럼 매우 다르다는 사실을 스스로 배우게 될 것이다.

사도 요한이 보았던 것처럼 셀그룹 안에 있는 세 가지 영적 수준을 생각해 보라.

> 자녀들아 내가 너희에게 쓰는 것은 너희 죄가 그의 이름으로 말미암아 사함을 얻음이요 아비들아 내가 너희에게 쓰는 것은 너희가 태초부터 계신 이를 앎이요 청년들아 내가 너희에게 쓰는 것은 너희가 악한 자를 이기었음이니라 아이들아 내가 너희에게 쓴 것은 너희가 아버지를 알았음이요 아비들아 내가 너희에게 쓴 것은 너희가 태초부터 계신 이를 알았음이요 청년들아 내가 너희에게 쓴 것은 너희가 강하고 하나님의 말씀이 너희 속에 거하시고 너희가 흉악한 자를 이기었음이라(요일 2:12~14)

당신이 그룹을 형성할 때 영적 성숙 정도에 따라 여러 수준의 사람들을 적절히 혼합하는 것은 매우 중요하다. 가장 효과적인 공동체를 만들기 위해서는 '아이들', '청년들' 그리고 '아비들' 이 있어야 한다. 영적 성숙 정도가 이 세 그룹들로 표현되고 있음을 주목하라.

수준 1: '아이들' 은 죄 사함 받은 것을 알고 아버지도 알고 있다. 하지만 그분을 깊이 아는 것이 아니라 단순한 어린아이와 같은 수준에서 의지하는 자들이다. 이들은 도표에서 첫째 수준, 즉 새신자들과 문제가 있는 사람들로 표현되어 있다.

수준 2: '청년들' 은 하나님의 말씀에 대한 지식으로 악한 자를 이겨낸다. 그들은 더 이상 "내 형제들을 참소하는 자"로 불리는 사탄의 거짓과 참소에 넘어가지 않게 된다. 그들은 전투에 매우 능숙하여 상대방을 어떻게 공격해야 할지를 너무나도 잘 아는 자들이다. 이들은 위의 도표에서 둘째 수준으로 표현되어 있으며 이들은 진리를 찾으며 복음에 반응을 보이는 사람들을 돕는 팀을 이루는 사람들이다.

수준 3: 아비들은 참되신 하나님과 이른바 무엇이든지 하늘에서 매면 땅에서도 매인 바 된다는 사실을 분명하게 알고 있는 자들이다. 마치 20년이란 결혼 생활을 하고 난 뒤에야 아내의 요구와 생각들을 알게 되는 남편처럼, 즉각적으로 하나님의 방식을 아는 사람들이다. 이들은 도표에서 가장 높은 수준의 사람들로서 '아비들', '셀 리더', 또는 '예비 목자' 등으로 묘사되어 있다.

도표에 나오는 구분이나 수준은 인위적인 제안으로 단지 당신의 제자 훈련이 효과적으로 이루어지도록 영적 성장의 수준들을 인식하는 데에 도움을 주기 위한 것일 뿐이다. 이 구조는 다른 사람의 영적 성장이 이루어질 수 있도록 모든 그리스도인들이 도와주어야 한다는 확신에 그 기초를 두고 있다. 제자들을 준비시키고 훈련시키는 일은 어떤 소수의 '출중한 그리스도인들'에게만 맡겨진 임무가 아니라 모든 그리스도인들의 일이 되어야 한다.

"사람이 사람을 훈련하는 연결 고리의" 시작 부분에는 새신자들이 위치하고 있다. 이들 신생아들은 순전하고 신령한 젖을 사모하여 구원에 이르도록 자라게 될 어린아이들로 다루어져야 한다. 그들로부터 시작하면서 서로를 돌보는 관계의 고리가 형성되는 것이다. 누군가 우리보다 앞서 걸어갔던 사람은 자신이 이미 겪은 그 체험을 통해 배웠던 것을 누군가 또 다른 사람에게 나눠 줄 수 있게 되며, 이로써 그리스도인의 순례의 길은 지속될 것이다. 이렇게 해서 "후원자-피후원자"(Sponsor-Sponsee) 관계 구조가 셀그룹 안에 형성되는 것이다.

수준 1: 문제를 가진 사람들과 새신자들에게 사역하기

셀그룹에서 '수준 1'은 문제를 가지고 있는 사람들과 새신자들로 구성된다. 이들 모두는 양육을 받고 성장하기 전까지 사역에 효과적으로 참여할 수 없다.

셀그룹의 각 신자가 영적 후원자와 짝지어지면, 그 후원자는 자신이 책임을 진 사람으로 하여금 그리스도와 동행하는 삶을 살도록 세워 주는 사역을 감당한다. 새로운 삶 시리즈 3권 『실천』이라는 성경공부 교재는 이러한 사역에 도움을 주기 위하여 저술되었다. 이 교재를 가지고 11주 동안 공부하고 나면 일반적으로 이 새신자는 중간 단계로 올라갈 수 있을 만큼 성숙하게 된다.

문제를 가진 사람들은 그룹 전체로부터 보살핌을 받아야 하지만, 무엇보다도 당신이나 셀그룹 인턴의 특별한 보살핌을 받아야 한다. 이를테면 사랑하는 사람과의 '사별', '이혼', '실업' 등과 같은 문제로 일시적인 위기를 만난 사람도 있을 수 있다. 마치 독감에 걸린 사람들같이 이들은 회복될 때까지 일시적으로 도움을 필요로 한다. 그들이 회복되고 나면 이들은 중간 수준으로 나아갈 수 있게 된다.

또 다른 형태의 상처받은 사람은 지속적인 문제를 갖고 있는 사람이다. 이들은 종종 셀그룹이 배가될 때 다른 그룹으로 넘겨질 때까지 셀원들이 관용을 베풀어야 하는 사람들이다. 어떤 사람들은 자신의 성격 때문에 제한을 받기도 한다. 또 어떤 사람들은 다른 사람들이 자신을 기피한다는 단순한 이유 때문에 어떤 증후군에서 결코 헤어나지 못하는 사람도 있다. 그들은 보통 반사회적인 성격을 지닌 자들이기 때문이다. 때로 그들은 아무런 논쟁의 가치가 없는 것들을 가지고 끈질기게 투덜거리기도 한다. 이러한 유형의 사람들을 도울 수 있는 방법을 나중에 검토할 것이다.

수준 2: 'A 유형'에 속하는 사람에게 사역하기

둘째 수준에 있는 청년들로 하여금 경험을 하게 함으로 성장하게 하라. 미성숙함을 드러내는 특징 중 하나가 참지 못하는 것이다. 아이들은 무엇인가를 갖고 싶을 때 기다릴 만한 여력이 없다. 그들은 그것을 바로 당장 갖고 싶어 한다. 이와 같이 영적으로 미숙한 수준에 있는 그리스도인들은 사탄이 그들을 공격해 왔을 때 어떻게 싸워야 하는지를 아직까지 배우지 못했다. 그러므로 이러한 신자들에게는 신속한 결과를 얻을 수 있는 사역을 맡기는 것이 최선이다.

그런 까닭에 많은 셀교회들은 축제 예배가 끝나는 때에 그리스도를 영접한 'A 유형'의 불신자들을 상담하도록 셀그룹들에게 임무를 맡긴다. 이것이야말로 영적 청년 수준에 있는 그리스도인들이 이제 막 그리스도를 영접한 사람을 돕는 사역의 기쁨을 경험하기에 가장 좋은 기회인 것이다.

셀 리더는 청년 수준의 사람들을 두 명으로 구성된 팀에서 일할 수 있도록 배정한다. 그들은 복음에 마음 문을 열어놓고 호의적인 반응을 보이는 불신자들을 심방해야 한다. 이 사람들의 명단은 접촉과 사역을 위해 또는 나이나 지역적인 이유로 인해 이미 셀그룹에 전달되었을 것이다. 그들은 그리스도께로 인도되어야 하며 셀그룹에 포함되어야 한다.

심방해 주기를 바라는 사람들을 찾아가는 일보다 더 좋은 사역의 시작이 어디에 있겠는가? 이러한 접촉은 사람들을 만나고, 그들의 필요를 나누며, 그들을 초청하여 당신의 셀그룹의 일원이 되도록 한다. 만일 그들이 아직까지도 그리스도를 영접하지 않고 있다면, 그것은 아무도 그들에게 어떻게 하면 그리스도를 주님으로 또는 구세주로 영접할 수 있는가를 설명해 준 사람이 없었기 때문이다.

그러므로 이것이 영적 청년들에게 주어진 임무다. 이 책 37쪽의 도표에 제시된 것처럼 그들이 이러한 새신자들을 셀그룹 속으로 인도하여 그들의 후원자가 되어야 한다. 이렇게 함으로써 그들이 사역 현장을 경험하게 될 것이다.

『전도가이드』(Touching Hearts Guidebook)에서 가르쳐 주는 요한복음 3장 16절에 기초한 도표는 이 사역에 참여하려는 사람들을 준비시켜 준다. 이 자료는 제자 훈련을 받은 사람이 실제로 'A 유형' 불신자들을 심방해야 한다는 사실을 시사한다. 이렇게 함으로써 이러한 사역을 처음 시작하는 사람들에게 '실제 경험을 통한 훈련' 이 제공된다.

수준 3: 'B 유형' 의 사람들에게 사역하기

전도하기 어려운 사람들과 짝을 지어 줌으로써 영적 아비들을 개발시킨다. 'B 유형' 의 불신자란 예수 그리스도를 찾지도 않으며, 성경공부는 물론 다른 모든 그리스도인의 활동에도 전혀 흥미를 느끼지 않는 자

'A 유형'   'B 유형'

셀 원들이 두 가지 유형의 불신자들을 찾아가 전도하는 일을 통하여 셀그룹은 배가하게 된다. 'A 유형' 의 사람들은 하나님과 화목하기를 갈망하고 있는 사람들을 나타내는 말이다. 'B 유형' 의 사람들은 삶의 도전과 문제들에 찌들어 자신들의 영적 필요를 무시했던 사람들이다. 첫 번째 유형의 사람들은 즉각적으로 전도될 수 있다. 그러나 두 번째 유형의 사람들은 그 마음이 준비되고 셀 원들의 삶을 볼 수 있도록 오랫동안 참고 기도할 필요가 있는 사람들이다.

들이다. 단지 성숙한 그리스도인만이 그들에게 전도할 수 있다. 마치 임신한 여인처럼 이 특수 부대는 반드시 'B 유형' 에 속한 불신자들의 짐

영적 훈련가로서의 목자

을 지고 그들이 다시 태어나는 것을 보기까지 여러 달 동안 견뎌 내야 한다. 해산의 수고도 요구된다.

이러한 복음 전파는 흔히 '취미 활동 그룹' 또는 '전도 소그룹' 이라고 불리는 제2의 소그룹 형성을 통해 성취된다. 우리가 37페이지의 도표에서 보는 것처럼 짧은 기간 동안 존속하는 이 그룹은 셀그룹과는 별도로 모임을 갖는다. 이 성숙한 그리스도인들은 10주 동안, 매주 한 번씩 두 그룹의 모임, 즉 그들의 셀그룹 모임과 전도 소그룹 또는 취미 활동 그룹의 모임에 동시에 참석한다. 매주 이 전도 소그룹은 집집마다 방문하게 되며, 'B 유형' 의 불신자들과 관계를 맺고 비종교적인 화제에 초점을 맞추어 이야기를 나눈다. 그리고 은밀히 그들의 영적인 문제에 대한 새로운 반응을 추구하게 된다.

셀그룹과 전도 소그룹 또는 취미 활동 그룹에 요구되는 시간을 헌신하는 일은 매우 중요하다. "사소한 일들을 제쳐놓을 수 있는" 진정으로 성숙한 그리스도인만이 이 거룩한 삶에 자신들을 헌신하게 될 것이다.

경험에 따르면 한 번 그리스도인이 전도 소그룹이나 취미 활동 그룹 사역에 뛰어들면 그들은 하나님 안에서 빠르게 성숙한다. 그들은 장차 목자가 되리라는 하나님의 소명이 더욱 뚜렷해지고 점차 그와 같은 새로운 신앙의 수준에로 나아가게 된다.

하나님의 군대인 이들 '특수 부대' 를 훈련시키기 위해 특별 지침서가 쓰여졌다. 이 팀은 훈련을 받고 있는 동안 전도 소그룹 또는 취미 활동 그룹을 실제로 가동한다. 닷새 동안의 경건 시간에 사용하는 자료들은 전도 소그룹과 취미 활동 그룹에서의 경험들을 강화시킨다. 실제 경험을 통한 훈련은 최대의 효과를 보증한다.

또 다시 …… 당신의 옛 생활 방식과 작별하라.

만일 전통적인 교회에 소속되거나 그곳에서 일한 경험이 있다면, 아마도 당신은 틀에 박힌 생활 방식이 주는 압박감으로 인하여 고통 당했을 것이다. 그러한 활동에 대한 조그만 탈출구, 이를테면 "직장 생활", "가정 생활", "오락 생활" 그리고 "레저 생활" 등을 만들어 왔을 것이다. 마치 수많은 편지들을 구분하여 다른 분류함 속에 집어넣는 우체부처럼 당신은 이곳저곳에다 시간을 단편적으로 사용하면서 삶을 허비해 왔던 것이다.

여기서 문제가 되는 것은 시간인데 그것은 당신의 소유가 아니기 때문에 당신에겐 그것을 마음대로 허비할 권리가 없는 것이다. 당신이 시간을 어떻게 사용하는 것과 관련하여 그것보다 예수 그리스도의 주되심이 더 실제적으로 드러나는 영역은 없다! 만일 당신이 종으로서 그분께 복종한다면, 그분은 전적으로 당신의 시간을 소유하게 된다. 만일 당신이 그분과 온전한 교제를 하고 있다면 당신의 삶에서 아주 중요한 모든 것에 필요한 시간을 하나님께서 정확한 때에 주실 것을 믿을 수 있게 된다. 목자가 되는 일이 당신으로부터 가정 사역을 빼앗아 가지는 않을 것이다. 왜냐하면 가족 생활이 목자 사역에서 중요한 부분이기 때문이다. 이것은 당신의 일터에서도 동일한 간증이 되어야 한다. 하나님께서는 당신에게 얼마나 휴식 시간이 필요한지를 알고 계시기 때문에 하나님께서 당신에게 그 시간도 주실 것을 믿을 수가 있게 된다.

당신이 자신의 삶에 대한 시간 계획에 주도권을 가지는 동시에 그리스도께서도 당신의 사역 활동에 대해 주도권을 행사하시도록 한다면, 당신은 커다란 좌절감을 맛보게 될 것이다. 그러나 만일 당신이 전적으로 모든 시간을 그분께 양도해 버린다면, 그분께서는 당신에게 가장 중요한 것을 가장 적합한 시간에 할 수 있도록 해 주실 것이며, 또 그러한 시간 가운데 평안을 누리게 해 주실 것이다. 또한 당신으로 하여금 지치게 만들기만 하는 사탄이 놓은 시간의 덫을 볼 수 있도록 도우심으로써 그분은 지나칠 정도로 많은 임무의 속박으로부터 벗어나게 해 주실 것이다. 그분께서는 당신이 자신의 생각대로 모든 준비를 위하여 바쁘게 움직이는 마르다처럼 되기보다는 그분의 발 아래에 가만히 앉아 말씀을 듣는 시간을 가진 마리아처럼 되게 하신다.

셀 리더가 되는 일은 일주일 중 어느 아침이나 저녁 시간을 희생하면 된다는 생각을 마음에서 영원히 지워버리라. 그것은 삶의 방식이다. 그것이 바로 당신의 생활 방식이어야 한다. 목자의 돌보는 사역은 그리스도와 양떼를 위한 순수한 사랑에 기초를 두고 있는 것이다. 사도 바울도 목자의 심정을 가졌기에 그 양떼들이 자기의 사랑스러운 어린 자녀들처럼 눈에 비춰졌다. "나의 자녀들아 너희 속에 그리스도의 형상이 이루기까지 다시 너희를 위하여 해산하는 수고를 하노니"(갈 4:19). 당신은 장차 사역자가 되는 데 필요한 모든 시간을 당신에게 꼭 알맞도록 주님께서 허락하셨다는 사실을 발견하게 될 것이다. 그러나 그것은 아주 질서정연한 형태로 나타나지 않을 수도 있다. 마치 화재에 항상 대비하고 있어야 하는 소방대원처럼, "나는 지금 너무 바빠서 당신을 보살필 수가 없소"라고 말하는 것이 거의 불가능한 그런 순간을 위해서도 당신은 준비되어 있어야 한다는 사실을 깨닫게 될 것이다. 또한 당신은 생애에서 한 번 "예"라는 대답을 하기 위해서는 네 번 또는 다섯 번 정도의 "아니요"라는 대답이 필요하다는 사실을 발견하게 될 것이다. 무엇보다도 기도하는 중에 당신이 주님과 함께 보내는 그 시간이 이 세상 모든 것보다 가장 중요한 일이다. 본 장을 마친 후에는 기도하는 시간을 가져라. 또한 당신이 돌보고 있는 사람들의 다양한 영적 수준들에 대해서 되돌아

보고 그들을 훈련시키는 자로서 세워진 당신의 삶을 그분께서 인도해
주실 것을 구하라.

목자의 임무

목자의 임무

제2부

목자의 임무

The Shepherd's
Guidebook

CELL

Cell Leader INtern

목자의 임무 Ralph W. Neighbour

제 4 장

목자의 사역을 하면서 예비 목자를 개발하라

아마도 6~9개월이 지나면 당신의 셀그룹은 15명으로 늘어나게 될 것이며 따라서 그 셀은 두 개로 배가하는 과정이 필요하게 된다. 이 시점에서 예비 목자(인턴)는 셀그룹의 절반을 목양할 수 있는 능력을 갖추어야 한다. 함께 하기 시작한 바로 첫 주부터 이 배가의 때를 위해 당신은 예비 목자를 훈련시키는 일에 집중해야 한다.

이러한 과정을 디모데후서 2장 2절에서 발견할 수 있다.

또 네가 많은 증인 앞에서 내게 들은 바를 충성된 사람들에게 부탁하라 그리하면 저희가 또 다른 사람들에게 가르칠 수 있으리라 바울이 묘사하고 있는 전수의 과정을 생각해 보라. 그는 훈련시키는 일을 잘 하지 않았으며 혹시나 했다 할지라도 주로 "일 대 일" 상황에서 이루어졌다. 바울은 자신이 디모데와 함께 사역한 방식을 보아 온 "많은 증인들"을 언급하고 있다. 예수님과 바울은 그들의 사역을 개인적으로 행하신 것이 아니라 소그룹으로 제자들을 훈련시키셨다. 이들의 본을 따라 당신의 예비 목자를 셀그룹이 보는 가운데 훈련시켜라. 이렇게 함으로써 셀 원들은 후원자으로서의 사역을 감당함에 있어 따라갈 본을 볼 수 있게 된다. 당신이 예비 목자와 하는 일들을 그들이 직접 언급하지는 않는다 할지라도 당신을 지켜봄으로써 배우는 영향력은 매우 실질적이다.

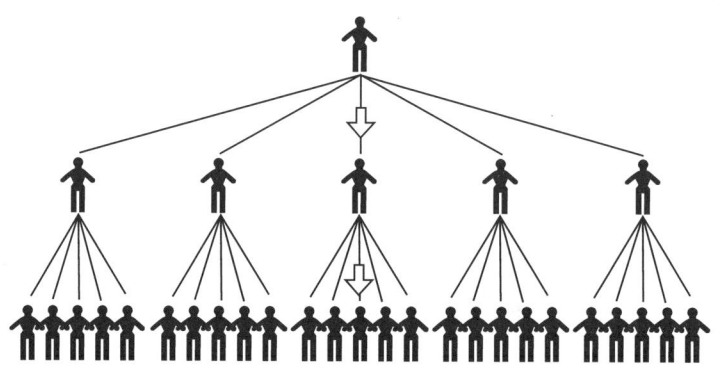

바울은 다른 사람들을 훈련시키는 방법을 배우는 문제에 대하여 디모데에게 매우 신경을 썼다. 충성된 사람들에 대한 그의 언급에 주목하라. 훈련받는 사람들을 평가하는 것은 제자 훈련 과정의 중요한 부분이다.

예비 목자에게 셀 원들을 한 사람씩 평가함으로써 사역을 위한 준비 상태를 파악하는 방법을 가르쳐라.

디모데의 임무는 바울이 자기에게 가르친 내용을 다른 사람에게 전달하는 것만이 아니라 사람을 훈련시키는 방법도 전수하는 것이었다. 바울이 디모데를 감독한 것처럼 디모데도 그가 가르친 사람을 감독하는 방법을 배워야 했다. 그는 제자 훈련 과정이 세 번째 세대에까지 제대로 내려가는지를 확인해야만 했다.

예비 목자를 양성하는 방법 가운데 가장 비효과적인 방법은 가능한 여러 가지 제자 훈련 과정 가운데 하나를 단순히 사용하는 것이다. 기독교는 노트와 학습 교재와 교안으로 차고 넘친다. 이와 같은 제자 훈련 방식을 수개월 동안 사용해 온 사람들은 매우 헌신되어 있는 경우가 대부분이지만 다른 사람들을 목양할 수 있는 능력을 실제로 습득하는 사람들은 그리 많지 않다. 그 이유는 자명하다. 목양은 머리로 배울 수 있는 것이 아니다. 그것은 사로잡힌 바 되는 것이다. 그렇기 때문에 바울은 다음과 같이 썼다.

> 이는 우리 복음이 말로만 너희에게 이른 것이 아니라 오직 능력과 성령과 큰 확신으로 된 것이니 우리가 너희 가운데서 너희를 위하여 어떠한 사람이 된 것은 너희 아는 바와 같으니라 또 너희는 많은 환난 가운데서 성령의 기쁨으로 도를 받아 우리와 주를 본받은 자가 되었으니 그러므로 너희가 마게도냐와 아가야 모든 믿는 자의 본이 되었는지라(살전 1:5~7)

아프리카 선교사인 노만 코드(Norman Coad)는 다음과 같이 말했다. "견습생의 삶을 사는 젊은이는 수년에 걸쳐 필요한 기술을 습득할 때까지 스승의 곁에서 살면서 함께 일을 한다. 그러므로 복음을 전파함에 있어서도 견습 교육을 받는 것이 타당한 것으로 생각된다."

노만의 말은 절대적으로 옳다. 우리는 학습을 통한 제자 훈련 기술을 가지고 너무나 많은 "성경공부 벌레"들을 만들어 내었다. 제자 훈련에 있어서 신약성경적인 방법에 더욱 가까운 것은 견습생들을 양성하는 것이다.

모세에게는 여호수아가 견습생이었다. 엘리야는 선지자 학교를 운영했지만 견습생이었던 엘리사만큼 성공적인 사람은 없었으며, 예수님의 제자들이 그러했던 것과 같이 침례 요한의 견습생들은 그를 좇아 다녔다. 견습은 목자를 양성하기 위한 성경적인 방법이다.

예를 들면, 프레드라고 불리는 똑똑한 젊은이가 "목사님, 저에게 제자 훈련을 시켜 주실 수 있습니까?"라고 나에게 물었다. 그는 이미 전도 소그룹 사역에 활발하게 참여하고 있었으며 셀 리더 혹은 미래 목사로서 섬길 수 있을 만한 강한 잠재력을 가지고 있었다. 그 제안에 답을 하기 전에 내가 그에게 투자해야 할 시간에 대해 기도하였다. 주님께서 그 일을 맡으라고 말씀하셨을 때 나는 이렇게 말했다. "프레드, 매주 수요일 저녁 시간에 잠시 만납시다. 그리고 나머지 주중에는 주님께서 인도하시는 대로 시간을 내어 만나도록 합시다."

"좋습니다!" 그가 대답하였다. "제가 목사님 사무실로 갈까요?"

내가 대답했다. "아닙니다. 당신의 집에서 가장 가까운 술집이 어디입니까?"

프레드는 놀란 듯이 나를 쳐다보았다. "모르겠는데요."

"그렇다면 동네를 한 바퀴 돌면서 술집이 어디에 있는지 찾아보고 나에게 거기 주소를 알려 주세요. 그러면 거기에서 다음 주 수요일 저녁 일곱 시에 만나도록 하겠습니다." 프레드는 나와 함께하는 첫 번째 훈련을 술집에서 받았다. 그는 내가 어떻게 불신자들를 만나서 관계를 맺고 편안하게 복음을 전하는지 그 방법에 관해서 배웠다. 그가 술집에서 내가 했던 것과 동일한 방법으로 복음을 전하는 방법을 익히는 것을 나는 지켜보았다. 그는 이러한 과정을 통하여 담대함을 얻게 되었다.

그 다음 몇 주 동안 프레드는 자살을 시도하려는 전과자들에게 사역하는 현장에 나와 동행하였다. 이와 같은 사건들은 프레드의 훈련에 필요한 장이었다. 얼마 후에 아내가 집을 나갔다는 이유로 권총을 무릎에 얹은 채로 막 자살을 하려던 한 남자가 우리에게 전화를 걸어왔다. 내가 대화를 나누는 동안 프레드는 전화의 발신지를 추적하였다. 우리는 그의 집으로 미친 듯이 운전해 가서 그와 얼굴을 마주보면서 사역하였다. 결과적으로 프레드는 그 남자를 자신의 사업체에 고용하여 매일 함께 일하며 상담하고 전도하도록 격려했다. 견습생에게 또 다른 견습생이 생긴 것이었다! 그는 그 사람을 제자 훈련시키면서 그에게 사역을 위한 능력이 개발되도록 많은 시간을 투자하였다.

달이 지나면 지날수록 나는 프레드와 만나는 횟수를 의도적으로 줄였다(이것은 '의도적인 무관심'이었다). 그는 더 이상 나에게 자신이 무엇을 해야 하는지 알려 달라는 요구를 하지 않게 되었다. 다만 그가 직면하고 있는 사역의 어려움을 놓고 그와 함께 기도하기 시작하였다. 그가 몇 주 동안 전도팀과 함께 모스크바에 간다는 사실을 알려 왔을 때 나는 전혀 놀라지 않았다. 그가 돌아왔을 때 우리는 몇 시간을 함께 보내면서 모스크바의 몇몇 완고한 청소년들과 지하철을 탔을 때 어떤 식으로 하나님의 능력이 나타났는지에 대해 나누면서 즐거워하였다.

프레드가 전화를 해서 자신의 조경 사업을 정리한 뒤 보다 높은 차원에서 그리스도인의 사역을 준비하기 위해 신학교에 가겠다는 계획을 밝혔을 때 나는 전혀 놀라지 않았다.

이와 동일한 방식으로, 앞으로 예비 목자와 함께 만나는 여섯 달 동안 당신이 관여하고 있는 모든 일에 그를 동참시켜야 한다. 그룹 모임을 계획하는 일, 불신자를 방문하는 일, 전도 소그룹이나 취미 활동 그룹에 들르는 일, 지친 사람들을 상담해 주는 일, 양을 위해 기도해 주는 일과 같은 이 모든 일들을 함께 해야 한다.

견습이 진행되는 유형은 다음과 같다.

1. 당신의 예비 목자가 당신을 관찰한다.
2. 당신이 어떠한 일을 했으며 그 일을 한 이유에 대해 설명해 준다.
3. 당신의 예비 목자가 그와 동일한 일을 할 때 그를 관찰한다.
4. 당신이 관찰한 것에 대한 격려를 하고 그 행동의 강점과 약점을 객관적으로 설명한다.
5. 약점을 보강하기 위한 개선 조치를 취한다.
6. 당신의 임무를 예비 목장에게 넘긴다.
7. 당신은 "의도적인 무관심" 전략을 사용하여 뒤로 물러난다.
8. 당신의 견습생이 새로운 예비 목자를 양육하게 될 때 그에게 주의를 기울여 감독한다.
9. 이제 당신은 예비 목자를 당신과 동격으로 대우해 주며 가까운 친구로 지낸다.

예비 목자는 초보자의 위치에서 시작하여 다른 사람들을 섬길 수 있는 성숙한 목자로 성장할 것이다. 혹은 요한의 표현을 빌리자면, 그는 어린아이의 범주에서 청년기를 거쳐 아비로 자라날 것이다.

예비 목자로 하여금 셀그룹 모임을 인도하도록 가르치기 위한 몇 가지 힌트:

1. 당신이 각 모임에서 무엇을 할 것인가를 그에게 사전에 설명해 주고 당신이 그와 같은 접근을 하는 이유에 관해서도 설명하라.
2. 매번 셀 모임을 가진 후 당신과 예비 목자는 모임을 통해서 각각 깨닫게 된 바를 나눈다. 그런 후에 다음 셀 모임에 대해 함께 의논한다.
3. 혼자서 말을 너무 많이 하여 모임의 진행을 어렵게 만든 사람 등과 같은 문제점들을 의논하라. 당신이 섬기는 곳이면 어디나 예비 목자가 동행하도록 하라.
4. 예비 목자가 모임을 인도할 수 있을 만큼 준비가 되었다는 판단이 서면 그룹 모임 진행을 그에게 넘기도록 하라.
5. 모임 중에 드러난 강점과 약점들을 평가하라. 당신이 내린 결론을 솔직하게 의논하라. 사역 기술의 약한 부분을 보강하여 개발할 수 있는 개선 임무를 그에게 부여한다.
6. 셀이 분가하기 전 마지막 달에 셀그룹 사역을 예비 목자에게 넘겨준다. 이러한 과정을 제대로 지키면 원래의 그룹에서 두 개의 그룹이 생겨날 때 목장 구성원들은 그들의 새로운 목자에 대한 확신을 갖게 된다.

예비 목자와 함께 목장 구성원들을 돌볼 수 있는 몇 가지 힌트:

1. 새로운 삶 시리즈 1권 『안내』를 시작하기 위한 인터뷰가 있을 때마다 예비 목자를 동반하고 결과를 함께 평가한다.

2. 적절한 기회에 예비 목자가 상담 모임에 참석할 수 있는 기회를 주라. 그 후에 당신이 한 행동에 대해서 설명하라.
3. 당신이 다른 사람들을 심방하고 그들과 접촉할 때 예비 목자도 동참하도록 하라.
4. 당신이 사람들을 그리스도께로 인도하는 과정을 지켜보도록 하라.
5. 철야 기도 모임을 함께 가지면서 기도하라.

마지막으로, 자녀 셀이 분가한 이후에도 예비 목자와 가깝게 지내라. 새로운 예비 목자를 양육하기 위해 사용되는 유형을 주의하여 감독하라. 눈에 보이는 결점에 대해 여유 있는 마음을 가지라. 이제 당신이 취할 새로운 유형이 "의도적인 무관심" 이라 할지라도 이처럼 중요한 시기에는 예비 목자에게 관심을 기울이도록 하라.

예비 목자를 평가하기 위한 양식은 329페이지에 있다.
당신 자신을 위한 것도 있다!

제 5 장

사역을 위한 양떼 훈련

목자인 당신은 양 무리가 영적으로 성장하는 것에 대한 직접적인 책임을 가지고 있는 유일한 사람이다. 그러므로 이 문제를 매우 심각하게 받아들여야 한다. 『가서 견습생을 삼으라』(*Go and Make Apprentices*)라는 책에서 필립 보겔(Philip Vogel)은 다음과 같이 말한다:

성도들을 향한 하나님의 목표는 성숙이며 하나님께서 은사와 사역을 부여하신 것은 이러한 목표를 이루기 위함이다. 은사와 사역은 하나님의 사람들로 하여금 섬김의 사역을 하도록 준비시키고 치유(문자적인 의미는 그물을 고치는 것임)하여 결과적으로 그리스도의 몸을 세우며 성숙이라는 목표에 도달하게끔 한다(엡 4:11~16). 자신의 자녀를 성숙하도록 돕고 준비시키는 것이 모든 부모의 책임이듯이, 신자들이 성숙에 이르도록 그들을 돌보는 일은 그리스도인 리더의 책임이다.

영적 성장을 어떻게 측정할 수 있는가?

성숙도를 측정하기란 매우 어려운 일이다. 나에게는 캘리포니아에 살고 있는 두 명의 손자가 있다. 우리는 그들을 일 년에 두세 번 정도 볼 수 있다. 그들이 뛰면서 집으로 들어올 때 우리 부부가 처음으로 보게 되는 변화는 신체적인 성장이다. 할머니는 "루시야, 네가 10cm는 자란 것 같구나!"라고 말한다. 그러면 루시의 얼굴은 마치 작은 키를 개인적으로 정복하기라도 한양 자랑스러운 표정으로 바뀐다. 우리는 그 아이가 더 이상 바닥에 음식을 흘리지 않는다는 점을 알아차리게 된다. 이 아이의 엄마는 아이가 스스로 음식을 먹도록 내버려 둔다. 또한 화장실에 갈 때도 혼자서 가도록 한다. 실로 놀랍다!

손자와 몇 시간을 보낸 후에 나는 생각했다. "나단의 말이 많이 늘었구나. 그러니까 이제 새로운 단어를 쓸 수 있게 되었고 새로운 사실들도 배우게 되었군. 그의 생각도 많이 자랐어."

식사가 끝나갈 무렵 아들은 그 아이들에게 말한다. "자, 이제 엄마 아빠에게 성경구절을 암송해 주렴." 나는 아이들이 외운 성경구절을 암송하는 것을 들으면서 그들 안에 영적인 기초가 놓여진 사실에 대해서 기뻐한다.

조금 있으면 아이들은 지루함을 느끼게 된다. 루시는 나단이 그녀의 장난감을 빼앗아갈 때 반시(Banshee) 인디언처럼 소리를 지른다. 그러면 나단은 순진한 얼굴 표정을 바꾸어 이기심으로 가득찬 모습을 하고 있다. 루시는 다른 장난감을 오빠에게 던진다. 그 아이들은 여전히 미성숙한 어린아이들인 것이다. 나는 나단을 사무실에 데리고 가서 말한다. "나단, 너는 이제 커다란 소년이란다. 왜 아직도 루시의 장난감을 빼앗아가니? 다 큰 어린이는 그런 행동을 하지 않아요." 그는 아무 말도 하지 않고 나를 가만히 쳐다본다. 내가 쓰는 어른들의 언어는 그 아이가 사용하는 말이 아닌 것이다. 나는 쓸데없는 말을 한 셈이다. 아쉽게도 그런 대화를 할 수 있으려면 아직도 몇 년이 있어야 한다는 사실을 깨닫게 된다.

어린아이들의 성숙도를 측정할 수 있는 방법이 무엇인가? 그것은 과거에 그들의 수준을 알고 현재 그들의 수준을 보며 또한 앞으로 그들이 성장해야 할 수준을 인식하는 것이다. 당신도 목장에서 이와 동일한 지침을 가지고 사용할 수 있다. 그들이 과거에 어떠한 수준에 있었는가? 그들은 자신의 삶에 대해 스스로 책임감을 가지고 있는가? 아니면 상황에 이끌리는 삶을 살고 있는가? 그들은 자신이 하나님 안에서 누구인가를 알고 있는가? 그들이 내리는 결정과 선택은 하나님 중심적인 가치 체계를 드러내고 있는가? 그들의 농담 속에 성에 대한 세상적인 언급이 있는가? 그들은 기도를 전혀 하지 않고 있는가? 아니면 '억지로' 기도하는가? 혹은 아버지 하나님과의 교제를 갈망하는 마음에서 기도하는가?

본 서의 뒷 부분에서 독자들은 새로운 삶 시리즈 1권 『안내』를 소개받게 될 것이다. 당신이 새로 들어오는 셀 원들을 개인적으로 알아가는 것은 필수적이다. 새로운 삶 시리즈 1권 『안내』는 이 일에 당신을 돕기 위해 고안되었다.

질문 중에는 셀 원이 지닌 삶의 방식에 대한 유형으로 사용된 두 사람의 이름을 묻는 질문이 있을 것이다(새로운 삶 시리즈 1권 『안내』 10쪽). 이 사람들은 그의 과거 인생에 큰 영향을 미쳤다. 셀 원은 그들의 가치를 받아들이는 동시에 재생하고 있다. 당신이 이 두 사람을 개인적으로 만날 수 있다면 그렇게 하기를 바란다. 셀 원의 삶에 영향을 준 사람들을 아는 것은 그를 위한 당신의 미래 사역에 중요한 실마리가 될 것이다.

성숙도는 우리의 헌신도로 측정할 수 있다

한 사람의 영적인 성숙도는 그가 왕국 사역에 대해 가지고 있는 헌신도와 동일하다. 이와 같이 성숙도를 측정하는 방법은 매우 중요하다. 당신의 임무는 다음과 같은 한 문장으로 압축될 수 있다. 곧 목장의 구성원들을 격려하여 그들의 영적인 은사들을 제대로 활용할 수 있도록 하라.

전통적인 교회 생활은 신자들로 하여금 책임감이 없어지게 만든다. 성경공부를 통해 목사가 회중을 대신하며 그가 말씀을 통해 깨닫게 된 바를 청중들과 나눈다. 성도들은 결코 성경의 전체적인 내용을 알지 못하며 성경을 개인적으로 연구하며 공부하기 위해 서적들을 구입하는 일에 대해 도전을 받지 못한다. 신자에게 문제가 있으면 그가 어떤 행동을 취해야 할지에 대해 조언을 듣게 된다. 그가 병석에 누워 있을 때 누군가가 병원에 방문해서 그의 침상에서 기도해 준다. 예수님을 영접해야 할 친구가 있다면 그가 목사님과 만날 수 있도록 약속을 잡아준다.

90%의 사역은 10%의 교인들에 의해 이루어진다. 또한 이 10%는 교회의 각종 직분에서 90%를 차지하고 있다. 교회의 교적부은 "비활동적"인 50%의 사람들로 인해 어지럽혀진다. 일반적으로 목사가 일주일에 70시간을 일하는 반면, 교회의 회원들은 일주일에 여섯 시간 정도의 활동에

참여해야 하는 상황에 대해서조차 불평한다. 그들에게 있어서 그리스도 인이 된다는 것은 삶의 방식이 아니다. 그것은 일이라든가 학교, 가정에서 보내는 시간과 같이 다른 영역에 비해 특별히 더 중요하게 생각되지 않는 한 부분일 뿐이다.

목자의 임무는 목장의 각 구성원들을 성경적인 틀 안에서 책임감을 갖도록 하는 것이다. 당신의 셀그룹이 자연스럽게 그들의 영적인 은사 들을 사용하여 서로를 세워 줄 수 있도록 도와라. 다음의 성경말씀을 기 억하라.

> 그런즉 형제들아 어찌할꼬 너희가 모일 때에 각각 찬송시도 있으
> 며 가르치는 말씀도 있으며 계시도 있으며 방언도 있으며 통역함
> 도 있나니 모든 것을 덕을 세우기 위하여 하라(고전 14:26)

모두 참여해야 한다. 모두! 모두! 모두! 예외란 없다.

당신이 목자로서 섬기기 시작할 때 직면하게 될 가장 큰 장애물이 무 엇인지 아는가? 양들에 대한 과잉 보호와 지나친 통제. 당신이 그들의 영적인 은사들을 개발하여 사용할 수 있는 기회를 만들어 주지 않는다 면 성령님의 역사를 방해할 수도 있다. 대부분의 사람들이 기대했던 것 보다 훨씬 빨리 그것을 사용할 수 있음을 발견하게 될 것이다. 각 사람 의 성숙도에 따라 은사를 활용하도록 함으로써 그룹의 구성원들은 다른 사람들에게 서로 본이 된다.

당신의 셀 원들이 그들의 영적인 은사들을 개발하도록 돕는 것은 하 나 과정이다. 적합한 환경이 형성되면 성숙이 이루어지게 된다. 하나님 의 음성을 듣고 서로를 돌봄으로 그것에 반응하도록 격려한다면 훈계가

자연스러운 방법으로 이루어지게 된다.

대부분의 사람들은 성령의 불을 받지 않으면 영적 은사들을 사용할 수 없다고 생각한다. 시간이 계속해서 흘러가지만 그들은 하나님이 자신을 통해서 일을 하고 계신다는 것을 확신할 수 있는 "영광스러운 느낌"을 기다린다. 그들이 영적 은사들을 받기 전에 반드시 필요하다고 생각하며 그들에게 임하기를 고대하는 감정의 거품은 결코 그들에게 생겨나지 않는다. 그러므로 그들은 사역의 기회를 잃게 된다.

그리스도인들은 영적 은사들을 얻기 위해 무아지경의 상태에 빠질 필요가 없기 때문에 성령의 역사는 언제나 우리와 그분과의 신중한 협력을 통해서 이루어진다. 우리는 사역에 동참하는 것을 통해 성령님과 협력해야 한다. 셀 리더인 당신은 양들이 가지고 있는 은사를 개발할 수 있는 가장 적합한 위치에 있다. 필요가 드러날 때 은사들이 흘러가게 된다. 이와 같은 일이 일어날 수 있는 방법을 그룹에 제시하도록 하라.

내가 다른 사람의 삶에서 어떤 필요를 보게 될 때 성령의 은사들이 나를 통해서 흘러나가게 된다. 그룹이 서로에게 덕이 되도록 격려하라. 서로를 세워줄 수 있는 우리의 능력은 내주하시는 성령님께로부터 온 것이라는 사실과 서로를 향해 하는 사역이 우리의 은사를 발견할 수 있는 방법이라는 사실을 설명하라.

당신은 다음의 성경구절을 셀그룹에서 설명해 줄 수도 있다.

> *예언하는 자는 둘이나 셋이나 말하고 다른 이들은 분변할 것이요*
> *(고전 14:29)*

고린도전서 14장에서 "예언하는 자"라는 표현은 두 가지 방법으로 사용되었다. 먼저, 예언의 특별한 은사가 있다. 또한 바울이 사용한 용어에 의하면 성령의 은사들을 가리키는 일반적인 용법이 있는 듯하다. 그것은 "남을 가르치기 위한 말"(19절)을 포함하며 그룹의 덕을 세우는 은사들을 의미한다.

이 구절의 핵심은 단순히 "다른 이들은 분별하는 것"이다. "다른 이들"은 누구를 가리키는 말인가? 프로그램 중심의 전통적 교회의 사고방식을 가지고 있는 어떤 성경 교사는 그것이 "교회의 장로들"을 지칭하는 말이라고 제안하였다. 그것은 터무니없는 말이다. 모든 셀그룹에 장로들이 있을 수는 없으며 본 장에 설명되고 있는 활동들은 그룹 안의 모든 사람들이 영적 은사들을 사용할 수 있을 만큼 모임이 작을 경우에만 가능하기 때문이다(26절을 참조하라). 그러므로 "다른 이들"은 셀그룹의 구성원들을 가리키는 말이다. 그룹 전체가 은사의 활용에 관한 평가를 지속적으로 할 때 그들은 하나님께로부터 비롯된 것과 그렇지 않은 것을 분별할 수 있다.

다음과 같은 상황이 당신의 셀그룹에서 일어난다고 가정해 보라. 한 젊은 그리스도인이 모임에서 "지혜의 말"을 나눈다. 그것을 들으면서 당신은 그의 말이 성경과 어긋난다는 점을 알게 된다. 그러면 어떻게 해야 하는가? 그의 말을 정중한 태도로 무시해야 하는가? 아니다! 그 기회를 사용하여 셀그룹이 "분변"할 수 있는 기회를 갖도록 하라. 당신은 다음과 같이 말할 수 있다. "우리 가운데 주님 안에서 어린 자매가 자신의 생각과 주님께서 주시는 생각의 차이를 알기를 원합니다. 그녀가 우리에게 말한 내용을 생각하며 그것이 주님께로부터 비롯된 것인지 혹은 그녀 자신의 생각인지 깨달을 수 있도록 우리가 도울 수 있을까요?" 계속되는 대화 가운데 그녀의 말이 성경적인 진리에 부합되지 않는다는 것을 지적하는 성경구절들을 인용할 수 있다. 그런 후에 당신은 그녀를 격려할 수 있다. "자매님, 우리 모두는 당신을 자랑스럽게 생각합니다.

당신은 다른 사람들을 세워 주기 위해서 주님의 음성을 알려고 애를 쓰고 있습니다. 기도 생활을 지속하도록 격려하고 싶습니다. 주님의 음성을 듣는 시간이 증가할수록 다른 사람들을 세워 주기 위해 주님께서 당신에게 주신 말씀을 더욱 분명히 알게 될 것입니다." 이와 같은 경험이 셀그룹 전체에게 미칠 영향을 생각해 보라!

성장하기에 합당한 환경을 조성하라

1. 지시적 환경 (The Directive Environment)

간단히 말해서 이것은 "말하고 보여 주는" 환경이다. 첫째, 당신은 셀그룹의 구성원에게 다른 그리스도인을 세우기 위해서 주님께 지시를 받는다는 것의 의미를 설명해 준다. 그 다음에는 당신이 설명한 것에 대해 스스로 개인적인 본보기가 되어 준다. 이러한 과정을 통해 당신은 새로운 신자로부터 시작해서 셀 원들과 후원자-피후원자 (Sponsor-Sponsee)의 관계를 맺게 된다. 이러한 후원자-피후원자의 관계는 실제 셀그룹에서 만큼이나 많은 훈련이 이루어진다.

이와 같은 성장을 위한 환경에서 당신은 불신자들에게 복음을 전하는 방법의 본보기를 제시해 주어야 한다. 그룹을 심방팀(Visitation Teams)과 전도 소그룹 또는 취미 활동 그룹으로 나누어 "A 유형" 불신자와 "B 유형" 불신자들을 전도하도록 그룹을 인도하라.

물론 당신이 돌보는 양들 가운데는 다른 양들과 같은 속도로 움직이지 못하는 양들도 있을 것이다. 힘겨운 삶에서 생존하기 위해 자신의 힘을 다 써버렸기 때문에 섬김을 받는 입장에 있어야 하는 자들도 있을 것

훈련에 적합한 환경

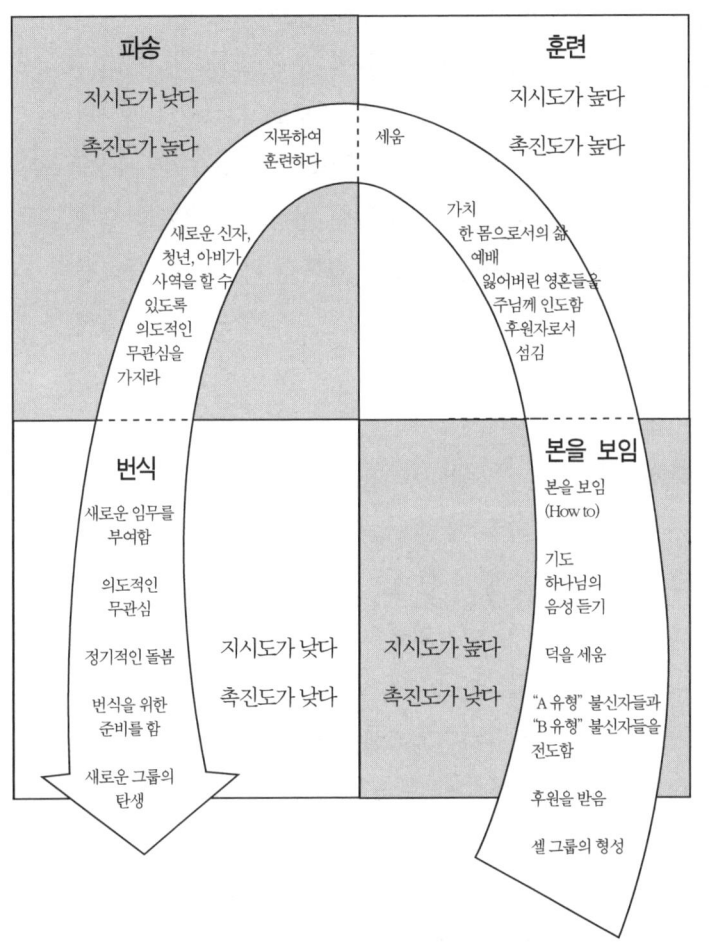

파송

지시도가 낮다

촉진도가 높다

지목하여 훈련하다

새로운 신자, 청년, 아비가 사역을 할 수 있도록 의도적인 무관심을 가지라

훈련

지시도가 높다

촉진도가 높다

세움

가치 한 몸으로서의 삶 예배 잃어버린 영혼들을 주님께 인도함 후원자로서 섬김

번식

새로운 임무를 부여함

의도적인 무관심

정기적인 돌봄

번식을 위한 준비를 함

새로운 그룹의 탄생

지시도가 낮다

촉진도가 낮다

지시도가 높다

촉진도가 낮다

본을 보임

본을 보임 (How to)

기도 하나님의 음성 듣기

덕을 세움

"A 유형" 불신자들과 "B 유형" 불신자들을 전도함

후원을 받음

셀 그룹의 형성

6개월에서 9개월 동안 당신은 자신의 셀그룹을 목양하게 될 것이다. 위에 제시되어 있는 주기를 따라 각 사람을 인도하는 것이 가능하다. 그들이 주중에 있는 셀그룹에서 나누는 경험과 불신자들에 대한 사역의 경험은 영적인 은사를 사용하도록 도울 것이다.

이다. 당신은 그들을 사랑 가운데 직접적인 방법으로 문제를 도울 수 있지만 목표는 온전한 인격을 갖추는 것이다. 당신은 그들을 섬겨야 한다. 그들을 위하여 두려움이 아닌 믿음으로 살아가는 방식의 본보기가 되어야 한다. 그들로 하여금 "아기 걸음마"를 걷도록 격려하고 그들 자신에 대한 책임을 지도록 돕는다. 그들의 진보를 솔직하게 평가하라. 그들이 다시 건강해졌을 때 그들이 이룬 진보의 증거는 다른 사람들을 돌보고 섬길 수 있는 능력에 있다. 셀 원들이 성장하며 전도할 수 있도록 돕는 데에는 그룹 안에 활동적으로 전도 활동을 하고 있는 동료들이 본을 보이면 훨씬 쉬워진다. 적극적으로 다른 사람들을 섬기는 활발한 그리스도인들의 주위에는 전염성이 있다.

2. 촉진적 환경(The Facilitative Environment)

이것은 "파송과 격려"의 환경이라고 말할 수도 있다. 구성원들은 훈련 과정에 참석하여 왕국 가치를 배우고 "요한복음 3장 16절" 전도법을 나누거나 전도 소그룹 혹은 취미 활동 그룹을 통해 관계를 쌓는 것을 배운다. 당신은 이러한 그리스도인들과 함께 두 주 동안 훈련 과정에 참석함으로써 그들이 사역을 시작할 수 있도록 도울 수 있다.

점차적으로 당신의 셀그룹에서는 사역 활동에 관한 "비전 나누기"의 시간이 생겨날 것이며 그들이 직면하고 있는 영적인 문제들을 위한 기도를 끊임없이 하게 될 것이다. 셀그룹 모임은 셀 원들의 가치 체계에 초점을 두게 될 것이다. 예배와 한 몸으로서의 삶은 더욱 더 풍요로워질 것이다. 사역의 결과로 새로운 사람들이 그룹에 들어오게 될 것이고, 당신은 그들을 새로운 가족의 일원으로 받아들이느라 여념이 없을 것이다.

본을 보이는 단계와 훈련, 파송, 배가의 네 가지 단계로의 이동하는 과정을 주목하면서 두 가지 환경의 혼합에 관해 묵상하라. 그것을 당신의 예비 목자와 함께 상의해 보라.

본서의 뒷 부분에는 여러 개의 전형적인 셀그룹 모임이 소개되어 있다. 그 셀 모임들이 이러한 단계를 따라 어떻게 발전하는가를 주의해 보라. 그 시리즈를 적어도 한 번 사용하여 각 단계들을 촉진하는 촉진자로서 어떤 역할을 해야 하는지 배우도록 하라.

견고한 진을 다룸

우리의 싸우는 병기는 육체에 속한 것이 아니요 오직 하나님 앞에서 견고한 진을 파하는 강력이라 모든 이론을 파하며 하나님 아는 것을 대적하여 높아진 것을 다 파하고 모든 생각을 사로잡아 그리스도에게 복종케 하니(고후 10:4~5)

위의 성경구절에서 사용된 "견고한 진"이라는 단어는 잘 건축되어 강한 방어 벽을 가지고 있는 요새를 뜻한다. 그것은 어떤 영토의 출입구나 무역로를 보호한다. 예를 들어, 여리고와 아이는 이스라엘 백성들이 정복해야 하는 요새들이었다.

견고한 진을 무시할 때 사탄이 통치한다. 하나님은 이스라엘에게 땅에 있는 요새들을 모두 파괴하라고 말씀하셨다. 하나님의 말씀에 불순종한 그들은 끊임없는 고통을 당했으며 결국에는 민족의 멸망을 초래했다. 당신은 양들의 삶에 자리잡고 있는 사탄의 요새를 직면하게 될 것이다. 그것을 다룰 수 있는 방법을 배울 수 있는 가장 좋은 길은 먼저 당신

자신의 삶에 있는 견고한 진을 공격하는 것이다.

견고한 진은 성장을 가로막는 적이다. 예비 목자와 함께 자유를 누릴 필요가 있는 셀 원들과 시간을 보내야 한다. 이런 시간은 수년에 걸쳐 자기 회의와 수치심의 구렁텅이에 빠져 헤매던 그리스도인들을 구하기 위해 매우 중요하다.

메리는 자신을 지탱해 주는 알루미늄 보행기에 의지하여 내 사무실로 들어왔다. 그녀는 이제 서른 여섯 살밖에 되지 않았지만 십 년간 허리 수술과 물리 치료, 약물 치료와 심지어는 척수 문제를 위한 정신 요법까지 받아야 했다. 그녀의 부모님들은 그녀를 치료하기 위하여 수천 달러를 투자하였다.

나는 그녀에게 말했다. "메리, 나는 의사가 아닙니다. 그럼에도 불구하고 당신의 허리 문제로 인해 나를 찾아왔군요. 나는 단지 당신이 방문한 이유 중에 삶과 관련된 영적인 이유들이 있음을 분별할 수 있을 뿐입니다. 나에게 말해 보세요. 혹시 당신의 삶 가운데 고통의 원인이 되는 죄의 견고한 진이 있지 않습니까?"

메리는 자신이 20대 초반이었을 때 한 기혼 남자와 간음한 경험에 관한 이야기를 나에게 고백하기 시작했다. 일 년쯤 지나서 그 남자는 그녀를 마치 다 써버린 휴지와 같이 버렸다. 신실한 기독교 집안에서 자라난 메리는 그의 제의에 응함으로 말미암아 자신의 윤리를 모두 저버렸다. 그는 집으로 돌아갔다. 그리고 그 후로 허리에 문제가 생기기 시작했다.

"메리, 당신의 죄를 용서해 달라고 하나님께 기도한 적이 있습니까? 하나님께서 용서해 주셨습니까?"

"물론입니다. 몇 년 전에 이미 용서를 구했습니다. 하나님께서 저를 용서하셨다는 사실을 압니다."

나는 또 물었다. "하지만 당신은 자신을 용서했습니까?"

"나는 나를 용서할 수 없어요. 내가 한 행동은 너무 끔찍한 것이었어요. 나는 그럴 수 없어요." 그녀는 대답하면서 눈에 눈물을 보였다.

"메리, 당신의 삶 속에 간음보다 더한 죄가 있다는 사실을 깨달아야 합니다. 당신은 하나님의 심판대보다 더 높은 곳에 자신의 심판대를 놓고 하나님의 법정보다 더 높은 법정에서 자신에게 유죄 판결을 내리는 죄를 범하고 있습니다. 당신은 스스로에게 판결을 내리고 무의식적으로 허리의 병이라는 벌을 내렸습니다. 당신은 불신이라는 견고한 진을 가지고 있습니다. 마음으로부터 하나님의 은혜와 긍휼과 용서를 거부했습니다. 그것이 허리 질병의 근원이지 않습니까?"

그녀는 오랫동안 생각을 하더니 천천히 대답하였다. "목사님의 말씀이 맞습니다. 나는 내내 질병의 원인을 알고 있었나봅니다. 나는 내 자신의 죄를 스스로 심판하여 하나님보다 더 높아져 있었습니다."

그녀가 스스로 자신의 죄를 자백하고 수년간 그녀에게 고통을 주었던 견고한 진을 몰아내기 위해서 기도해야 한다고 설명한 뒤에, 나는 일어서서 그녀의 머리에 손을 얹었고 그녀는 주님께 울면서 고백했다. 내가 그녀를 위해서 기도했을 때 하나님은 그녀가 온전히 자유케 되었으며 다시는 허리에 병이 치유될 것이라는 확신을 주셨다. 기도를 마쳤을 때 나는 그녀의 손을 잡고 말했다. "메리, 산책하러 갑시다."

그녀는 놀란 얼굴로 나를 쳐다보았고 이내 보행기를 향해 손을 내밀었다. 나는 그것을 방 반대편으로 차버렸다. "다시는 그것을 사용하지 않게 될 것입니다. 산책하러 갑시다!" 그녀는 천천히 두 다리로 일어섰다. 사무실 문을 향해서 가면서 그녀의 얼굴에는 즐거움이 넘쳐흘렀다. 오십 걸음쯤 떼었을 때 우리는 실제로 지그재그 춤을 추고 있었다. 메리는 그녀의 삶에 존재하는 사탄의 견고한 진에서 구원을 받았으며 그 후 몇 년간을 치유된 새로운 삶을 살았다.

당신이 섬기게 될 사람들의 삶 속에 자리하고 있는 사탄의 하찮은 요새를 대적하여 하나님의 위대한 능력이 임하도록 하는 것을 두려워하지 말라. 하나님은 위대한 구속자이시며 "하나님께 불가능이란 없다. 절대로 없다!"

이전 세대는 "믿는 사람들은 군병 같으니"라는 찬송을 불렀다. 우리 세대는 이와 비슷한 노래를 작곡하였다. "하나님의 군대가 땅으로 전진해 가네." 앞에서 언급한 두 노래를 문자적으로 이해한다면 셀교회는 지옥의 문을 부수고 사탄에 사로잡혀 있는 인생들을 빼앗아 오는 일 중심적인 공동체로 스스로 정의를 내려야 할 것이다.

셀교회에서 모든 셀 원들은 한 가지 공통의 비전을 나눈다. 그것은 일곱에서 여덟 명으로 구성된 셀이 6개월에서 9개월 동안 14명 내지 15명으로 배가하도록 도전하는 것이다. 모든 셀 구성원들은 잃어버린 영혼들을 예수 그리스도께로 인도하기 위하여 전도하는 사역자들이다. 그리고 이것은 전도되지 않은 삶들과의 일 대 일 접촉을 의미한다. 새로운 그리스도인들과 다른 교회에서 이적한 사람들은 이러한 생활 양식을 따라 살 준비가 되어 있어야 한다.

군대에서 신병들은 엄격한 기초 훈련을 받는다. 신체가 강화되고 정신이 무장된다. 전쟁 기술을 익힌다. 전쟁에 단련된 군인은 신병들을 가르치도록 교관으로 배치된다. 군인들이 전쟁에 투입될 때 그들은 특별한 훈련을 받았기 때문에 서로를 의지할 수 있다.

이와 동일하게, 영적 전쟁을 위해 훈련받은 사람들은 사역에 임하게 될 때 완전한 준비가 되어 있어야 한다. 셀의 구성원들은 그리스도의 사랑이라는 소식을 가지고 불신자들을 전도할 수 있어야 한다. 당신은 셀리더로서 전사들을 전쟁에 배치시킬 임무가 있다. 이것을 진지하게 받아들여라. 이러한 훈련 과정에서 무엇을 가르쳐야 하는가?

기초 훈련은 셀 원들의 사역을 준비시킨다

셀그룹에서 잘 정립된 전략이 완성된 후에 기초 훈련이 발전될 수 있다. 그것은 모든 구성원들의 사역을 통해서 전도되지 않은 사람들에게 복음을 전하는 것을 포함해야 한다. 모든 훈련 코스의 가장 중요한 점은 이와 같은 임무를 완수하는 일이다. 준비 기간에는 제자를 삼는 것이 아니라 단순히 제자가 되도록 신자들을 훈련시켜야 한다.

셀교회는 신자들로 하여금 왕국의 생활 방식을 따라 살도록 인도해야 하기 때문에 일상적인 활동에 성경을 적용하는 방법을 아는 것은 매우 중요하다. 그러므로 영적인 기초 훈련은 모든 셀 구성원들이 거쳐야 할 여정의 중요한 부분이 된다. 더 나아가 모든 사람들이 동일한 준비를 할 수 있도록 훈련은 표준화되어야 한다. 그렇게 될 때 모든 군사들은 전쟁에서 굳건하게 설 수 있을 것이다. 일관성 있는 훈련 구조를 정립하는 것은 사탄의 왕국에 침투하기 위한 효과적인 전략을 개발하기 위해 반드시 요구된다.

지난 몇 년간에 걸쳐 싱가 포르 신앙 공동체 침례교회 (Faith Community Baptist Church)는 새로운 셀 원들을 위한 표준화된 훈련을 개발해 왔다. 논쟁이 되었던 것 중의 하나가 훈련의 길이에 관한 것이었다. 가치 체계는 서서히 변하며 새로운 경험을 지속적으로 요구한다는 점을 감안할 때 기초 훈련을 약 1년 정도로 잡아야 한다는 결정을 내렸다.

각 셀 원은 첫 번째 훈련 과정 동안 한 명의 후원자와 책임 있는 관계를 맺게 된다. 그리고 그 과정에서 그리스도인의 가치에 대해 다루게 된다. 하루에 15분씩 5일에 걸쳐 독학을 한다. 주간 학습을 마치면 매주 후원자와 점검 시간을 갖는다(62쪽 그림 참조).

모든 새로운 셀 원들은 이미 훈련 과정을 마친 사람과 연결된다. 그러므로 훈련을 받은 사람들은 모두 같은 교재를 가지고 선생으로서 가르친다. 이러한 과정은 셀의 생명력을 크게 강화시켜 왔다.

기초 훈련에 필요한 가정들

당신은 셀그룹으로 들어오는 셀 원들을 평가하고 그들이 학습할 수 있는 방법을 결정해야 한다. 그들이 사역에 준비되기 위해서 요구되는 것이 무엇인가? 다음의 가정들 가운데 몇 개나 그들에게 해당되는가?

터치 셀그룹 커리큘럼 야구장 도표

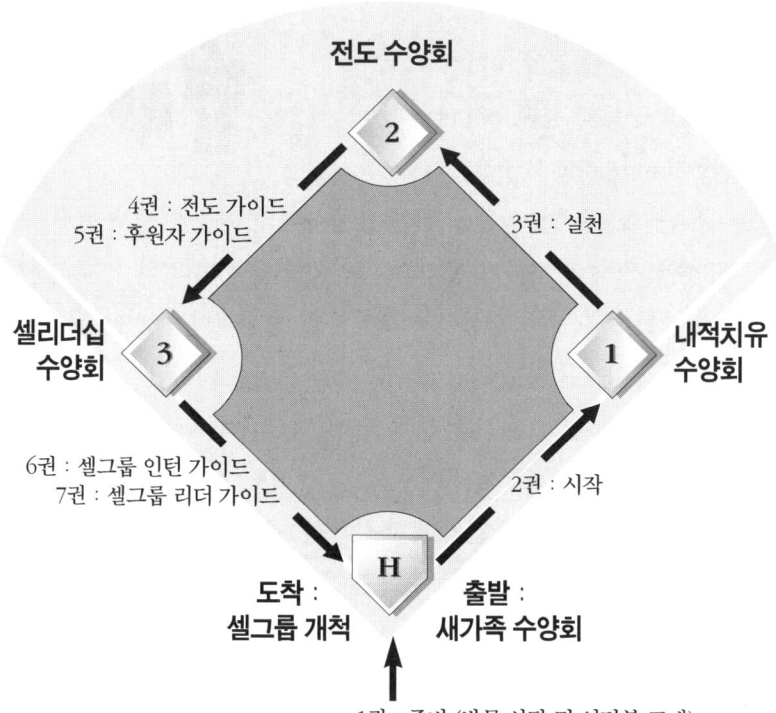

전도 수양회

2

4권 : 전도 가이드
5권 : 후원자 가이드

3권 : 실천

셀리더십
수양회

3

내적치유
수양회

1

6권 : 셀그룹 인턴 가이드
7권 : 셀그룹 리더 가이드

2권 : 시작

H

도착 :
셀그룹 개척

출발 :
새가족 수양회

1권 : 준비 (방문 상담 및 인터뷰 교재)
0권 : 안내 (구원확신과 셀그룹 소개)

1. 그들은 성경을 스스로 공부하도록 훈련받은 경험이 없다.

2. 그들의 가치 체계는 "왕국의 것으로 바뀐" 적이 없다.

3. 그들은 불신자들을 그리스도께로 인도하는 것에 우선 순위를 두지 않는다.

4. 그들은 기도 생활을 하지 않거나 능력 없는 기도를 하고 있다.

5. 그들은 영적 전쟁에 관해 잘 알지 못하며 경험도 없다.

6. 가능성이 있는 불신자를 직면하여도 그들은 무슨 일을 해야 할지 모른다.

셀원들로 하여금 사역을 할 수 있도록 훈련시키기 위해서는 무엇이 필요한가? 강의보다는 직접 사역에 참여할 필요가 있다. 새로운 삶 시리즈 1권 『안내』(다음 장에서 다룰 것이다)는 당신이 위의 질문들을 쉽게 답할 수 있도록 새로운 셀원들의 상태를 평가하는 일을 도울 것이다.

셀그룹 커리큘럼은 미성숙한 신자들을 성숙의 길로 인도하고 셀리더로 성장하게 하는 일련의 훈련 과정들이다. 그것은 여덟 권의 시리즈로 구성되어 있으며 단계마다 이루어지는 주말 세미나와 함께 사용된다. 앞 페이지의 그림은 그 과정을 설명해 준다.

셀그룹 커리큘럼에 관한 더 자세한 사항은 다음 페이지의 그림에서 볼 수 있다.

셀교회는 기초 훈련을 어떻게 구성해야 하는가? 그것은 셀원들이 어떻게 배우는가에 달려 있다. 싱가포르와 같이 훈련이 발달된 사회는 앞에서 제시된 것과 같은 과정을 필요로 한다. 하지만 엘살바도르에 있는 엘림교회(Mission Elim)에는 9만 명의 훈련된 사람들이 있으나, 그들은 훈련 과정에서 전혀 책을 사용하지 않는다.

셀리더로서 당신은 셀원의 손에 글자로 된 교재를 들려주는 것만으로 그들을 훈련시킬 수 있다고 가정해서는 안 된다. 사역은 배우는 것이 아니라 사로잡히는 것이다. 훈련 과정은 막강한 영향력을 줄 수 있는 반면, 그 과정만으로는 잃어버린 영혼들에 대해 불쌍히 여기는 마음을 불러 일으키지 못하며 영적인 대적들을 정복할 수 있는 용기를 얻지 못하

영적 성장을 위한 셀그룹 커리큘럼

그리스도를 영접함	새로운 삶 시리즈 0권 『준비』와 터치 성경이 새로운 회심자에게 소개된다.
셀리더 혹은 셀원이 결신자와 접촉함	결신자는 셀그룹에 참석하여 새로운 삶 시리즈 1권 『안내』 책자를 받는다. 셀리더는 후원자를 선정하여 결신자와 방문 일정을 잡는다.
셀리더와 후원자가 결신자를 방문한다. 훈련의 해 세트	새로운 삶 시리즈 1권 『안내』를 복습한다. 후원자는 피후원자와 주간 모임 시간을 정한다.
후원자와 피후원자는 새로운 삶 시리즈 2권 『시작』을 5주 동안 공부한다.	피후원자는 "새신자 주말 수양회"에 참석하고 셀리더와 지역 리더에게 침례를 받는다.
후원자와 피후원자는 새로운 삶 시리즈 3권 『실천』을 11주 동안 공부한다.	후원자와 피후원자는 "청년"이 되어 "요한복음 3장 16절 전도법" 훈련을 받는다. 피후원자는 이제 새로운 회심자의 후원자가 된다.

전도를 위한 세미나 참석

교회 차원의 세미나 두 팀의 "청년"이 "요한복음 3장 16절 전도법"을 배운다.	후원자와 피후원자는 "청년"이 되어 "요한복음 3장 16절 전도법" 훈련을 받는다. 피후원자는 이제 새로운 회심자의 후원자가 된다.
후원자와 피후원자는 새로운 삶 시리즈 3권 『실천』을 11주 동안 공부한다.	4권 『전도가이드』는 세미나 훈련을 강화시킨다. 팀은 "A 유형" 불신자들에게 요한복음 3장 16절을 나눈다.

터치 성경 탐구 : 이 학습은 카세트 테이프를 사용하여 하루에 5분간 지도한다. 배우는 사람의 선택에 따라 주중 모임에 참석할 수도 있다. 4학기를 마치면 "훈련의 해"는 끝난다.

영적 전투 주말 수양회: 매해마다 개최된다. 축제 예배와 셀그룹 사역을 위한 준비를 한다.

며 하나님의 음성을 듣지도 못한다. 결국 영적인 성장은 셀그룹 사역속에서 이루어진다.

셀원들이 셀그룹 커리큘럼이라는 과정을 거치면서 교실에 앉아 있는 어린아이와 같다는 느낌이 들지 않도록 주의해야 한다. 셀원들이 매주 학습 준비를 하지 못해 죄책감을 갖도록 하는 것은 사역에 대한 그들의 열심을 꺾어 버린다. 당신의 사역은 그들에게 확신을 주며, 사역하는 방법을 알려주는 것이어야 한다.

셀그룹 커리큘럼은 새로운 셀원의 삶에 지워지지 않는 깊은 인상을 남길 것이다. 셀원을 심방하는 일과 후원자를 선정하는 과정은 미래 사역을 위한 준비 과정이다. 셀원들은 자기보다 먼저 훈련받은 사람들을 보면서 동기를 부여받게 되고 강한 하나님의 군사로 성장한다.

제 7 장

새로운 삶 시리즈 1권 『안내』

당신은 어쩌면 이런 생각을 하고 있는지도 모르겠다. "나는 셀그룹 모임을 인도하는 방법에 관하여 배우고 싶다. 도대체 이 책은 언제쯤 그 주제를 다룰 것인가?" 만약 그렇다면 핵심을 놓치고 있는 것이다! 너무나도 오랫동안 우리는 별다른 계획 없이 그리스도인들끼리 시간을 보내는 것을 시간 낭비라고 생각해 왔다. 당신의 셀 안에 있는 사람들이 바로 그 계획이다. 주님의 사역은 우리가 그룹을 결성하거나 대집회를 조직하거나 혹은 대규모 전도 대회를 후원할 때 시작되는가? 그렇지 않다. 주님의 역사는 개인적인 관계 속에서 시작된다. 그러므로 당신은 그룹 활동을 어떻게 시작할 것인가 고민하기보다 그룹에 속한 사람들에게 관심을 가져야 한다.

당신이 소그룹 구성원들과 개인적으로 보내는 시간은 다른 어떤 것과 대체될 수 없다. 그들의 가치 체계와 가장 깊은 필요를 평가할 수 있는 것은 바로 이러한 사적인 시간을 통해서다. 당신은 대부분 인턴 셀리더와 함께 심방을 가겠지만 개인적으로 셀원들을 만남으로서 깊고 특별한 시간들을 가져라.

당신은 처음 셀원과 만날 때에 새로운 삶 시리즈 1권『안내』를 사용할 수 있다. 이 책은 처음 하나님을 믿고자 하는 사람들을 위한 쉬운 안내서다. 당신은 셀그룹에 들어오는 새로운 사람이 있다는 것을 알면 바로 새로운 삶 시리즈 1권『안내』를 그에게 건네주도록 하라.

새로운 삶 시리즈 1권『안내』를 함께 나누기 위한 방문 일정을 계획함

셀그룹에 새신자가 들어 온다면 새로운 삶 시리즈 1권『안내』를 바로 선물로 건네주고, 그 사람의 후원자가 될 수 있는 사람을 셀원 중에서 선정하라. 새로운 셀원보다 몇 달 전에 그리스도인이 된 사람이라면 누구나 자격이 된다. 후원자에게 주님을 섬기려는 열망이 있는 한 그가 얼마큼 "성숙"한 사람인가는 큰 문제가 되지 않는다. (물론 형제에게는 형제를 자매에게는 자매를 임명해야 한다.) 집을 방문할 때 후원자와 동행하라. 인턴 셀리더도 함께 데리고 가라.

새신자가 셀그룹에 나온 다음 주에 그 사람을 방문하라. 방문 일정을 계획함에 있어서 두 가지 기억해야 할 중요한 사항들이 있다. 첫 번째는 환경이며 두 번째는 시간의 틀이다. 환경은 매우 중요하다. 완벽하게 사생활이 보장되는가? 어린아이들이 계속 방해할 환경은 아닌가? 중요한 시점에 전화가 모임을 방해할 소지가 있지는 않은가? 가정에서 사람을 만날 때에만 그 사람을 진정으로 알 수 있게 된다. 개인 면담을 가정에서 하는 것이 가장 이상적이지만 예외인 경우도 있을 수 있다. 그런 경우에는 당신의 집에서 만나도록 하라. 어떤 경우에는 식당의 조용한 구석 자리에 앉아 만남을 가져야 할 때도 있다.

시간 계획이 너무 제한되어 있어서는 안 된다. 어떤 특별한 나눔의 기회를 주님께서 허락하셨을 때 방문 시간을 단지 한 시간으로 계획했다면 당신은 압박감을 느끼게 될 것이다. 특정한 시간에 방문을 끝내야 하는 압력을 받지 않는 자유로운 시간에 방문 일정을 잡아라.

개인 면담 실시

개인 면담을 갖기 전에 함께 하는 시간이 별로 없었다면 먼저 친해질 수 있는 시간을 충분히 갖도록 하라. 만약 적절하다고 생각된다면 다음의 친숙해지기 위한 질문(퀘이커교도의 질문)을 함께 나누도록 하라.

· 일곱 살에서 열두 살 사이에 당신은 어디에서 살았습니까? 형제는 몇 명입니까?

· 집에는 어떤 난방 장치를 사용했습니까?(혹은 가족은 주로 어떤 교통 수단을 사용했습니까?)

· 그 시절에 삶 가운데에서 당신을 가장 따뜻하게 대해 준 사람은 누구였습니까?

· "하나님"이 단순히 어떤 단어 이상의 의미로 다가온 것이 언제입니까?

이러한 질문을 하기에 적합하지 않은 경우, 딱딱한 분위기를 풀고 친숙

새신자와의 개인 면담을 통해 알아야 할 것들

그리스도인이 된 지 얼마나 되었는가? 약 삼 년.

과거에 나쁜 길로 빠졌던 적은 있는가? 지난 몇 달간 있었다.

전에 교회에서 훈련을 받은 적이 있는가? 전혀 없다.

전에 교회에서 봉사를 한 적이 있는가? 지난 몇 주 동안 안내 위원으로 봉사하였다.

과거에 교회 생활에 얼마나 참여했는가? 드문드문 참여했다.

회심의 경험: 미심쩍은 부분이 있는가? 혼란이 있는 듯하다. 짐을 지고 넘어가야 한다.

과거에 신앙에 대해 나눈 적이 있는가? 전혀 없다.

성경 지식 퀴즈: 점수? 성경 지식이 거의 없다.

영적 은사에 대한 인식이 있는가? 그에게는 전혀 새로운 영역이다. 가르침이 필요하다.

활발히 사용한 은사가 있는가? 전혀 없다. 성령 충만하지 않다.

지속적인 기도 생활을 하고 있는가? 전혀 아니다.

지속적으로 어떤 형태의 성경공부를 하고 있는가? 전혀 없다.

어떤 사람을 그리스도께로 인도한 적이 있는가? 없다.

이 사람은 어떤 방법으로 학습을 하는가? 독서를 거의 안 한다. 후원자의 개인 교습이 필요하다.

내적인 요새에 관한 자료가 겉으로 드러난 것이 있는가? 그것에 대하여 다시 생각해 보기를 원한다.

어떤 내적인 요새가 있는가? 노출된 것은 없지만 분명히 존재하고 있다. 여기에 시간을 할애해야 할 필요가 있다.

셀그룹의 생활 방식에 관해 알고 있는가? 헌신할 준비가 되어있는가? 그렇다. 셀을 사랑한다.

후원자를 얻고 후에 자신이 후원자가 되는 것에 대하여 어떻게 생각하는가? 두려운 마음도 있지만 그렇게 되기를 소망한다.

복음 전도를 위한 준비는 어느 정도 되어 있는가? 그에게 방법을 보여줄 수 있는 사람이 필요하다.

　개인 면담을 마치고 혼자 있을 때, 당신이 이 사람에 관해 받은 인상들을 기억이 생생히 남아 있을 동안 종이에 적도록 하라. 당신이 중점을 두어야 할 영역으로 분류한 것들을 기록하라. 그런 다음 제 21장의 양식 부분을 펼쳐서 이 사람을 위한 중보 기도 제목을 작성하도록 하라.

의견:

중요한 교차 지점에 서 있다. 그는 실직을 당하여 매우 지쳐 있다. 많은 잠재력을 가지고 있지만 충분한 돌봄이 필요하다. 첫 번째 단계는 그로 하여금 친숙해지기 활동을 인도하도록 돕는 일이 될 것이다. 후원자는 그에게 새로운 삶 시리즈 3권 『실천』에 관하여 설명해 주고 나눔 시간에 참여하도록 격려해야 한다. 성장은 그 후에 기대할 수 있다.

해지고 그와 자유로운 분위기를 창조하기 위하여 다른 방법을 사용하라.

면담후에는 앞으로 진행될 그의 셀생활에 성령님이 함께 해 주시기를 간구하는 기도를 하라. 인턴 셀리더나 후원자로부터 기도를 시작하여 후원자나 새신자가 기도를 한 다음 당신이 마치도록 하라. 새신자가 기도하는 방식을 평가하라. 이 사람의 삶에서 기도는 일상적인 활동인가? 만약 기도 생활이 일상적이지 않다면 목장에서 확고한 기도 생활을 하고 있는 사람의 영향을 받도록 당신이 할 수 있는 일은 무엇인가?

다음으로, 새로운 삶 시리즈 1권『안내』에 대한 다른 사람들의 반응을 그가 당신과 나누도록 하라. 그것을 한 페이지씩 넘겨가며 살펴보도록 하라. 이 책의 뒷 부분에 실려 있는 각종 양식 부분에 제시되어 있는 개인 면담의 개관을 사용하라. 완성된 양식의 예가 그 앞 페이지에 있다.

훈련 과정(The Equipping Modules)

당신은 "1세대 셀리더" 인가? 만약 그렇다면 당신은 이제부터 설명하게 될 훈련의 주기를 경험해 보지 않았기 때문에 불리한 입장에 놓이게 될 것이다. 적어도 당신은 각 훈련 과정과 친숙해져야 한다. 시간과 여건이 허락하는 한 배우고 세미나와 훈련에 참석해야 한다.

나눔의 시간을 가진 후에 아래의 도표에서 묘사되어 있는 훈련 과정들 중 적합한 것을 추천하라. 훈련 과정의 일부는 셀원들 모두를 위한 특별 세미나 형태로 진행된다.『마음을 감동시키는 기술 지침서』와 전도 소그룹, 취미 활동 그룹을 훈련하는 과정이 이러한 형태를 띤다.

훈련 과정이 끝날 때마다 당신은 각 책자 뒤에 있는 "수료증"에 서명해야 한다. 이 시간에 그 사람을 축복하는 기도를 하라. 이와 같은 진보

목장 훈련에 사용할 수 있는 훈련 자료들

분류	특성	선택할 코스
어린아이 새신자	최근의 회심자 기초가 없음	새로운 삶 시리즈 2권 『시작』 새로운 삶 시리즈 3권 『실천』
사역에 준비된 사람	새신자와 친분을 맺을 수 있음	『후원자 가이드』
문제가 있는 사람 차가운 그리스도인	제자 훈련을 받은 경험이 없음 몇 년 동안 죄악에 빠져 있음 과거에 개인적인 사역에 대한 관심이 없었음	새로운 삶 시리즈 3권 『실천』 『후원자 가이드』
냉담한 그리스도인 가치체계가 분명치 않음	이전에 약간의 성장을 경험함 성령 충만하지 않음	새로운 삶 시리즈 3권 『실천』 『후원자 가이드』
감정의 상처가 있는 사람	견고한 진 원조가 필요함 수치심, 고통	새로운 삶 시리즈 3권 『실천』 의미를 추구함

다른 사람들을 효과적으로 섬기기 위한 훈련		
모든 사람들	성경을 심층적으로 연구하기 위한 준비	『터치 성경 탐구』
청년들	"A 유형"의 불신자들을 전도하는 방법을 배우기 위한 준비	『마음을 감동시키는 기술 지침서』
아비들	"B 유형" 불신자들을 전도소그룹 팀 혹은 취미 그룹 사역을 통하여 전도 하는 방법 배우기 위한 준비	마음을 여는 전도 시리즈 『다리를 세움』 『그룹을 형성함』 『이해를 증진함』 『취미 활동 그룹 가이드』
폭넓은 사역	셀그룹 예비 목자가 되기 위한 준비	『가이드』 『셀리더 가이드』

를 지역 리더에게 알려서 전체 리스트에 기록하라.

영적인 성숙도를 시험하는 기준은 책임을 받아들이느냐의 여부라는 사실을 명심하라. 새신자를 셀리더로 인도하느냐가 바로 시험의 장이다! 당신이 새로운 셀원과 처음으로 개인 면담을 가질 때에도 그 사람에게 부여할 수 있는 셀그룹 생활과 관련된 사역들을 생각해 보라. 모든 사람들에게 섬김의 기회를 동등하게 제공하여 각 사람이 섬김을 통해 성장하는 기쁨을 누리도록 하라. 그것은 아주 어린아이들을 제외한 모든 사람들에게 적용된다. 나는 여덟 살짜리 어린이들 세 명이 다과를 나누어주는 책임을 지고 있는 그룹의 경우를 기억한다. 이것은 그 아이들의 일상적인 임무였으며 그것을 매우 즐겼다. 또한 다과를 나누어주는 임무는 그 모임에 참석하는 모든 사람들과 직접적인 관계를 맺게 했다.

새로운 삶 시리즈 1권 『안내』 평가서를 검토하라

새신자가 평가서에(새로운 삶 시리즈 1권 『안내』) 기록되어 있는 질문들에 답하면서 자신의 필요와 영적상태를 점검하도록 하라. 사람들마다 답이 제각기 다르게 나올 것이다. 하지만 영적인 성장을 위해 하나하나 점검하는 것이 도움이 된다.

마지막으로 『안내』의 27페이지에 있는 여행안내지도 위에 노란색 형광펜을 사용하여 이미 도달한 목적지에 색을 칠하라. 아직 도달하지 못한 목적지에 대해서 함께 상의하고 영적 훈련을 계속하기 위한 적절한 훈련 과정을 추천하라. 다양한 훈련 과정에 관하여 설명해 준 다음 받아야 할 훈련 과정을 추천하면서 셀그룹 훈련을 위한 필요 사항들을 설명해 주라.

만나야 할 사람들을 만나지 않고 받아야 하는 훈련 과정을 거치지 않는다면 우리에게 변화가 없음을 설명하라. 그리스도인으로 성장해 가는 것은 한 사람의 성장 과정과 유사하다. 그들은 성장하기 위해 적절한 영양을 섭취해야 한다. 그렇지 않으면 건강하게 자라지 못한다. 히브리서 5장 12절~14절 말씀을 나누면서 그리스도인이 건강하게 성장하지 못한다는 것이 어떤 것인지 설명해 주는 것도 좋다.

성장을 위한 계획을 기록한 다음 철저히 그것을 실천하라

새신자가 훈련과정을 거쳐 새로운 삶 시리즈 3권 『실천』을 끝낼 때까지 인내하고 헌신하라. 『실천』을 훈련받는 11주 동안 학습의 안내자이며 후원자로 섬길 그룹의 또 다른 셀원을 소개해 주라.

셀그룹의 모든 구성원들이 더 많은 성장과 사역을 위해 훈련되기 전까지 긴장을 풀지 말라. 새신자가 계속적으로 격려받고 동기부여를 받지 않으면 성숙은 이루어지지 않는다. 목자여, 당신의 양을 푸른 초장으로 인도하라!

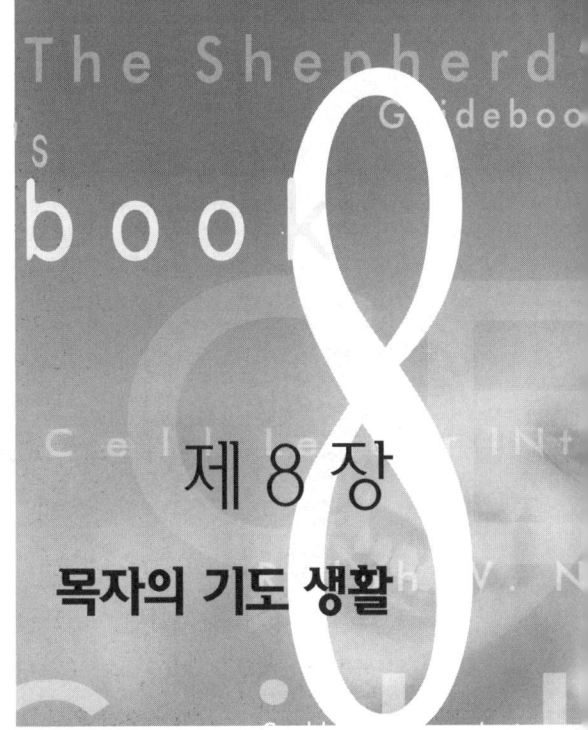

　당신은 프래지어(J. O. Frasier)에 관해 들어본 일이 있는가? 그는 오래 전에 서부 중국의 고산 지대의 산맥에 사는 미전도 종족인 라이서스 (Lisus)족에게 그리스도의 사랑이라는 메시지를 전하기 위해 영국을 떠난 사람이다. 산맥의 초입은 그들에게 이르기 위한 중간 지점으로 거기에는 그들의 전초기지 정도의 조그마한 마을이 위치한 계곡이 있다. 프래지어는 자신에게 그들의 언어를 가르쳐 줄 수 있는 라이서스족 사람을 만날 때까지 계속 그곳에 머물렀다. 몇 주간을 공부하는 가운데 그는 자기가 만난 라이서스 사람이 북부 산맥 출신이며 그가 배우고 있는 방언이 그 지역에서 사역하기 위해서 가장 적합하다는 사실을 발견하게 되었다.

프래지어는 앞으로 몇 년간 자신이 그 지역을 찾는 유일한 선교사가 되리라는 사실을 깨달았다. 그는 기도했다. "주님, 제가 어느 방향으로 가야 합니까? 북쪽입니까? 아니면 남쪽입니까?" 주님께서 대답하셨다. "둘 다 가야 한다. 일출로부터 정오까지는 남부 라이서스를 위해서 기도하고 정오부터 일몰 시간까지는 북부 라이서스에게 복음을 전하라."

그래서 이것이 그의 기본적인 생활의 양식이 되었다. 해를 거듭하면서 그는 반나절은 남부 지방에 있는 라이서스족을 위한 중보 기도를 하였고 나머지 시간은 주위에 있는 라이서스 지방을 전도하는 일에 시간을 보냈다. 사역은 서서히 성장했다. 십 년간의 사역을 통하여 백여 명의 사람들이 그리스도인으로 변했다.

수년이 지난 어느 날 그는 처음으로 쉬면서 그 전초기지 마을에 물자를 공급하기 위하여 그곳을 떠났다. 라이서스족의 방언을 매우 잘 알게 된 그는 한 라이서스인이 시장에서 다른 종류의 방언으로 이야기하는 것을 들었다. 그는 처음으로 남부 라이서스인을 만난 것이다. 프래지어는 사랑하는 마음으로 그 남자에게 자기의 임대 거주지에 와서 자신과 함께 거하도록 그를 초대하였다. 그 라이서스인이 예수님의 메시지를 들었을 때 그는 즉각적으로 예수님을 자신의 구세주와 주님으로 영접하였다.

몇 주에 걸쳐서 프래지어는 글을 읽을 줄 모르는 그 사람을 가르쳐서 성경구절을 암송하도록 도와주었다. 성령님께서 그가 듣는 이야기들을 기억할 수 있는 능력을 주시도록 기도하면서 프래지어는 계속해서 성경 이야기를 들려 주었다.

프래지어는 그 남자와 헤어지면서 남부 라이서스의 모든 사람들에게 예수님에 관하여 말하도록 그를 격려하였다. 그 이후, 프래지어는 자신의 사역지로 돌아가서 예전과 마찬가지로 매일 하루의 반나절을 남부 사람들을 위해 기도하였다. 몇 년이 흘렀다. 그런 후에 남부 라이서스의 대표단이 마을에 도착하였다. 그들은 수천 명의 남부 라이서스 사람들이 예수님을 믿고 있으며 누군가가 와서 그들에게 더 많은 것을 가르쳐 주기를 간절히 원한다는 소식을 전해 왔다.

선교사의 눈에는 눈물이 가득 고였다. 그는 자신이 일출에서 정오까지 기도하며 투자한 시간이 정오부터 일몰 때까지 행한 사역보다 수백 배나 위대한 추수를 가져 왔다는 사실을 깨달았다. 하나님께서 이렇게 말씀하시는 듯하였다. "힘과 능이 아니라 나의 영으로 라이서스인들은 복음화될 것이다."

목자인 당신은 이와 동일한 결과를 기도 생활로 인해 경험할 수 있다. 기도를 최고의 사역으로 삼아 주님과 꾸준한 교제의 시간을 가져라. 예수님께서 제자들을 산으로 데리고 가서서 밤새도록 기도하셨듯이 당신이 주님과 기도를 통한 교제의 시간을 가질 때 가능한 한 예비 목자를 동참하게 하여 이러한 기도 생활을 본받도록 하라.

기도에 관하여 당신이 읽어야 할 훌륭한 책들이 많다. 그러한 책들 가운데 가장 좋은 것은 웨슬리 듀엘(Wesley L. Duewel)이 저술한 『기도로 세계를 감동시켜라』(Touch the World through Prayer, Zondervan 출판사)는 책이다. 또 다른 책으로는 잭 헤이포드의 『기도는 불가능을 가능케 한다』(Prayer is Invading the Impossible, Logos 출판사)가 있다.

능력과 영향력이 있는 기도를 배우고 싶다면 기도하라! 실제로 기도하는 것보다 기도를 향한 당신의 갈증을 채워 주는 것은 없다. 당신의 일과에 기도를 위한 일정한 시간을 정하라. 만약 기도와 행위 중에서 어떤 것을 선택해야 한다면 기도를 선택하라. 기도하는 일에 시간을 드렸기 때문에 당신의 사역은 더욱 열매 맺는 사역이 될 것이다.

기도에는 매우 많은 측면들이 있어서 본 장에서 다루는 것은 마치 바다에 떨어지는 물 한 방울과 같다. 하지만 당신이 서 있는 위치에서 세 가지의 영역을 출발점으로 삼는 것이 중요하다.

기도: 경청의 방

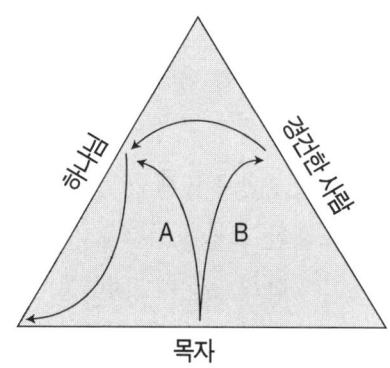

이 도형은 잘못된 기도 방법을 설명해 주고 있다. 목자는 주어진 환경에서 "무엇이 최상인가"를 결정하려고 한다. 목자가 기도를 할 때(A), "최상의 것"이 이루어질 수 있도록 하나님께서 그의 능력과 자원을 사용해 달라고 요청한다. 뜻하는 대로 일이 되지 않을 때 목자는 "경건한 사람"(B)-주로 목사나 하나님과 더 깊은 관계를 맺고 있다고 생각되는 사람-에게로 가서 하나님의 도움을 확신할 수 있도록 해 달라는 요청을 한다.

그리스도인의 기도는 사람에게 결정권을 주는 이와 같은 패턴을 만들어 낼 수 있다. 결정권을 쥐고 있는 분은 "주님"이지만 이와 같은 태도는 하나님을 기도하는 자의 소원에 순종하여 그것을 성취해 주는 종으로 만든다.

이와 같은 형태의 기도는 거의 응답을 받지 못한다. 하나님은 그분의 뜻을 우리의 뜻에 맞추어 우리와 관계를 시작하는 분이 아니다. 당신의 기도 생활이 과거에 이와 같은 형태를 취한 적이 있는가? 만약 그렇다면 그것이 바로 기도에 응답을 별로 받지 못했던 이유가 될 것이다.

변화되어야 하는 중요한 사실이 있다. "최상의 것"을 결정할 수 있는 사람은 우리가 아니다. 결정은 종이 하는 것이 아니라 주인이 하는 것이다. 종은 주인이 내린 결정을 실행한다. 그러므로 우리는 새로운 도형을 그려야 한다.

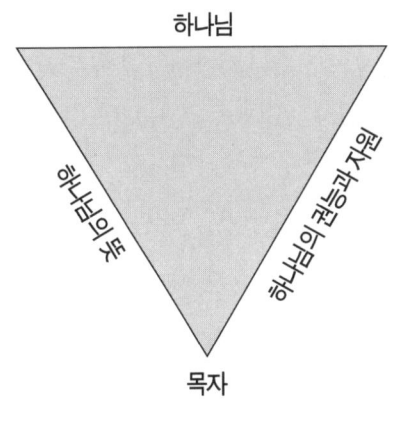

이 도형에 의하면 목자는 어떤 상황과 관련하여 먼저 하나님의 뜻을 구한다. 기도는 "경청의 방"을 경험하는 것이 된다. 하나님의 뜻대로 기도하지 않고 하나님의 뜻을 행하는 것은 불가능하다. 그러면 절대적인 확신 가운데 "천국에서 매인 것이 땅에서도 매이는" 역사가 일어난다. 이와 같은 태도를 가지고 하나님의 보좌 앞에 나아가는 법을 배울 때 기도는 전혀 새로운 측면을 맞게 된다.

예수님은 행동을 하기에 앞서 하나님의 음성을 들어야 하는 중요성을 보여 주셨다. 예수님께서 말씀하셨다.

> 내가 자의로 말하는 것이 아니요 나를 보내신 아버지께서 나의 말할 것과 이룰 것을 친히 명령하여 주셨으니(요 12:49)

우리 주님도 경청의 방이 필요하셨다. 그렇기 때문에 예수님은 밤새 기도하셨으며 40일 동안 금식도 하셨다. 예수님은 제자들이 함께 기도하도록 격려하셨다. 또 다른 말씀에서 예수님은 자신의 진정한 가족을 다음과 같이 정의하셨다.

예수께서 대답하여 가라사대 내 모친과 내 동생들은 곧 하나님의
말씀을 듣고 행하는 이 사람들이라 하시니라(눅 8:21)

야고보는 우리에게 다음과 같은 사실을 상기시킨다.

너희 중에 누구든지 지혜가 부족하거든 모든 사람에게 후히 주시
고 꾸짖지 아니하시는 하나님께 구하라 그리하면 주시리라(약 1:5)

기도의 첫 번째 측면으로 훌륭한 경청의 습관을 기르는 것은 그리스
도인의 여정에 중요한 진보다. 피터 로드(Peter Lord)는 『하나님의 음성
듣기』(*Hearing God*)에서 다음과 같이 적고 있다.

하나님의 약속을 듣고 그것이 이미 이루어진 것처럼 행동할 수
있는 열쇠는 하나님께서 말씀하신 것에 기초하여 마음에 명령을
내리는 것이다. …… 이 과정에는 세 가지 단계가 있다.

1. 하나님께 마음을 고정하기 위한 신중한 선택과 노력을 하라.
   당신은 마음을 다스리기 힘든 경우라면 하나님의 도우심을 구
   하라.
2. 마음의 초점을 하나님께 고정하는 연습을 위하여 신중한 선택
   을 하라. 가장 좋은 방법은 그것을 강하게 추구하기 위하여 정
   규적인 시간을 갖는 것이다. 모든 연습이 그렇듯이, 낮은 단계
   에서 시작하여 점차적으로 강도를 높이라.
3. 하나님께 마음을 고정하도록 연습하는 일을 삶의 모든 영역에
   적용하도록 하라. 의식적으로 모든 생각이 하나님께 사로잡혀

있게 하고 어떠한 환경에서든지 하나님께 즉각적으로 돌아서

겠다고 결단하는 것을 통하여 연습하라.

당신이 목수라고 상상해 보라. 어떤 부자가 집을 짓기 위하여 당신을 고용하였다. 그는 당신에게 청사진을 보여 주고 기초를 가리키면서 일에 착수하라고 지시한다. "잠깐만요!" 당신이 말한다. "말씀해 주지 않은 것이 있습니다. 합판과 못이 어디에 있습니까?" 그는 당신에게 말한다. "아, …… 합판과 못은 당신이 가지고 있는 것을 사용하도록 하십시오. 나는 해야 할 일이 따로 있습니다. 지금부터는 알아서 하십시오. 당신의 자원을 사용하도록 하십시오."

어처구니없는 상황이 아닐 수 없다. 하지만 우리가 주님을 위하여 행하는 많은 활동들에서 우리는 자기의 자원이라고 생각하는 것들을 가지고 행하고 있다(물론 진정한 종은 그의 몸 안에 있는 모든 것과 몸 밖에 있는 모든 소유물이 주인의 재산이라는 사실을 안다). 너무나도 많은 경우에 우리는 하나님의 능력보다는 어떤 훌륭한 사람이 제시하는 해결책에 의지한다.

코트디부아르의 아비장에서 잭 테일러와 나는 나면서부터 귀머거리인 세 살 난 귀여운 여자 아이를 위해서 기도해 달라는 요청을 받았다. 그 문제를 가지고 경청의 방으로 들어가는 시간을 가지지 않은 상태로 우리는 그 아이를 위해서 기도했다. 그 기도는 응답을 받지 못했다. 그날 저녁에 나는 루시에게 말했다. "우리가 그 아이를 위해 할 수 있는 가장 그리스도인다운 행동은 값을 지불하고 아이를 휴스턴에 데리고 와서 전문의에게 종합 진단을 받게 하는 것이 아닐까 생각합니다." 나는 하나님의 생각이 아닌 내 생각을 전하고 있었다. 하나님의 자원을 생각하는 것이 아니라 나의 자원을 생각하고 있었던 것이다.

다음 날, 즉 1988년 부활 주일에 셀교회의 사역팀은 열렬하게 기도하였고 그 결과 여자 아이는 귀머거리 상태로부터 벗어나게 되었다. 우리가 그녀를 쳐다보았을 때 그 아이는 가까운 거리에 있는 밴드의 시끄러운 소리와 그녀의 귀 위로 들려오는 박수 소리에 놀라 울고 있었다. 소리로 가득한 세상에 선다는 것은 그녀에게 매우 새로운 경험이었다. 나로서는 기도의 능력에 대한 매우 새로운 교훈이었다.

예수님께서 70명의 사람들을 베레아로 보냈을 때, 예수님은 그들에게 여분의 신발이나 겉옷 혹은 돈을 가지고 가지 말라고 하셨다. 그들에게 필요한 모든 자원은 주님으로부터 비롯되어야 했다. 병을 고치며 귀신을 내쫓고 갇힌 자들을 풀어줄 수 있는 능력은 위로부터 왔다. 우리도 마찬가지로 하나님의 자원을 사용하여 하나님의 일을 하는 방법을 배워야 한다.

목자로서 사역할 때에 육신의 치유라든가 불가능해 보이는 결혼 생활의 해결, 반항적인 사람에게 인생의 변화가 필요할 경우가 있을 것이다. 심리학과 의학적인 업무는 그 분야에 훈련된 사람들에게 맡겨라.

당신의 사역을 위하여 주님의 자원을 받고 분배하는 법을 배우라. 떡을 달라고 구할 때 돌을 주지 않을 것을 주님은 약속하셨다. 우리가 받지 못하는 것은 구하지 않기 때문이 아니며 잘못 구하기 때문도 아니다. 그분은 우리가 받는 것보다 더 많이 우리에게 주시기를 원하시는 분이다. 경청하는 법을 배우라. 그리고 받는 법도 배우라. 기도 시간에 "내가 너의 기도를 들었다. 기도가 응답되었다. 자원을 네게 주었다. 기도를 멈추고 찬양하라. 임무가 완수되었다"라고 말씀하시는 성령님의 음성을 듣게 된다면 당신은 전혀 새로운 종류의 사람이 될 것이다.

기도: 전쟁의 무기

『왕국의 요소』(*The Kingdom Factor*)에서 로저 미첼(Roger Mitchell)
은 다음과 같이 말한다.

> 영적 전쟁은 전도의 또 다른 모습이다. 이러한 사실은 예수님의
> 삶에서 분명히 드러난다. 특별히 유혹의 맥락에서, 왕국이 능력
> 으로 다가오는 것을 보기 위하여 강한 자를 결박할 필요에 관한
> 예수님의 설명에서 그리고 제자들이 귀신을 쫓아내는 데 실패한
> 것에 반해 예수님이 성공적이었던 이유에 관한 그분의 언급들에
> 서 이러한 사실을 분명히 보여 준다.

신학교를 떠나면서 나는 인격을 지닌 귀신의 존재 혹은 오늘날의 세
계에 존재하는 귀신의 존재에 대한 신앙을 잃어버렸다. 내 모습은 바알
세불의 조정을 기다리는 물 위에 떠 있는 오리와 같았다. 그러나 그것은
더 이상은 사실이 아니다. 내가 귀신들린 사람을 처음으로 대면하게 된
것은 하나님을 경외하는 어떤 정신과 의사가 귀신들린 한 여인을 내 사
무실로 데리고 왔을 때였다. 그 여자는 벽에 걸려 있는 예수님의 그림을
보자 마치 우리가 그녀의 피부를 둔한 칼로 벗겨 내기라도 하는 듯이 소
리를 지르기 시작하였다.

두 번째 대면은 브라질의 벨로 호리존떼(Belo Horizonte)에서였다. 내
가 제일 침례교회에서 그리스도의 보혈에 관한 설교를 하고 있을 때 예
배 중간에 한 남자가 고통스러운 듯이 뒹굴기 시작하였다. 그 날 저녁에
한 선교사님과 나는 그 남자가 귀신들린 상태에서 완전히 자유로워진
모습을 보게 되었다. 그가 귀신이 들렸던 이유는 어렸을 시절에 어머니

가 그를 사탄에게 바쳤기 때문이었다. 수십 년 동안 그를 억누르던 세력을 그리스도께서 변화시키심으로 그의 영혼에 흘러 넘치는 기쁨을 보는 것은 매우 아름다운 장면이었다.

그 이후로 나는 견고한 진으로부터 구원을 받은 많은 사람들을 목격하고 그들을 인터뷰했다. 모든 인생이 악마의 세력과 그리스도의 세력이 전투를 하는 전쟁터라는 사실은 의심할 여지가 없다. 오랜 세월 동안 교회는 그 전투에 참여하는 것을 거부해 왔다. 목자인 당신의 전쟁이 혈과 육에 대한 싸움이 아니라 세상 공중 권세 잡은 자에 대한 싸움이라는 사실을 분명히 보여 주는 상황을 머지않아 직면하게 될 것이다. 다음의 성경구절을 묵상하라.

저희가 무리에게 이르매 한 사람이 예수께 와서 꿇어 엎드리어 가로되 주여 내 아들을 불쌍히 여기소서 저가 간질로 심히 고생하여 자주 불에도 넘어지며 물에도 넘어지는지라 내가 주의 제자들에게 데리고 왔으나 능히 고치지 못하더이다 예수께서 대답하여 가라사대 믿음이 없고 패역한 세대여 내가 얼마나 너희와 함께 있으며 얼마나 너희를 참으리요 그를 이리로 데려 오라 하시다 이에 예수께서 꾸짖으시니 귀신이 나가고 아이가 그때부터 나으니라 이때에 제자들이 종용히 예수께 나아와 가로되 우리는 어찌하여 쫓아내지 못하였나이까 가라사대 너희 믿음이 적은 연고니라 진실로 너희에게 이르노니 너희가 만일 믿음이 한 겨자씨만큼만 있으면 이 산을 명하여 여기서 저기로 옮기라 하여도 옮길 것이오 또 너희가 못할 것이 없으리라(마 17:14~21)

"기도와 금식"은 매우 긴급한 문제 때문에 신체의 정상적인 영양 섭

취를 중단한 채 집중하여 하는 기도를 가리킨다. 군인들이 전투 중일 때는 일상적인 삶의 과정에 관심을 쏟지 않는다. 영적 전쟁에서도 마찬가지다.

당신은 전쟁으로서 기도와 중보 기도를 발견하고 그 두 가지 기도의 균형을 잘 맞출 수 있어야 한다. 성령의 은사 가운데는 진실된 영과 거짓 영을 구별할 수 있는 은사가 있다. 당신은 견고한 진의 문제를 다루는 사역을 하게 될 것이다. 모든 사역 기술이 그렇듯이, 이러한 문제를 앞서 경험한 사람들의 견습생으로 섬기면서 배워야 할 필요가 있다.

한 예를 들어보겠다. 그녀의 딸은 매우 반항적이었다. 그 십대 소녀는 가방을 싸들고 뒷문을 통하여 집을 나간 뒤 10년 동안 돌아오지 않았다. 소녀의 엄마는 정신이 나간 사람 같았다. 그녀는 딸의 친구들에게 전화를 해 보았지만 아무 소용이 없었다. 딸의 행방을 알고 있는 아이들은 말을 하지 않았다. 죽었는지, 성폭행을 당했는지, 마약에 빠져 있는지 혹은 의식 불명이 되었는지 도무지 알 길이 없었다. 그녀는 잠을 잘 수 없었다. 음식에도 손을 대지 않았다. 마침내, 그녀는 자신의 셀그룹에게 전화를 해서 그녀의 집에 와서 함께 기도해 줄 것을 요청하였다. 모두가 그녀의 고통을 느낄 수 있었으며 그들은 합심하여 긴급한 마음으로 기도를 시작하였다. 모든 셀 원들은 시간대를 정하여 소녀를 위해서 끊이지 않고 기도하기로 하고 모임을 마쳤다. 열여덟 시간이 지난 후 가출했던 소녀는 집으로 돌아와 대문을 두드렸다. "엄마, 제 삶에서 지금과 같이 비참했던 적은 없어요. 나는 마치 하나님께서 내 귀에 대고 집에 돌아가라고 속삭이는 것 같은 느낌을 받았어요. 엄마와 대화하고 싶어요. 저는 변하고 싶어요."

그 셀그룹은 전쟁의 무기인 기도의 능력을 경험하였다. 그들이 그 이후에 그 딸의 삶을 어떻게 돌보았는지 궁금한가? 그녀는 그들 모두의 돌봄과 사랑을 받으면서 코카인의 힘과 헤비 메탈 음악과 천박한 도덕성에서 벗어나게 되었다.

에스겔 47장에서 선지자는 성전에서 물이 흘러나오는 비전을 보았다. 그는 그 물을 건넜는데, 처음에는 발목까지 오는 깊이였고 그 다음에는 무릎 높이였으며 다음은 허리까지 왔다. 그리고 마지막에는 너무 깊어서 수영을 해야 했다. 이와 동일하게 당신의 영적 순례는 조금씩 점차적으로 그리스도의 영광스러운 능력을 경험하게 될 것이다. 그리스도의 풍요가 당신이 생각할 수 있는 것보다 훨씬 위대하며, 견고한 진을 파괴하는 그분의 힘은 당신이 간구했던 것보다 더 크다는 사실을 발견하게 될 것이다. 충만한 기대를 가지라. 하나님은 당신의 삶이 하나님 자신으로 충만하도록 이와 같은 섬김의 사역으로 인도하셨기 때문이다. 피터 와그너 박사는 영적 지도(spiritual mapping)에 관한 여러 권의 저서를 집필하였다. 그 책들은 매우 유익하며 당신이 살고 있는 지역에서 셀그룹이 땅 밟기 기도(prayer walk)를 할 수 있도록 인도할 것이다.

기도: "찬양의 능력은 실로 놀랍다!"

환경이 당신의 삶을 지배하도록 내버려 두는 것은 병폐를 당하는 지름길이 된다. 그러한 확실하게 치유하는 방법은 찬양이다. 시편 100편 4절은 "찬송함으로 그 궁전에 들어가라"고 가르친다. 모든 기도 모임은 찬양으로 시작해야 한다. 그것은 앞으로 다가올 더 중요한 일들에 대한 불필요한 전주곡이 아니다. 찬양은 다른 어떤 것보다 더욱 중요하다.

웨슬리 듀엘(Wesley Duewel)은 『기도로 세계를 감동시키라』에서 다음과 같이 말한다.

당신이 하나님을 충분히 찬양하지 않기 때문에 당신의 기도에 대한 하나님의 응답이 때때로 지연된다는 사실을 깨달은 경험이 있는가? 하나님을 찬양하지 않았기 때문에 고통의 산이 그대로 남아 있는 것을 발견한 일이 있는가? 믿음으로 명령하는 방법을 제외한 다른 방법들보다 더 빨리 사탄을 패배시킬 수 있는 방법이 찬양이라는 사실을 아는가? 혹은 믿음의 명령이 종종 찬양 공세와 연관된다는 사실을 알고 있는가? 지속적인 찬양의 제사는 침체되어 있는 사람을 들어올릴 수 있다는 사실도 아는가? 찬양은 어두움을 뚫고 오래된 장애물을 파괴하며 지옥의 마귀들을 쫓아낸다.

『할렐루야 요인』(*Hallelujah Factor*)의 저자인 잭 테일러(Jack Taylor)는 우리가 하나님을 찬양해야 하는 내용 세 가지를 가르쳐 준다. 하나님의 존재와 하나님의 행하신 일과 앞으로 하나님께서 행하실 일을 찬양한다. 우리가 하나님의 영광과 그분의 권능의 역사에 초점을 맞출 때에 매우 침울해 보이는 미약한 환경도 아무렇지 않은 것이 된다. 기도 찬양을 노래로 부르고 기도 찬양을 입으로 말하며 가능한 모든 방법을 동원하여 찬양을 경험하는 것은 영광스러운 일이다. 당신이 한 인격체로서 이와 같은 생활 방식 가운데 자라남에 따라 당신의 셀그룹도 찬양의 능력과 기쁨을 알게 될 것이다.

당신은 정규적으로 셀 그룹 모임을 찬양과 찬송, 기도, 시편을 낭독하는 것으로 시작할 것이다. 그룹 모임에 갈 때 기도로만 준비하지 말고 찬양으로 준비하라.

중보 기도 제목 기록표

셀그룹 멤버: 펄킴타
스트레스의 영역: 6개월 전에 실직함. 3달 전에 모친 사망.

날짜	기도 제목	믿음의 눈으로 그를 바라보는 나의 견해
7/7/94 간구함 9/2/94 기도 응답	견고한 직을 위하여: 전 고용주에 대한 강한 분노심을 억제하기 어렵다.	그의 가치가 자신의 실적에 있는 것이 아닌 하나님의 자녀로서 그의 신분에 기초하고 있다.
10/2/94 간구함 12/21/94 기도 응답	아버지에게 복음을 전하기 원하지만 거절당하는 것을 두려워한다.	복음을 증거함에 있어서 담대하고 재치있다. 아버지의 신용을 얻어 그를 예수님께 인도할 것이다!
날짜 __/__/__ 간구함 __/__/__ 기도 응답	기도 제목	믿음의 눈으로 그를 바라보는 나의 견해
날짜 __/__/__ 간구함 __/__/__ 기도 응답	기도 제목	믿음의 눈으로 그를 바라보는 나의 견해
날짜 __/__/__ 간구함 __/__/__ 기도 응답	기도 제목	믿음의 눈으로 그를 바라보는 나의 견해
날짜 __/__/__ 간구함 __/__/__ 기도 응답	기도 제목	믿음의 눈으로 그를 바라보는 나의 견해

기도: 믿음으로 그렇지 않은 것을 그렇다고 믿는 것

이 책의 21장에 있는 양식 부분에서 당신은 114쪽과 동일한 중보 기도 제목 기록표를 발견하게 될 것이다. 114쪽에 있는 기록표의 일부를 어떻게 활용할 것인지를 설명하기 위하여 예를 보였다. 기록표에 그 사람의 스트레스 영역이 표기되었다는 사실을 주목하라. 자세한 사항은 이어지는 장에서 설명하기로 하겠다. 목자는 중보 기도를 시작하면서 각각의 기도 제목에 날짜를 적었고 기도가 응답된 날짜도 역시 기록하였다. 동시에 기도 제목을 기록하였다. 그는 또한 경청의 방으로 가서 그 기도가 어떻게 응답되어야 할 것인가에 대해 주님께 여쭈어 보았다. 그리고 그것을 "믿음의 눈으로 그를 바라보는 나의 견해"라고 표기되어 있는 칸에 적었다.

셀그룹에서 기도의 능력에 대한 실화

처음 우리 모임에 참석했을 때 그는 매우 심각한 음주 문제를 가지고 있었다. 그는 자신이 소년이었을 때부터 주님을 믿었지만 여러 해 동안 주님과 멀어져 있다는 사실을 나누었다. 몇 주가 지나면서 그는 하나님께 대한 갈망을 새로이 느끼게 되었고 마침내 아름다운 주님과의 새로운 관계성 안으로 들어가게 되었다.

그러던 어느 날 그는 나에게 함께 점심을 먹자는 제의를 하였다. 그는 주문을 한 후에 말하기 시작하였다. "저는 지금 한 여자와 동거하고 있습니다. 이제 제가 그리스도와 새로운 삶을 살게 되었으니 그녀와 헤어져야 한다는 사실을 알지만 그녀가 두렵습니다. 전에도 한번 그녀와 헤어진 적이 있습니다. 그녀는 술을 마시고 내가 일하는 자동차 부품 가게로 찾아왔습니다. 그녀는 타이어 잭을 집어들고 그것을 휘두르면서 우리 가게 창문을 깨뜨리고 상품이 진열되어 있는 선반을 넘어뜨렸습니다. 내가 그녀를 말리려고 하자 그녀는 내 셔츠를 찢고 가슴을 그녀의 손톱으로 마구 그어 100바늘 이상 꿰매야 했습니다. 그녀를 수갑에 채우고 경찰 호송차에 넣기까지 일곱 명의 경찰관이 동원되어야 했습니다. 내가 또 다시 자기를 떠나려고 한다면 나를 죽이겠다고 했습니다. 어떻게 해야 할지 모르겠습니다."

나는 말했다. "주님께서 그 여자의 삶에 어떤 일을 행하실지 주님께서 보여 주시도록 기도합시다. 우선, 그녀의 삶에 있는 사탄의 견고한 진을 기록해 봅시다." 우리가 대화를 나누는 동안 나는 접시를 놓는 종이 받침을 뒤집어서 그것을 기록하기 시작하였다. "견고한 진: 술 취함, 분노, 질투, 두려움, 형편없는 자아상, 자신을 버린 남편을 용서하지 못함, 또 다시 버림받을 것에 대한 두려움, 살인의 영"

우리는 경청의 방으로 가서 그리스도께서 그녀를 구원해 주신 후의 모습을 보게 해 달라고 기도하였다. 나는 다음과 같이 적었다. "그녀는 주님과의 사랑에 빠져 정숙하고 정신이 온전하며 두 딸에게 헌신되어 있고 그리스도인으로서의 섬김에 적극적이다."

그 친구는 어리벙벙해 하는 것 같았다. "내가 함께 살고 있는 여자가 정말 그렇게 될 수 있다는 것을 믿을 수 없습니다. 하지만 그와 같은 일을 이루실 것을 믿으며 주님을 의지하길 원합니다." 우리는 그녀를 위한 기도를 처음으로 시작하였다. 기도를 통해 사탄의 견고한 진을 공격하며 아직 일어나지는 않았지만 앞으로 그녀에게 일어날 변화를 생각하며 기뻐하였다. 차에 올라타면서 나는 그에게 말했다. "오늘 밤에 있을 셀그룹 모임에 그녀를 초대하세요. 우리 집에서 모입니다. 그녀가 당신과 함께 와야 한다고만 이르십시오. 그녀는 응할 것입니다." 그는 내가 정신이 나간 사람이라도 되는 듯이 나를 쳐다보았다. "네, 한 번 말해 보겠습니다. 하지만 그녀는 응하지 않을 것입니다." "환경을 바라보지 말고 믿음의 눈으로 보도록 하십시오" 하고 내가 말했다.

그녀는 천둥과 번개 속의 고양이처럼 두려운 표정으로 그와 함께 나타났다. 사람들이 그녀에게 커피와 케이크를 나누어 주는 동안 그룹에 속한 한 여인이 그녀에게 포옹을 하였다. 우리는 그날 저녁 시간 전부를 들여서 그녀와 친해지는 시간을 가졌다. 퀘이커교도의 질문을 사용하여 우리는 그녀의 소녀 시절과 두 딸을 가진 아버지와 결혼한 후 그에게 버림을 받은 사실을 알게 되었다. 멕시코에서 휴스턴으로 불법 이민을 한 과정과 일자리를 잡고 가정을 꾸미게 되기까지 그녀가 겪어야 했던 거친 전투에 대한 이야기를 나누었을 때 우리는 억지로 눈물을 참아야 했다.

그 다음 주에 그녀는 활달한 자신의 십대 딸과 함께 모임에 다시 참석하였다. 그녀의 딸은 뛰어난 운동 선수였고 그녀가 받은 트로피를 몇 개 가지고 왔다. 우리는 그 트로피들을 모인 집에 있는 식사용 간이 테이블에 자랑스럽게 진열해 놓고 그녀의 미래와 대학에 가고자 하는 그녀의 소원을 위하여 기도하는 것으로 모임을 마무리하였다.

그로부터 6주 후에 그 친구는 일을 끝내고 그 여인과 그녀의 딸이 살고 있는 아파트로 돌아갔다. 그 친구의 옷가지들은 정성스럽게 세탁되어 다려져 옷 가방에 꾸려져 있었다. 그녀는 말하였다. "나는 이제 그리스도인이 되었어요. 그래서 이번 주일에 이그레시아 바우티스타(Iglesia Bautista)에서 침례를 받게 되었어요. 나는 더 이상 당신과 함께 살 수 없어요. 당신은 우리를 떠나야 해요. 나는 당신을 진심으로 사랑하지만 우리가 앞으로 만나는 것은 순결한 관계로 만나야 해요."

기도는 견고한 진을 무너뜨리고 그녀를 해방하였다. 곧 당신도 셀그룹 활동을 통하여 이러한 이야기와 유사한 간증을 하게 될 것이다. 친구여, 더 깊은 물로 발을 내딛어라. 하나님의 역사의 파도에서 헤엄을 치게 되기까지 물을 건너라. 아주 흥미로운 일들이 당신을 기다리고 있다!

기도 제목 목록을 작성하라

다음의 사항들을 위하여 하나님께 기도하라.
· 그룹의 구성원들이 하나님을 향한 더 간절한 갈망을 갖게 되도록
· 하나님께서 양떼 가운데 더욱 온전히 당신 자신을 드러내시도록 (이것은 영적 성장을 위하여 반드시 필요하다)
· 하나님과 대립되는 생활 방식에 대하여 불만족스러운 마음을 갖게 되도록
· 하나님께서 눈에 보이지 않는 일을 하실 것을 믿는 믿음을 갖게 되도록
· 양 무리에게 복음을 들어 보지 못한 사람들에 대한 새로운 민감성을 주시도록
· 하나님께서 사용하고자 계획하는 핵심 구성원들을 준비하시도록
· 당신 자신과 가족들의 필요를 위하여 간구하라
· 그리스도의 몸에 대한 당신의 비전과 사랑을 넓혀 주시도록
· 죽어 있는 구조를 변화시킴으로 하나님의 교회가 전 세계적으로 확장되도록

피터 로드(Peter Lord)의 삶에서 기도는 특별한 방법으로 역사하였다.

그가 기도에 대하여 경험한 것은 수천 명의 인생에 영향을 주었다. 『2959 계획』(The 2959 Plan)이라는 기도에 관한 책자에서 그는 다음과 같이 말했다.

어떠한 상황에 대한 우리의 즉각적인 첫 번째 반응이 하나님과 상의하는 일이 될 때 그것은 하나님께 영광이 된다. 하지만 하나님이 우리의 마지막 선택이라면 그것은 하나님께 매우 불명예스러운 일이 된다. 당신은 누군가가 다음과 같이 말하는 것을 들은 경험이 있는가? "우리가 할 수 있는 일은 모두 해 보았습니다. 이제 기도를 해야겠습니다." 만일 우리가 "모든 방법으로 하나님을 인정하고, 먼저 그의 나라를 구하기"를 원한다면 가장 좋은 방법은 하나님을 우리의 상담자와 고문으로 삼는 것이다.

양떼를 위한 기도 연락망을 만듦

이 책의 뒷부분에서 당신의 양 떼와 함께 사용할 수 있는 기도 연락망 양식을 찾을 수 있을 것이다. 120쪽의 예에서 볼 수 있듯이, 그것은 사람들이 필요한 기도 제목을 서로 재빨리 나눌 수 있는 길을 마련해 준다. 모든 셀 원들은 그 복사본을 한 장씩 가지고 있어야 한다. 목록에서 다음에 있는 사람에게 연락이 되지 않을 때는 그 다음 사람에게 연락을 해야 한다.

그룹은 기도 연락망을 단지 모임에 첨가되는 어떤 것으로 선언하는 것이 아니라 기도하면서 그것을 개발해야 한다. 연락망이 사용될 수 있는 방법에 대하여 의논하는 시간을 갖도록 하라.

기도 연락망

이름 : 이 칸에 당신의 이름을 적으라
_____

전화 번호 : (집) 703-7003   (직장) 703-7003

이름 : 이 칸에는 예비 목자의 이름을 적어라
_____

전화 번호 : (집) 703-7003   (직장) 703-7003

이름 : 풀로드 존슨
_____

본 양식을 이 책의 21장 양식 부분에서 복사하여 사용하라. 그 양식에 셀 구성원 모두의 이름을 기입하고 각자에게 그것을 한 장씩 나누어주도록 하라. 항상 당신의 이름이 기도 연락망에 처음으로 기입되며 그 다음은 예비 목자의 이름이 기입된다. 누구든지 본인 다음에 있는 사람에게 연락을 하여 기도 연락망을 시작할 수 있다. 연락되지 않는 사람이 있다면 목록에서 그 다음에 있는 사람에게 연락을 취하도록 한다. 목록의 마지막에 오는 사람은 모든 사람에게 연락이 취해졌음을 알리는 전화를 당신에게 한다.

전화 : (집) 703-7003   (직장) 703-7003

이름 : 크리스티나 추아
_____

전화 : (집) 703-7003   (직장) 703-7003

이름 : 조이 백햄
_____

전화 : (집) 703-7003   (직장) 703-7003

- 셀 원에게 어려운 일이 닥칠 때 밤낮으로 사용할 수 있다.
- 전도 대상 불신자가 헌신의 순간에 서 있으며 셀 원이 "그물을 던지는" 작업을 하고 있을 때 그룹은 중보 기도를 요청하는 연락을 한다.
- 예를 들어 그것은 암 조직 검사를 받는 경우와 같이 셀 원들이 어떤 특별한 경험을 하게 될 때 그룹을 하나로 묶어 준다.

기도 연락망은 구성원들을 영적으로 하나로 묶는 데 매우 중요한 역할을 한다. 앞으로는 밤낮으로 기도 연락망이 사용될 것이다. 어떤 경우에는 연락망을 통해 전달된 소식이 긴급한 중보 기도의 시간으로 그룹을 모을 것이다.

예를 들어, 그룹에 속한 한 부인이 딸을 옆 좌석에 태우고 가게에서 집으로 운전해 가고 있을 때 일어난 사건으로 인해 그룹은 좌절되어 있었다. 어떤 트럭이 교차로를 질주하여 그들이 타고 있던 차를 들이박았다. 목자에게 연락이 왔고 그는 병원으로 떠나기 전에 기도 연락망을 시작하도록 하였다. 병원에 도착했을 때 이 여인의 생명이 경각에 달려 있다는 것을 알게 되었다. 그는 병원에 있는 것보다 그 시점에 기도하는 것이 더욱 급한 것임을 깨달았다. 남편 곁에 예비 목자를 남겨 둔 채, 목자는 자신의 집에서 셀이 모이도록 연락하였다. 저녁 시간 내내 그들은 이 사랑하는 여인을 위하여 주님께 중보하였다. 자정쯤 되어서 예비 목자는 셀에 연락을 하여 여인이 위기를 넘겼고 내부 출혈이 멈추었으며 의사는 그녀가 회복할 수 있을 것이라고 예상한다는 소식을 전해 왔다.

주의 사항: 어떤 그룹에는 기도 연락망에 올려질 기도 제목에 대해 분별력이 없는 사람이 포함되어 있을 수 있다. 그러므로 기도 연락망을 운영하는 사람은 당신이나 예비 목자여야 한다. 모든 연락을 처음으로 받는 사람은 당신이다.

제 9 장

"혈통 맺기"(Kinning): 그리스도인 가문을 창조함

혈통 맺기(Kinning)는 훌륭한 말이다. 셀그룹에 들어온 사람들은 당신이 그들의 "일가 친척"이 된 것처럼 느껴야 한다. 모든 사람들이 그리스도의 가족에서 일부가 되었다는 느낌을 갖는 것은 매우 중요하다.

"가정은 우리가 잘했든 잘못했든 상관없이 쫓겨나지 않는다는 사실을 알기 때문에 언제나 돌아갈 수 있는 곳이다"라고 누군가가 말했다. 당신의 임무 가운데 하나는 새로운 셀 원들이 그들의 새로운 셀그룹과의 관계성에서 안전하다는 느낌을 가질 수 있도록 하는 것이다. 새로 들어온 사람이 세 번 정도의 방문을 통해 걸쳐 환영받는다는 느낌과 가정적인 편안함을 느끼지 못한다면 그 사람은 모임에서 떨어져 나갈 것이다.

"혈통 맺기"에 성공하기 위해서는 두 가지가 필요하다. 하나는 사랑이고 나머지 하나는 특별히 시간을 투자하는 것이다. 그 사람을 알기 위하여 시간을 투자하지 않는 이상 당신은 그를 돌볼 수 없다.

셀그룹에 참석하는 데 관심을 가지고 있는 사람의 이름을 받은 후 또는 기존 셀 원이 손님을 데리고 온 직후에 당신은 다음의 방법들을 혼합하여 사용하고 싶을 것이다.

1. 그 사람의 집을 방문한다. 그곳에 사는 사람들을 모두 만난다.
2. 그 사람에게 전화해서 함께 점심을 먹을 계획을 한다.
3. 축하 예배나 회중 모임에 함께 앉는다.
4. 소풍, 테니스, 쇼핑, 스포츠 등 재미있는 시간을 함께 보낸다.

셀 원들 간의 관계성을 발전시킬 수 있는 몇 가지 방법들이 있다.

1. 그룹에 속한 세 명의 셀 원에게 일주일에 두 번 방문객과 새로운 셀 원들을 방문하거나 그들에게 전화를 하도록 요청한다.
2. 기존 셀 원들이 새로운 방문객들에게 다음 번 모임에 참석하도록 개인적으로 초청할 수 있도록 격려한다.
3. 우리는 이미 친숙한 사람들에게 이동하는 경향이 있기 때문에 새로운 셀 원들은 때때로 우리 그룹을 무너뜨려야 한다고 느낄 수 있다. 기존 셀 원들은 이들이 그룹 안에서 편안함을 느낄 수 있도록 하는 일에 그들의 최고 우선순위를 두어야 한다.

진정한 가족이 지니고 있는 특성 중 하나는 각 사람이 지니고 있는 모

습을 그대로 인정해 준다는 것이다. 당신의 셀그룹이 이와 같은 가족이
될 수 있다.

셀그룹과 "오이코스 관계"

오이코스는 한 사람이 다른 사람들과 맺는 "최초의 그룹"이다. 이 단
어는 신약에서 반복하여 나타나며 주로 "가족"으로 번역된다. 하지만
그것은 단지 가족 구성원들만을 일컫는 말이 아니다. 우리 모두는 가족
과 직장, 오락, 취미, 이웃을 통해 우리와 직접적으로 관계를 맺는 친구
들과 "최초의 그룹"을 이루고 있다. 최초의 그룹은 우리가 대화하며 관
계를 맺고 매주 적어도 한 시간 동안 서로 나누는 시간을 보내는 사람들
이다.

우리는 일반적으로 200명에 이르는 사람들의 이름을 알고 그들 가운
데 몇 십 명의 사람들과 이따금 관계성을 맺을 수 있다. 하지만 어떤 사
람이 자신의 오이코스, 즉 최초의 그룹 안에 20명 이상의 사람들을 포함
하는 경우는 흔하지 않다. 최근에 그리스도인들을 대상으로 한 어떤 조
사에 의하면, 그리스도인들은 평균 9명으로 이루어진 오이코스에 속해
있으며 그들 가운데 대다수가 지난 6개월 동안 새로운 오이코스 관계를
발전시키지 않은 것으로 알려졌다.

삶은 끊임없는 오이코스 관계의 사슬로 구성되어 있다. 당신의 셀그
룹에 속한 모든 구성원들은 이미 이러한 관계성으로 얽혀 있다. 새로 셀
에 들어온 사람들은 셀 안에 있는 사람과 오이코스 관계를 형성하지 않
은 이상 모임에 처음으로 참석했을 때 소속감을 느끼지 못할 것이다. 그
들이 기존 셀 원들과 "혈통" 관계를 맺지 않는다면 그들은 그 모임에 오

랫동안 남아 있지 못할 것이며 소속되려고 노력하기도 전에 옛 친구들에게로 돌아갈 것이다.

오이코스의 크기는 정서적인 힘에 따라 매우 다양하다

오이코스의 크기는 다른 사람들과 관계성을 맺으며 살아갈 수 있는 사람의 능력에 의해 좌우된다. 정서적으로 매우 깊은 상처를 입은 사람들은 그들의 오이코스 안에 세 명 내지 다섯 명의 사람들만 포함하는 반면, 과거의 삶에서 힘든 것 없이 지내온 사람들은 오이코스의 규모가 보다 클 것이다. 안타깝게도, 사랑과 우정을 가장 필요로 하는 사람들이 그것을 받을 기회를 가장 적게 가지고 있다. 각 사람은 원시적인 오이코스 그룹 안에서 살며 그것에 의해 강하게 영향을 받는다. 그러므로 당신이 시간을 내어서 오이코스 사람들을 최대한 많이 만나 보고 나머지 사람들에 대해서는 적어도 나름대로의 인상 정도를 가지고 있는 것이 중요하다. 이것은 새로운 삶 시리즈 1권 『안내』 책자에 있는 개인 면담을

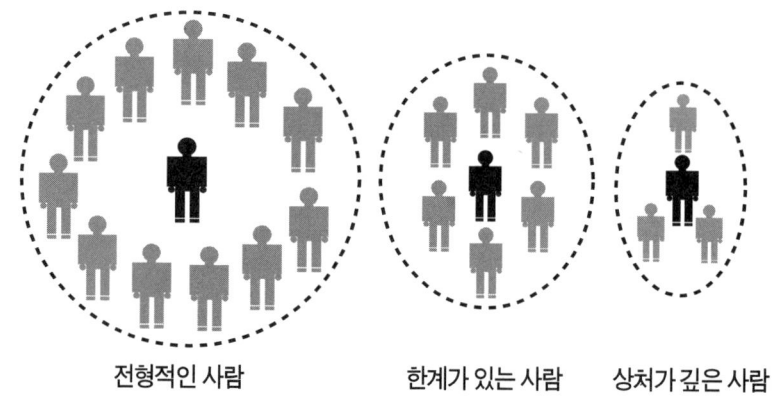

전형적인 사람　　　　한계가 있는 사람　　상처가 깊은 사람

통해 시작할 수 있으며 셀그룹 모임에서 오이코스에 초점을 맞춤으로 발전될 수 있다.

교회에 출석하지 않는 많은 사람들이 그리스도인들과 처음으로 접촉을 하게 되지만, 그들은 사랑 받는다거나 소속감을 느끼지 못한다. 슬프지만 이것이 사실이다. 당신의 그룹에서는 이와 같은 일이 발생하지 않도록 하라.

교회 구성원의 50%가 비활동적이라는 사실을 알고 있는가? 이러한 현상이 어떻게 발생하는가? 이러한 사람들의 혼돈을 생각해 보라. 그들은 그리스도와의 새로운 삶에 대한 기쁨과 흥분과 소망으로 가득 찬 상태로 교회 회원이 된다. 그들은 새로운 친구들을 만들려는 노력을 하면서 그들의 오이코스 그룹에 그들이 생활 방식을 바꾼 이유에 관하여 설명해 준다. 이러한 상황 가운데 있을 스트레스를 상상해 보라!

상황은 다음과 같이 전개될지 모르겠다. 수많은 그리스도인들이 그들과 악수를 한다. 그러나 그들의 이름을 알고 있는 사람들은 많지 않다. 한 주일 학교 교사가 그들이 수업에 꾸준히 참석할 것을 격려한다.

주일 학교 학생들이 다시 한 번 그들을 따뜻하게 맞아준다. 하지만 새로운 셀 원에게 점심을 먹으러 함께 나가자고 제의하거나 "다음 주일에 총동원 행사가 있는데 당신이 정말 필요합니다"라고 말하며 주일 학교 출석 여부를 점검하는 책임을 담당하는 리더 외에는 주중에 전화를 하는 사람이 아무도 없다. 정말 무엇을 위해 내가 필요하다는 것인가? 출석 기록을 위한 것인가? 그리고 곧 헌신 주간이 돌아온다. 마침내 집사회에서 심방을 온다. 하지만 심방의 목적은 헌신 카드를 회수하기 위한 것이다.

중도에 이탈해 나가는 이들은 어떤 사람들인가? 대부분의 경우는 친구를 잘 사귀지 못하는 내성적인 사람들이다. 그들은 모두 주님과 더욱

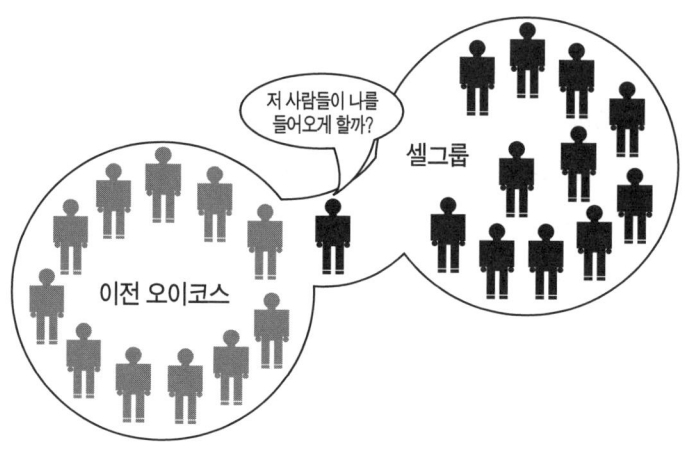

깊이 만나기를 갈망한다. 그들 중에는 아무도 처음부터 주님과의 깊은 만남이 공동체와의 깊은 관계성에 내재되어 있다는 사실을 알지 못한다. 그리고 그들 가운데 아무도 교회에서 찾고자 기대한 바를 찾은 사람은 없다. 혼돈스러워진 그들은 모임에서 이탈한다. 그들은 하나님을 더 훌륭한 방법으로 만나고자 하는 노력이 실패하여 고통스러워하는지도 모른다. 그들에게 일어난 일에 대한 역학 관계를 생각할 수 있는 능력을 가진 사람은 별로 없다. 그들은 자신들이 하나님께 만족스럽지 못하며 자신들의 성격이 너무 단조로운 나머지 다른 사람들이 자신들과 가까운 관계를 맺고 싶어 하지 않는다는 결론을 내린다.

한편, 전 교인의 10% 내지 12%의 셀 원이 90%의 지원 사역을 감당하며 프로그램을 진행하기 위하여 필요한 90%의 돈을 헌금하는 가운데 조직적인 교회는 계속해서 굴러간다.

만일 당신의 셀그룹에서 이러한 비인격적인 생활 방식을 따른다면 차라리 연자 맷돌을 목에 매고 바다 속으로 뛰어드는 편이 나을 것이다.

그러나 이와 같은 현상은 미묘한 과정을 통해 발생하므로 깨닫기도 전에 손상을 입게 된다. 진정한 교회의 모습을 묘사한 다음의 성경구절을 묵상하라.

> 믿는 무리가 한 마음과 한 뜻이 되어 모든 물건을 서로 통용하고 제 재물을 조금이라도 제 것이라 하는 이가 하나도 없더라 사도들이 큰 권능으로 주 예수의 부활을 증거하니 무리가 큰 은혜를 얻어 그 중에 핍절한 사람이 없으니 이는 밭과 집 있는 자는 팔아 그 판 값을 가져다가 사도들의 발 앞에 두매 저희가 각 사람의 필요를 따라 나눠줌이라 구브로에서 난 레위 족인이 있으니 이름은 요셉이라 사도들이 일컬어 바나바(번역하면 권위자)라 하니 그가 밭이 있으매 팔아 값을 가지고 사도들의 발 앞에 두니라(행 4:32~37)

셀그룹이 매주 정규적인 모임을 갖는 반면, 셀의 실제적인 생명력은 매일의 관계성과 서로 삶을 나누는 생활에 내재되어 있다. 이러한 이유 때문에 셀을 구성하는 구성원의 숫자가 열다섯 명을 넘기지 않는 것이 좋다. 하지만 셀의 규모가 결정적인 요소는 아니다. 더욱 중요한 것은 참여이다. 모든 셀 원들이 셀그룹의 활동에 참여해야 한다. 공동체의 규모가 열다섯 명 이상으로 성장하게 되면 그것이 어려워진다.

어느 셀그룹의 사역에 관한 실화

그녀는 둘째 아이를 임신 중인 젊은 엄마였다. 동시에 그녀는 남편을 구타하는 아내였다. 그녀가 분노를 느낄 때면 남편은 부인의 주먹과 손톱, 후라이팬 혹은 주위에서 물건을 아무것이나 던지는 행동으로부터 자신을 방어할 태세를 갖추었다. 그녀의 남편은 단순히 아내를 달래고 분노가 폭발하지 않도록 노력하며 4년 동안 그렇게 살아왔다.

하루는 그가 근무하는 은행에서 한 외로운 이혼녀가 그에게 점심을 사 달라고 요청했다. 그녀의 따뜻함과 외로움, 온유한 행동은 그를 사로잡았다. 자신도 모르는 사이에 그는 그녀와 불륜 관계를 맺고 있었다. 그의 아내가 이 사실을 알게 되었고 그녀는 더욱 광포해졌다. 결국 그들의 둘째 아이 출산을 며칠 앞두고 그는 집을 나와 한 아파트로 거처를 옮겼다.

불륜 사실이 드러나자 은행에서는 그와 여자 모두를 해고하였다. 상황은 점점 더 악화되었다. 그는 병원에서 아내와 함께 시간을 보내고 아이를 집으로 데려다 주는 일을 도와준 후 텅 빈 아파트로 돌아왔다.

6개월 전에 그들은 셀그룹에 참석하기 시작하였다. 셀그룹에 속한 다른 젊은 부부들은 몇 주에 걸쳐 이와 같은 상황에 대해 어떻게 대처할 것인가를 놓고 고심하였다. 그들은 남편과 아내를 개인적으로 상담하였고 그리스도께서 그 가정을 회복시키시도록 열심히 기도하였다. 마침내 어느 금요일 저녁에 셀그룹에서는 아이들을 모두 주말 동안 친척이나 친구의 집에 맡겼다. 아내들이 젊은 아기 엄마의 집에 도착할 즈음 남편들은 그녀의 남편이 사는 아파트의 문을 두드렸다. 그들은 그를 집으로 데리고 가서 그들의 차 트렁크에서 침낭을 꺼내더니 다음과 같이 말했다. "우리는 이 집에 무한정 있을 생각입니다. 주님은 당신의 삶이 이렇게 파멸되기를 원치 않으십니다. 우리는 대화하고 기도하며 우리가 할 수 있는 일이라면 무엇이든 하겠습니다. 그리고 당신들이 삶을 정리하고 이 어린아이들을 위해 좋은 가정을 시작하기 전까지 이 집을 떠나지 않겠습니다."

주일 아침까지 기진맥진한 셀그룹은 결국 승리를 거두었다. 아내는 일평생 처음으로 자신의 삶에 존재하는 견고한 진을 직면하고 그것의 지배에서 자유를 얻게 되었다. 셀그룹의 도움으로 그들은 서로에 대한 첫 사랑을 상기하며 그들이 결혼을 하게 된 이유를 생각하게 되었다. 그리스도께서 그들의 삶을 통치하셨고 그들은 은혜 가운데 성장할 준비가 되어 있었다.

셀그룹은 하나의 생활 방식이며 단순히 매주 모이는 모임이 아니다

당신의 셀그룹은 작은 그리스도인 공동체다. 예수 그리스도께서 살아 있는 이와 같은 셀들을 각각 형성하셨으며 그분은 진정 셀의 머리가 되신다. 아마도 당신은 교회 안에서 소그룹이 재빨리 일어났다가 동일하게 빨리 사라지는 것을 경험하거나 목격한 일이 있을 것이다. 그 이유가 무엇인가? 거기에는 진정한 공동체가 존재하지 않았다. 개인의 부흥이나 사역 혹은 서로를 향한 희생적인 사랑도 없었다. 그 그룹들은 주일이나 수요일 저녁 시간에 만나는 모임이었을 뿐이다. 그들은 때때로 자신들의 영성 문제에 빠져 그들 주위에 필요를 가지고 있는 사람들에게 무관심하다. 그들의 모임에는 십자가가 놓일 자리가 없었다.

혈연 관계를 맺는 일은 진정한 그리스도인의 공동체를 만드는 것이다. 그곳은 당신의 가정이다. 현재나 과거에 어떤 바보 같은 결정을 내렸든지 상관없이 당신이 환영받을 수 있는 당신의 가정인 것이다. 그곳은 고집스럽고 유쾌하지 않으며 감사할 줄 모르는 옛 죄인들이 환영받으며 그들 안에 존재하는 요새로부터 벗어날 것을 도전하는 장소다.

찬양과 경배는 그들의 인격을 빚어 준다. 주의 만찬과 기도, 하나님의 말씀은 모두 셀의 생활 방식에 절대적으로 중요하다. 그것은 배가하여 두 개의 셀이 될 때까지 선교의 사명을 띠고 다른 사람들에게 전도한다.

사람들이 셀그룹을 형성하기 위하여 모일 때 그들이 공동체 생활에 어떻게 적응할 것인가에 대한 고정된 방법은 없다. 그들의 현 위치에서 시작해야 한다. 어떤 이들은 진정한 공동체에서 다른 그리스도인들과 함께 일하며 생활한 경험을 가지고 있는 사람이 있을 것이다. 반면에 또 다른 이들은 그 모든 경험을 전혀 새로운 생활 방식이라고 느끼는 사람들도 있을 것이다. 따뜻한 가정을 경험해 본 일이 없는 사람들과 자급자족의 삶을 수년에 걸쳐 살아온 사람들, 신뢰하는 관계에서 배신을 경험한 사람들은 특별한 격려가 필요할 것이다. 개인의 성격이 각기 다른 것과 마찬가지로 혈연 관계를 맺는 일 역시 여러 가지 형태를 띤다. 당신이 그 사람들을 대신하여 그러한 관계를 발전시킬 수 없다. 그들은 스스로를 개발해야 한다. 당신이 할 수 있는 일은 이러한 일이 일어날 수 있는 환경을 제공해 주는 것이다. 셀그룹에 들어오는 사람들에게 가능한 빨리 구체적인 임무와 사역을 제공하는 것이 중요한 이유가 바로 여기에 있다. 성숙한다는 것은 책임을 진다는 것을 의미한다는 사실을 기억하라. 쓸모가 있는 사람은 보람을 느끼지만 사람들에게서 단지 "출석"하는 일만을 기대하면 그들은 곧 사라질 것이다.

결혼과 마찬가지로 신혼기가 끝난 후 당신의 셀그룹은 성공적인 관계를 유지하도록 열심히 노력해야 한다. 셀그룹 내의 금은보화는 표면에 잘 드러나지 않는다. 그것들을 발견하기 위해서는 깊은 영적 관계로 파고드는 수고가 있어야 한다.

목자로서 갖추어야 할 최고의 자질이 무엇인지 아는가? 그것은 일관성이다. 그룹의 일부가 아닌 전체를 사랑하고 공동체의 삶을 지난 주에 돌보았던 것과 마찬가지로 금주에도 돌보며 당신 자신의 부족한 점을 투명하게 고백하면서 동시에 성장하는 믿음을 드러내 보이는 것이다. 이와 같은 예가 일관성의 특징이다.

사람들을 있는 모습 그대로 받아 주고 그들로 하여금 성장하도록 도전하며 성장하기에 알맞은 공동체를 만들어 주려고 노력하며 사람들을 놓아 주어야 할 때를 알며 모든 사람들을 하나의 가족으로 통합시키는 것이 바로 혈연 관계를 맺는 것이다. 앞으로 당신은 본 장을 읽는 것보다는 경험을 통하여 이에 대해 더 많이 경험하게 될 것이다. 여정은 계속된다.

혈통 맺기(Kinning): 그리스도인 가문을 창조함

제 10 장

불신자들에 대한 전도

명확히 표현하자면 주님의 목적과 목표는 모든 사람들을 주님 자신께로 이끄는 것이다. 우리가 어떤 의미에서든 주님의 종이라면 그리고 말씀에 순종한다면, 우리는 주님께서 원하시는 일에 전적으로 참여해야 한다.

나는 전 세계를 돌아다니며 셀교회들을 연구해 왔다. 오스트레일리아의 한 침례교 지도자는 교회 생활 가운데 소그룹을 다음과 같이 표현하였다. "한쪽 바퀴가 빠져 있고 차축은 부러졌다." 영국에서 일어났던 어떤 대규모 운동은 소그룹으로 수천 명의 성장을 경험하고 나서 소그룹 형태를 완전히 버렸다. 아칸소 주의 리틀록에서는 소그룹이 크게 성공적이어서 60% 이상의 교회들이 그것을 열광적으로 추천하였다. 그 후에 소그룹이 정체되어 가자 목사들은 점차적으로 그것을 없애버렸다. 또 다른 대형 교회에서는 소그룹이 2년 후에 배가하기 전까지 사람들을 모으기 위하여 신중하게 조직되었다. 이 경우에 있어서 소그룹은 특별한 매력을 갖고 있는 예배로 몰려드는 사람들을 묶고 있는 저수지와 같은 기능을 한다. 앞에서 나열한 각각의 경우에서 소그룹은 단지 멍한 표정을 짓고 있는 조직일 뿐 잃어버린 영혼들을 주님께 인도할 의도를 전혀 갖고 있지 않다. 그러한 소그룹의 운명은 처음부터 정해져 있다.

나는 또한 아프리카 코트디부아르의 아비장에 있는 은혜 선교 침례교회(L'eglise Protestante Baptiste Oeuvres et Mission)와 같은 교회들도 보았다. 그 교회는 1976년에 창립되어 1979년까지 버둥대다가 셀로 전환을 시도하였다. 1983년에는 350명까지 성장했으며 아비장의 슬럼가에 위치한 빈민촌을 돕기 위한 특별 기동대를 훈련시켰다. 앞에서 설명한 그룹들과는 달리 이 교회는 영혼들을 향한 열정을 가지고 있었다. 이책이 집필 중이던 1994년에 그 교회는 약 45,000명의 셀 원들에 이르기까지 성장하였다. 어떤 셀들은 회심하는 사람들의 증가로 두 달 내지 세달만에 배가한다. 회심자는 침례를 받기 전까지 6개월에 걸쳐 개인적인 양육을 받으며 18개월 후에 주로 한 그룹의 셀 리더가 된다.

목자여, 당신의 양떼는 전도를 해야만 한다. 앞서 언급한 아프리카 교회의 셀처럼 될 수 있다. 당신의 셀그룹은 어떤 문화에서든 6개월에서 9개월 사이의 일정한 기간 동안 지속적으로 15명 선을 넘어서야 한다. 셀이 15명을 넘어서게 되면, 그때가 두 개의 셀로 배가해야 할 시기다. 이와 같은 목표를 달성하기 위하여 당신의 마음은 잃어버린 영혼들을 주님께 인도하고자 하는 깊은 열망을 가지고 있어야 한다. 그런 열망이 있는가?

종점: 죄의식에 사로잡힌 사람들과 "낯선 사람 전도법"

당신이 잃어버린 영혼들을 주님께 인도하고 있지 않기 때문에 비난하는 설교를 들으며 죄의식에 사로잡힌 경험을 해 본 일이 있을 것이다. 그것이 과연 소용이 있었는가? 죄의식에 의해 동기를 부여받아서 무엇인가를 성공적으로 할 수 있는가?

혹은 당신은 전도 훈련 과정의 피해자였을 수도 있다. 요즘 유행하는 전도 훈련 과정이 있다(그것은 약 10년마다 제목이 바뀐다). 낯선 사람을 만나서 세 가지의 질문을 던지고 그 불신자에게 암송한 연설을 쏟아놓는 방법을 배운 적이 있는가? 그것을 실습해 봤는가? 그것을 행할 힘을 잃고 교회 생활의 다른 무엇으로 도망쳐 본 경험을 몇 번이나 했는가?

"낯선 사람 전도법"을 통하여 복음을 접하는 사람들이 있는 것은 틀림없는 사실이다. 어쩌면 당신도 이와 같은 방법으로 예수님께 인도되었을 수도 있다. 낯선 사람 전도법은 언제 사용해야 하는가?

예수님께서 사마리아 여인을 구원하셨을 때 이와 같은 방법을 사용하셨다는 점을 우리는 알고 있다. "예수님이 우물에 가서서 여인에게 복음을 전했고 그녀는 회심하여 자신의 친구들이 예수님을 만나도록 그들을 데리러 갔다"라고 우리는 들어 왔다. 하지만 그렇지 않다. 우선 예수님은 그 여인이 도움을 필요로 하고 있다는 사실을 초자연적으로 알고 계셨다. 헬라인들에 의하면 예수님은 사마리아로 가야만 했던 도덕적인 필요를 가지고 있었다. 둘째, 짧은 대화 후에 예수님은 초자연적으로 여인의 삶에서 가장 쓰라린 곳에 그의 손을 대셨다. 여인에게는 다섯 명의 남편이 있었으며 지금은 어떤 남자와 함께 살고 있었다. 예수님은 여인의 절실한 필요를 매개로 그녀의 마음 속으로 들어가셨다.

죄는 벌에 쏘이는 것과 같다. 그것은 아프고 우리의 생각을 사로잡으며 즉각적인 관심을 요구한다. 모든 사람은 "벌침"을 가지고 있기 때문에 하나님은 그러한 사탄의 속임수를 변화시켜 구원의 은혜의 시작점이 되게 한다. 그러므로 사람들을 그리스도께로 인도하기 위한 우리의 첫 번째 임무는 상처 입은 사람들에게로 향하는 것이다. 구원을 받는 방법을 설명하는 것은 가장 마지막 임무다.

우리는 "벌침"에 관한 사실들과 함께 우리에게 위임된 권리를 얻고자 노력해야 한다. 우리를 요새로부터 구원할 그리스도의 사랑에 대한 지식이나 그분의 강한 능력을 그가 알지 못한다면, 우리는 멸망해 가고 있는 그 사람에게 진리의 씨앗을 심어 주어야 한다. 그렇게 하기 위해서는 시간과 능력의 기도와 여러 번의 개인 접촉이 필요하다.

누군가 상처를 받은 뒤 내적 평화를 찾으면서 갈급해 하는 불신자를 만나게 된다면 그는 회심하기 직전 단계에 와 있다. 그 사람에게 평화의 복음을 즉시 전하는 것이 적합하다. 나는 비행기 여행을 하면서 몇 차례 그렇게 했다. 우리가 사람들을 급습하여 암기한 말을 늘어놓고 가버리는 행위가 얼마나 많은 불신자들에게 그리스도인과의 우정에 대해 반감을 갖도록 예방주사를 놓는 꼴이 되는지는 하늘만이 안다. 이와 같은 전격적인 방법을 통해 얻은 회심자들에 관한 화려한 통계를 인용하는 사람들은 상처 입고 뒤에 처져 있는 사람들에 관한 보고도 하도록 법적으로 요구해야 한다. 전도 사역은 예수님께서 비유로 말씀하신 선한 사마리아인의 사역이다. 선한 사마리아인은 가던 길을 멈추어서 강도들에게 습격 당한 피해자를 돌보았다. 사탄이 바로 그 강도이며 그는 사람들의 인생에 상처를 입히고 그것을 도둑질한다. 우리의 임무는 가난한 자들에게 복음을 전하고 깨어진 곳을 싸매며 눈먼 사람들에게 시력을 회복시키고 얽매인 자들을 풀어 주는 것이다. 돌봄의 사역을 통해 낯선 이들이 친구가 되며 그들은 사랑 가운데 예수 그리스도를 구세주와 주인으로 소개받는다.

빌리 그래함 전도 집회와 개인 전도 만남 사이의 유사점을 생각해 보라. 두 가지 접근은 모두 현저한 유사점들을 나타낸다. 두 가지 경우 모두 낯선 사람들이 전도자의 말을 듣는다. 초청의 시간이 있다. 어떤 이들은 초청에 반응을 보이는 반면 다른 이들은 반응이 없다. 그리고 모임은 끝난다. 어떤 사람들은 반응을 보이고 어떤 이들은 그렇지 않은 이유가 무엇인가? 분명한 사실은 그들 모두가 동일하게 하나님의 영에 의해 인도하심을 받는다는 것이다. 하나님께서 어떤 사람들은 구원하시고 또 어떤 이들은 거부하기로 선택하지 않으셨다.

> *주의 약속은 어떤 이의 더디다고 생각하는 것 같이 더딘 것이 아니*
> *라 오직 너희를 대하여 오래 참으사 아무도 멸망치 않고 다 회개하*
> *기에 이르기를 원하시느니라 (벧후 3:9)*

"A 유형" 불신자들은 추수되었다. "B 유형" 불신자들은 추수되지 않았다. 빌리 그래함 전도 집회에 참석하는 사람들 가운데 자기 스스로 그곳을 찾은 사람은 3% 이하다. 사실상 결단을 내리는 사람들은 모두 수 주 혹은 수개월에 걸쳐 그들을 사랑하며 그들을 위해 기도해 온 누군가에 의해 마음이 준비된 사람들이다.

증거를 보면 알겠지만, 어떤 사람이 하나님께 대한 갈망을 가지고 있으면 그것이 언제이든, 어디서든 상관없이 그는 개인적인 믿음 가운데로 나아올 준비가 되어 있다. 사도행전의 에디오피아 내시와 고넬료가 이와 같은 경우이다. 하지만 다른 사람들의 경우에는 추수가 있기 위해서 먼저 씨를 뿌리고 물을 주는 수고가 있어야 한다. 당신의 셀그룹에

불신자들에 대한 전도

주어진 임무는 단순히 잘 익은 열매를 따는 추수를 하는 데 있는 게 아니라는 사실을 기억하면서 씨를 뿌리고 물을 주는 데 초점을 맞추는 것이다.

말씀과 행위 그리고 이적

런던의 익투스 교회(Ichthus Fellowship)의 로저 미첼은 『왕국 요인』에서 다음과 같이 적고 있다.

> 하나님 아버지의 영광을 드러낸 것은 비단 예수님의 말씀만이 아니라 그분이 행하신 일들이었다. 이것은 완벽한 사실이기 때문에 예수님은 요한복음 14장 10절에서 "나는 아버지 안에 있고 아버지는 내 안에 계신 것을 네가 믿지 아니하느냐 내가 너희에게 이르는 말이 스스로 하는 것이 아니라 아버지께서 내 안에 계셔 그의 일을 하시는 것이라"고 하셨다. 우리는 예수님이 "내가 하는 일이 내 스스로 하는 것이 아니라"고 말씀하시던가 "아버지께서 내 안에 계셔 그의 일을 하시는 것이라"고 말씀하시기를 기대했는지도 모른다. 하지만 예수님은 말씀과 일을 혼합하여 표현하셨다. 그렇다면 우리도 그러해야 한다. 복음은 예수님이 말씀하시고 행하신 일이다. 우리의 복음과 전도도 말과 행동으로 구성되어야 한다.

우리가 사랑의 행동을 하지 않으면서 말씀을 나눈다면 그것은 종종 의미가 없으며 위선적인 것이 된다. 반스 헤브너(Vance Havner)는 영하의 날씨에 거리를 걷던 고양이에 관한 이야기를 하곤 했다. 고양이는 문이 열려 있는 집을 보았다. 그리고 그 집에 들어가서 장작불이 타고 있는 벽난로를 보았다. 고양이는 그 벽난로 앞에 가서 몸을 웅크리고 앉았다. 그런데 얼어죽었다. 벽난로의 불은 백열 전구를 붉은 색 셀로판지로 싸서 인위적으로 만든 것이었다. 행위가 없는 말은 이와 같다. 오늘날 불신자들 가운데 높은 비율이 과거에 교회의 가짜 불에 노출된 경험을 가지고 있으며 그것을 두려워하기 때문에 우리의 일을 훨씬 까다롭게 만든다.

마가복음에서 예수님의 사역은 말씀과 행위가 조심스럽게 얽혀 있는 점을 주목하라. 그는 가르치고 일한다. 또 다시 가르치고 일하신다. 어떤 경우에도 가르치는 것과 일하는 것이 함께 나오지 않는 경우는 없다. 당신 개인의 삶과 셀그룹의 삶도 그러해야 한다.

서울에 있는 여의도 순복음교회의 여성 셀 원들은 시장을 보면서도 전도한다. 식품 진열대 앞에서 서서 그들은 가게 주인과 손님 사이에 오고가는 대화를 듣는다. "아주머니, 남편 좀 어떠세요?" 하고 가게를 보는 아주머니가 묻는다. 손님의 눈에는 눈물이 고인다. "별로 좋지 않아요. 일도 못하고 집에 있은 지 벌써 2주 째입니다. 저는 너무 걱정이 되요." 그리스도인 여인이 그녀에게 접근한다. "아주머니, 저는 아무개입니다. 남편이 참으로 안 되셨군요. 당신의 고통을 느낄 수 있어요." 그리고 그들은 나란히 집으로 걸어가면서 그녀의 이야기를 들으며 동정심 어린 마음으로 고개를 끄덕인다. 그녀는 이제 그 아주머니가 사는 집을 알게 되었다. 그녀는 길에서 아주머니와 남편을 위해 뜨겁게 기도한 후 그녀와 헤어져 새롭게 발견한 기도 제목을 가지고 셀그룹에 가서 나눈다. 그룹 전체가 그 아주머니를 위한 중보 기도를 시작한다. 그녀는 다른 셀 원을 데리고 그 아주머니 집에 찾아가 기도해 줄 것을 제안한다.

그 여자는 셀 모임에 초대를 받고 모임에 오게 된다. 그녀는 자신을 알지 못하는 낯선 사람들이 자신의 남편을 위해서 열심히 기도하고 있다는 사실을 알고 놀란다. 그녀는 그들이 보이는 동정의 원인을 찾기 시작한다. 그녀는 십자가와 예수님과 그녀의 장래를 기다리고 있는 새로운 삶에 대해 배운다. 그녀는 회심한다. 이런 일은 말씀과 행위가 함께 있었기에 가능했다.

로저 포스터(Roger Forster, 런던의 익투스 교회)는 강의를 통해 현 세대의 그리스도인들이 전도의 세 번째 필연적인 결과로 이적의 타당성을 수용해야 함을 주장한다. 요한복음 전체는 예수님께서 행하신 이적들이 예수님의 신성을 증명하고 있다는 사실에 기초하고 있다. 오늘날 우리도 그와 같은 증거를 기대해야 하는가? 복음주의자들은 이 질문에 대한 답에 있어서 첨예하게 두 갈래로 나뉜다. 그와 같은 문제를 토론할 때는 종종 불 자체에 관한 관심보다는 열기에 관심을 둔다.

순진한 사람들만이 기적을 흉내내는 사람들이 사용하는 묘기들을 놀라워한다. 최근에 "지식의 은사"를 가진 한 "믿음 치료사"가 사람들의 이름과 주소와 신체의 문제를 알아내는 그의 신통력이 실상 그가 귀에 끼고 있는 무전기를 통해 무대 뒤에서 자기 아내가 정보를 제공한 결과라는 사실을 어떤 기자가 증명했을 때 그는 웃음거리가 되었다. 이와 같은 주술주의(Elmer Gantryism)는 언제나 그 근원을 사도행전의 마법사 시몬에까지 거슬러 올라가며 그러한 언저리에 존재한다.

그렇다고 현실을 가짜와 함께 내버리지 말라. 만일 그렇게 한다면 그러한 믿음 없음을 인해서 당신은 그리스도의 치유와 구원의 놀라운 능력을 경험하지 못할 것이다. 정직한 마음으로 경청의 방에 들어가 하나님의 권위를 가지고 기도한 사람들은 기도에 대한 영광스러운 응답을 받는 경험을 하며 이적과 말씀이 하나가 되어 나타나는 영향력에 대해 잘 안다. 가짜에 위축되어 이적을 놓치는 일이 없도록 하라.

신약성경에 치유의 은사를 가진 사람의 구체적인 언급이 없다는 사실은 매우 흥미로운 일이다. 말씀 어디에나 치유의 은사에 대한 언급은 복수로 표현되어 있다. 이것은 치유가 특정 개인이 아닌 그리스도의 몸에 주신 하나님의 은혜로운 선물이라는 것을 나타내고 있는 듯 하다. 야고보서는 병자들이 교회의 장로들로 하여금 자신들을 위해 기도해 줄 것을 요청하라고 한다. 야고보는 교회의 장로들만이 치유의 능력을 가지고 있음을 이야기하고 있는 것인가? 그렇지 않다. 초대 교회가 가지고 있었던 친밀한 관계 속에서 질병의 근본 원인을 보다 잘 파악할 수 있었으리라고 이해하는 것이 더 정확하다. 그 원인이 죄의 결과인지, 내면의 요새인지 혹은 다른 어떤 것이지 알 수 있다는 것이다. 야고보서에서 이어지는 말씀을 주목하라.

이러므로 너희 죄를 서로 고하며 병 낫기를 위하여 서로 기도하라
의인의 간구는 역사하는 힘이 많으니라(약 5:16)

전 세계적으로 당신의 셀그룹과 같은 그리스도인들의 셀은 큰 능력 가운데 기도하며 하나님 아버지께서 스스로를 계시하시고자 하는 뜻대로 말씀과 행위에 이적이 더해지는 것을 목격하고 있다. 내 육신의 형제는 현재 하나님의 능력 있는 치유로 말미암아 정상적인 팔과 다리 길이를 가지고 살아간다. 그는 여덟 살 때 기차 사고를 당하여 몸의 오른편에 있는 모든 뼈들이 적어도 한 번은 부러졌었다. 의사들은 그가 사망할 것이라는 결론을 내리고 몇 시간 동안 그에게 손을 대지 않았다. 기도의 용사들이 그를 살려냈다. 그 후 여러 번의 수술을 거쳐 뼈를 다시 맞추는 작업을 통해 의사는 오른편 다리가 왼편 다리보다 2.5cm 정도 짧을 것이고 오른 팔을 온전히 사용하지 못할 것이라고 예측하였다. 몇 개월이 지난 후 의사는 완벽하게 건강한 소년을 진찰하게 되었다. 의사는 손으로 자신의 머리를 감싸고 울면서 자신이 기적을 목격했노라고 고백하였다. 나의 아버지는 그를 쉽게 그리스도께 인도할 수 있었다. 이것은 이적이 추수의 현장에서 진행되는 전도에 없어서는 안 될 부분이라는 사실을 보여 주는 예다.

당신의 양떼를 전도 활동으로 인도하라

앞서 말한 것과 같이 당신의 그룹에서는 항상 두 단계의 전도 활동이 이루어지고 있어야 한다. 두 가지 전도 활동 가운데 첫 번째는 교회 회중과 축제 예배 모임을 방문하는 방문객들을 대상으로 하는 것이다.

만약 교회에 회중이 있을 만큼 성숙했다면 당신은 이제 세 개 내지 다섯 개의 셀그룹으로 구성된 공동체의 중요한 일원이다. 사람들은 축제 예배 모임과 마찬가지로 셀그룹에도 방문할 것이다. 그들이 작성한 손님 카드의 정보가 당신에게 통보될 것이다. 입수된 정보는 즉각적인 돌봄이 이루어질 수 있도록 셀 원들에게 주어져야 하며 그들의 보고는 당신을 통해 교회의 중앙 기록 관리 시스템으로 전해져야 한다.

이 팀을 일차적으로 안내하는 일은 예비 목자의 몫인데, 그는 셀 원들이 『전도 가이드』를 통해 잘 훈련될 수 있도록 확실히 도와야 한다. 교회의 규모와 범위에 따라서 한 주 정도의 기간에 두 가정 이상을 맡게 될 수도 있다. 일반적인 경우에는 한 주에 한 가정 이상이 그룹에 배당되는 경우가 별로 없으며, 때로는 그룹에 배당되는 가정이 전혀 없는 채로 두세 주가 지나가는 경우도 있을 것이다. 이것은 셀 원들이 접촉 중인 사람들을 한 번 이상 방문하며 구도자들의 상태에 맞게 구원의 메시지를 전할 수 있는 시간을 준다.

물론 이러한 방문 가운데에는 그리스도인들도 포함되기도 한다. 많은 사람들이 당신 교회의 생활 방식에 대해 호기심을 가지고 있을 것이다. 그들이 공동체의 삶과 사역에 헌신하기에 앞서 몇 회에 걸쳐 방문하도록 권하는 것이 중요하다. 경험에 비추어 보았을 때 당신이 따르기로 선택한 삶의 방식을 흐리게 하는 전통적인 그리스도인들로 성장을 이루려는 열망을 가지고 있으면 그러한 셀교회는 심각한 문제들에 직면하게 될 것이다.

팀의 구성원들은 각 셀그룹에서 그들이 접촉한 불신자들을 위해 기도하는 동시에 그들에 관한 보고를 해야 한다. 당신의 셀에 속한 모든 셀원들은 그들에 의해 개별적으로 접촉되고 있는 모든 불신자들에 관한 상세한 사항을 알고 있어야 한다.

전도 소그룹/ 취미 활동 그룹: 교회에 출석하지 않는 사람들을 전도함

전도 소그룹은 교회에 출석하지 않는 사람들을 전도할 수 있는 가장 효과적인 방법이다. 전도의 특성을 띤 방문이나 전도를 위한 점심, 혹은 성경공부를 통해서 주님을 믿는 사람들은 거의 없다. 우리가 다루는 사람들은 이미 다른 교회에 치여 환멸을 느끼고 냉소적이며 상처를 입은 사람들이다. 그리고 그들은 그러한 교회와 더불어 또 다른 경험을 할 준비가 되어 있지 않다. 아쉽게도 나는 지난 몇 년 동안 전도 소그룹과 취미 활동 그룹이 성경공부가 아닌 관계로 시작했기 때문에 전도의 전문

가들이 이러한 전도 소그룹이나 취미 활동 그룹에서 뒷전으로 물러나는 것을 보아왔다. 교회에 출석하지 않는 사람들을 그들이 있는 그곳에서 만나기를 거부하고 우리가 처한 환경 안에서 만날 것을 요구한다면 우리에게는 아무 소망도 없이 그들과 분리될 수밖에 없다.

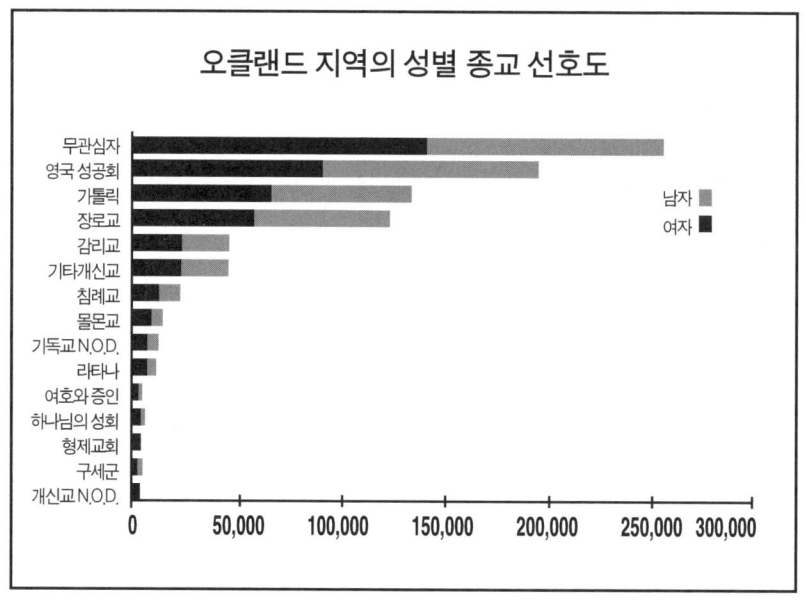

위에 제시되어 있는 1986년 뉴질랜드의 오클랜드 인구 조사표를 살펴 보라. 교회와 어떤 연결점도 없는 사람들의 수와 교회에 출석해 본적이 전혀 없는 사람들을 숫자에 포함시키기로 소문난 영국 국교와 로마 가톨릭 교회를 합하면 교회에 출석하지 않는 불신자의 수는 65%에 이른 다. 당신이 사는 지역의 도표는 어떤 모양을 하고 있는가? 우리가 살아 계신 주님의 부르심에 충실하기 위해서는 교회에 출석하지 않으며 그리스도께 관심이 없는 인구에 침투해 들어가야 한다. 교회에 출석하지 않는 사람들의 숫자는 도시와 국가에 따라 차이가 많지만 그것은 언제나 인구의 대다수를 나타낸다.

전통주의 교회들을 갱신하려고 노력해 온 많은 세월의 경험을 토대로 확언하건대 우리 세대에 이 사람들에게 진정한 마음으로 전도하고자 노력하는 전통주의 교회는 없을 것이다. 그들 속에 침투해 들어가기 위해 전도 소그룹이나 취미 활동 그룹을 형성할 때 당신에게는 경쟁 상대가 없을 것이다. 우리가 그들을 최우선순위로 삼지 않으면 아무도 그들을 사랑으로 주님께 인도할 영혼이 없을 것이다.

복음은 하나님께서 당신 자신과 우리 사이에 관계를 맺으셨다는 기쁜 소식을 포함하고 있다. 그분은 우리 안에 거하기를 원하시며 우리가 그분과 무한한 교제를 즐길 수 있도록 준비가 되어 있다. 직접 하나님과 관계를 형성하지 않는 이상 그 진가를 설명하기란 매우 어렵다. 관계 중심적인 전도 소그룹이나 취미 활동 그룹을 통해서 교회에 출석하지 않는 사람들을 전도할 수 있는 잠재력은 현재 사용하는 방법과 비교해 보았을 때 무제한적이다. 그것은 당신의 셀그룹이 맡고 있는 사역에서 중대한 전도 방법이다.

당신이 "1세대" 셀 리더라면 전도 소그룹이나 취미 활동 그룹에 참석해 본 적이 없을 것이다. 사역을 지시하느라 너무 바쁠 것이고 따라서 현재 시점에서 당신이 그것들을 경험해 볼 수 있는 시간이 없을 것이다. 아마도 교회의 2세대 셀 리더들은 전도 소그룹이나 취미 활동 그룹 생활의 베테랑일 것이다. 당신은 적어도 전도 소그룹과 취미 활동 그룹에 몇 번 출석하여 그들의 역동성을 경험할 수 있다.

전도 소그룹과 취미 활동 그룹은 교회에 출석하지 않는 사람들을 위하여 특별히 고안되었다. 세 명으로 구성된 팀이 교회에 출석하지 않는 불신자들 몇 명과 함께 매주 모임을 갖는다. 두 가지 유형의 그룹이 지니는 차이점을 다음의 설명을 통해 간결하게 볼 수 있다.

셀그룹에서 세 명의 아비들이 "B 유형" 불신자들을 전도하도록 훈련을 받았다. 그들은 불신자들과 10주에 걸쳐 만나는 소그룹을 형성한다. 목적은 그들과 가까운 연결 고리를 만들며 그들과의 오이코스 관계를 발전시키는 것이다.

각 팀의 구성원은 두 명의 불신자들과 친분 관계를 맺는다. 이것을 위해서는 개인적인 시간이 필요하므로 셀원이 돌볼 수 있는 최고 숫자는 두 명이다. 9명의 사람들은 그룹 모임 시간을 통하여 서로 가까워질 것이다.

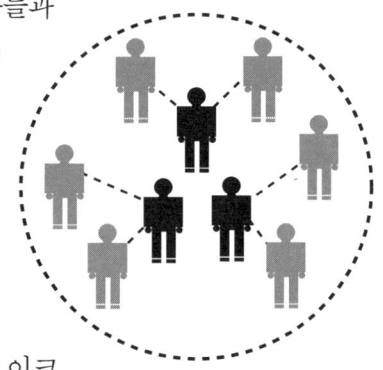

전도 소그룹은 그리스도인들의 오이코스에서 선택된 사람들에 의해 활성화된다. 서로 다른 여섯 명의 사람들에게는 공통점이 없을 것이므로 10주 동안 모이면서 매주 모임의 주제를 바꾸어야 한다. 각 사람들이 돌아가면서 사회를 맡아 모임을 진행한다. 그리고 그 시간에 개인적인 관심을 가진 주제를 나눈다. 그러므로 한 주의 주제는 취미로서 사진 기술에 초점을 맞추고 그 다음 주에는 생선 요리에 대해서 다룰 수 있다. 그룹 모임은 집에서 집으로 이동해 가면서 다른 사람들이 관심을 가지고 있는 것이나 취미가 무엇인지를 알게 된다. 마음을 여는 전도 시리즈 책자들은 팀의 사역에 도움이 될 것이다.

취미 활동 그룹도 동일한 방법으로 조직된다. 하지만 팀의 구성들이 알지 못하는 사람들을 목표로 한다. 이 프로젝트를 위해서 셀그룹은 알고 있는 그리스도인이 전혀 없는 주변의 공동체를 선택할 수 있다. 특정 주제에 관심이 있는 사람들을 대상으로 광고를 내어 그들을 모을 수 있다. 예를 들어, 그룹은 기타 치는 법을 배우기 원하는 사람들을 위한 것일 수도 있고, 이혼을 극복하고 있는 과정에 있는 사람들을 위한 것일 수도 있다. 취미 활동 그룹을 위해서는 마음을 여는 전도 시리즈에 이어 훈련 과정(equipping modules)이 있어서 이미 경험을 갖추고 있는 전도 소그룹 팀의 사람들과 접촉하여 10주 과정의 취미 활동 그룹을 결성하는 것을 돕는다.

전도 소그룹이나 취미 활동 그룹은 가장 편리한 시간에 모임을 갖도록 계획한다. 두 그룹 모두 불신자의 집을 포함하여 집에서 집으로 이동하면서 모인다.

불신앙의 다섯 단계

다음 페이지의 피라미드는 불신자들에게서 찾아볼 수 있는 불신앙의 다섯 단계를 설명하기 위해 훈련 과정에서 사용된다. 피라미드는 상위 단계들보다는 하위 단계에 항상 사람들이 더 많다는 것을 지적하는 데 사용된다.

복음에 대한 이해가 전혀 없다가 가장 하위 단계다. 이 단계에서 불신자는 우리와 인격적인 관계를 맺기를 원하시는 하나님의 마음에 대한 지식이 전혀 없다. 그들은 하나님을 비인격적인 세력으로 이해하며 어떤 종교적 관점과도 관련이 있는 분으로 생각한다. 동양의 신비주의와 기독교 및 세계의 다른 종교들이 모두 동일한 것으로 간주한다. 모든 종교가 "하나님께 이르는 사다리"가 되는 셈이다. 하지만 이러한 신념을 가지고 있는 사람들은 대부분 그 어떤 종교도 믿지 않는다. 이러한 사람

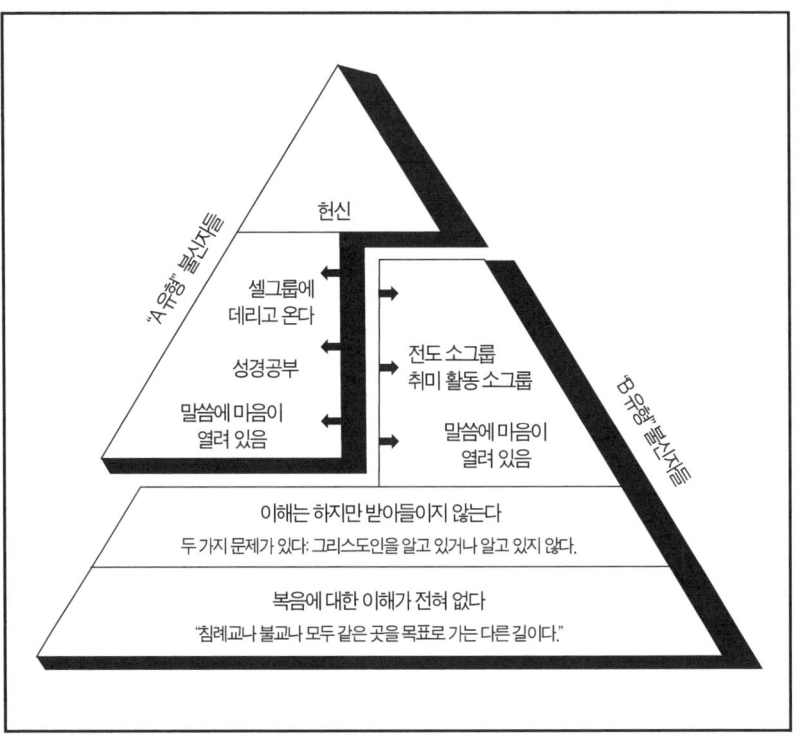

들에게 가장 강하게 끼칠 수 있는 영향은 당신 자신의 회심에 대한 명확한 간증과 매일 하나님과 개인적으로 관계를 맺는 경험을 나누는 것이다.

이해는 하지만 받아들이지는 않는다가 그 다음 단계다. 이와 같은 단계에 있는 사람은 주로 헌신된 그리스도인과 개인적인 친분 관계를 통해서만 전도가 가능하다. 종종 그 불신자에게 이와 같은 방법으로 그리스도인과 접촉을 한 것이 처음인 경우도 있을 것이다. 또 다른 사람들의 경우에는 다른 그리스도인들이 남긴 나쁜 인상을 지우기 위해 관계성이 필요하다.

몸 연구는 "B 유형" 불신자들이 속한 마지막 단계다. 이 사람은 아직 성경공부를 시작할 준비가 되어 있지 않다. 하지만 이전의 준비 작업을 거쳤기 때문에 전도 소그룹 경험을 하는 것에 대한 마음의 문이 열려 있다. 이와 같은 환경에서 전도 소그룹의 주제는 가장 적절한 방법으로 "죄의 쏘는 것"과 관련을 시키고 그리스도인들은 마음껏 그들의 신앙을 나누며 그리스도와 동행한다. 앞의 그림에서 "몸 연구"와 그 다음 단계인 "성경공부" 사이가 나누어져 있음을 주목하라. 불신자가 그리스도인들의 생활 방식에 영향을 받을 때 성령님께서는 하나님의 말씀에 대한 가치를 깨달을 수 있도록 마음을 열어 주신다. 주로 일 대 일 말씀 공부가 먼저 이루어지고 그 후에 셀그룹에 소개된다. 이 시점에 축제 예배와 적절한 회중 모임에 참석할 수도 있다.

성경공부는 "A 유형"의 첫 번째 단계로서 개인적인 헌신으로 이어지는 기본적인 진리가 존재하는 시기다. 이 사람은 십자가로 나아가는 과정 가운데 있으며 하나님의 속성과 인간의 상태, 죄, 갈보리의 의미 등 성경적 이해를 발전시킬 수 있도록 사랑 가운데 인도되어야 한다.

헌신은 회심의 경험으로 인도되기를 열망하는 시기다. 이 마지막 단계에서는 이전에 빠져 있었던 성경적 진리의 조각들이 이전 단계에서 이미 이해하게 된 개념들에 덧붙여진다. 이 사람이 그리스도인이 된다는 의미를 충분히 이해했을 때 그리스도인이 되기 위한 초청이 이루어지고 그는 양단 간의 결단을 하게 된다.

이러한 다양한 단계에 있는 불신자들과 맺는 개인적인 관계는 세상에 있는 어떤 훈련 코스보다도 당신의 양떼를 더 성숙하게 할 것이다. 그룹으로 하여금 적합한 사역을 하도록 인도하고 그들이 잃어버린 영혼들을 전도할 때에 그들을 격려하라. 당신 자신도 이와 동일한 과정을 거쳐 불신자와의 접촉을 개발하고 그들을 그리스도께로 인도해야 할 것이다 (양떼를 돌보는 일에만 집중하여 불신자들과의 접촉이 끊어진 목자의 삶을 본보기로 제시한다는 것은 모순이 아닐까).

전도를 위한 정규적인 행사를 후원하라

창의적인 목자는 준비 과정을 거치고 있는 사람들을 양떼와 연결시킬 수 있는 여러 가지 방법을 생각해 낼 수 있을 것이다. 불신자를 위한 깜짝 생일 파티라든지 휴일 파티나 식사, 주말 캠프, 해변에서의 하루 등은 관계를 발전시킬 수 있는 자연스러운 방법들이다.

몇 년 전에 나와 아내 루시는 달라스에서 살았다. 그 동네에서 우리 부부가 유일한 그리스도인들이었다. 수개월 동안 우리는 주위에 사는 사람들과 친해질 수 있는 기회를 놓치고 있었다. 그들과 시간을 보내기에는 너무나 많은 시간을 그리스도인 활동에 관여하고 있었다(그것은 전통적인 교회들이 불신자들을 주님께 인도하는 데 효과적이지 못한 정확한 이유다). 마침내 우리는 체계에 매여 있지 않도록 스스로 절제를 했다. 그 대신에 돌아가면서 이웃을 한 가정씩 초대하여 아이들이 동네 수영장에서 함께 물놀이를 하고 있는 동안 함께 커피를 마시면서 그들과 대화를 나누기 시작하였다.

마침내 우리는 집 뒤뜰에서 동네 파티를 열었다. 모두 음식을 두 접시씩 가져와서 함께 즐거운 시간을 보냈다. 이때쯤 루시와 나는 이미 그 가정들이 "죄에 쏘인 것"들을 상당히 많이 알고 있었고 앞으로 더 많이 개방되도록 간절히 기도하고 있었다.

길 건너편에는 우리가 익살스럽게 "난봉꾼 저택"이라고 부르는 집이 있었다. 그 집에는 매우 시끄러운 파티를 열곤 하는 여피족 두 명이 살았다. 그들의 영적인 면에 손을 대려고 노력을 하였지만 성공하지 못하고 있었다. 동네 파티가 끝난 후에 이 젊은 부부는 주일 저녁 시간에 칵

테일을 마시자고 동네 사람들을 초대하였다. 우리는 아름다운 글씨체로 쓴 초청장을 받고 몸을 떨었다. 어떻게 해야 하나? 교회 모임을 빠지고 칵테일 파티에 가야 하는가? 휴우!

경청의 방에서 우리는 그 제의에 응하여 가라는 명령을 받았고 그래서 우리는 갔다. 다행히도 그 부부는 우리가 위스키나 소다를 마시지 않을 것이라고 예상하고 재치 있게 콜라나 커피 혹은 오렌지 주스를 권했다. 함께 마주 앉아서 마시며 즐거운 방문 시간을 보냈다. 집 주인은 자기 아내를 향해 말했다. "나는 당신이 랄프에게 진정으로 하고 싶은 질문이 있다는 것을 알아요. 질문을 하도록 해요." 사랑스러운 여인이 말했다. "알았어요. 저는 일평생 교회에 나가 본 적이 한 번도 없어서 어쩌면 제 말이 바보스럽게 들릴지도 모르지만 저는 정말로 알고 싶은 것이 있어요. 하나님은 도대체 어떤 분이시죠? 제가 이해할 수 있는 방법으로 하나님을 설명해 주실 수 있습니까?"

성경이 필요하다는 사실을 깨닫고 나는 잠시 실례를 하고 일어나서 길을 건너 내 서재로 뛰어갔다. 손에 잡히는 대로 모든 번역과 모든 가족 성경을 들고 돌아왔다. 그 이웃과 함께 하나님의 말씀에 관하여 열두 시까지 대화를 나누었다. 6개월 지나지 않아 몇몇 부부들이 헌신된 그리스도인들이 되었고 옆집에 사는 아주머니는 12명의 여성들을 위하여 카세트 테이프로 하는 성경공부를 후원하였다.

당신의 양떼가 이와 유사한 방법으로 관계성을 개발할 때 준비 과정을 거치고 있는 사람들과 그룹 사이에 다리를 놓을 수 있도록 후원해야 하는 자연스러운 사건들이 발생할 것이다. 무엇을 하며 그것을 어떤 방법으로 하느냐는 그룹에 따라 다양하다. 하지만 그와 같은 상호작용은 추수를 위해 매우 중요하다.

심야 기도는 놀라운 결과를 낳는다

우리는 휴스턴 웨스트 메모리얼(West Memorial)의 초창기에 시절 캠스 가의 집에서 잃어버린 영혼들을 위해 심야 기도를 하던 날들을 결코 잊지 못할 것이다. 성령님의 임재를 특별한 방법으로 경험했을 뿐만 아니라 그룹으로서 우리는 기도 전투라는 무기를 사용하는 방법을 배웠다.

런던의 익투스 교회(Ichthus Fellowship)에 주말 동안 방문한 나는 이와 같은 기도 모임에 참석할 수 있는 기회가 주어졌다. 우리는 함께 찬양을 불렀고 우리 가운데 주님의 임재를 매우 강하게 느낄 수 있었다. 우리는 한 사람씩 돌아가면서 그들이 준비 작업을 하고 있는 불신자들을 위한 기도 제목을 나누었다. 울위크(Woolwich) 지방의 새로운 회중이 우리의 관심을 집중시켰다. 런던에 위치한 이 지역은 수세기에 걸쳐 무기를 제조해 온 장소였다. 워털루 전쟁에서 양편 모두가 사용한 총과 탄환은 지금도 있는 동일한 건물에서 생산한 것이었다. 우리는 너무나도 오랜 세월 동안 사람들의 인생을 파괴하는 일에 사탄이 사용해 온 울위크 지역을 위해 간절히 기도하였다. 하지만 우리의 초점은 그곳에 살고 있는 주님을 알지 못하는 세 명의 여인들을 위한 기도였다. 그들의 일화는 동상도 눈물을 흘리게 할 것이다. 다섯 명으로 구성된 우리 그룹은 사랑하는 세 여인을 위해 울면서 기도하였다. 그들을 만나 본 경험은 없지만 자신들의 필요를 우리에게 전해 온 여인들의 고통을 우리는 함께 나누었다.

내가 머물고 있던 익투스 하우스(Ichthus House)에 세 여인 중 한 명이 그날 아침 울위크 모임에서 자신의 인생을 주님께 헌신했다는 전화 보고를 받았을 때 그곳에 넘쳐났을 기쁨의 탄성을 상상할 수 있을 것이다. 어떤 교회든지 기도하는 교회가 될 수 있다. 하지만 우리는 응답 받는 기도를 하는 교회가 되어야 한다. 기도의 응답을 경험하는 사람들이 셀 그룹에 미칠 수 있는 영향은 엄청난 것이다. 그들이 기도에 대한 응답을 목격할 때 그들의 사역은 변화할 수밖에 없다.

성령님께서 인도하시는 대로 밤에 하는 심야 기도를 후원하라. 셀 원들이 개발하기 시작한 접촉과 관계성에서 열매를 지속적으로 맺을 수 있는 힘을 주시도록 기도하라. 하지만 거기에서 그치지 말라! 시편 107편 2~3절은 다음과 같이 말한다.

> 여호와께 구속함을 받은 자는 이같이 말할지어다 여호와께서 대적의 손에서 저희를 구속하사 동서남북 각 지방에서부터 모으셨도다

세상에서 그리스도의 일하심을 위하여 기도하는 시간을 가지라. 그룹이 나침반의 각 방향을 향해 서도록 인도하라. 그들이 모두 북쪽을 바라보고 서 있을 때 북쪽 방향에 살고 있는 사람들을 위한 기도를 요청하라. 나는 이러한 중보 기도의 시간에 한국식의 통성 기도의 방법을 사용함으로 많은 축복을 누릴 수 있었다. 통성으로 하는 기도의 본질상 특별한 교제가 일어난다. 동쪽과 남쪽, 서쪽을 향해 서서 매번 동일한 과정을 반복하라. 핵심은 이것이다. 양떼의 사역에만 초점을 두지 말고 세계를 마음에 담도록 하라.

침체와 영적인 파산만이 유일하게 당신의 셀그룹이 성장하는 것을 막을 수 있다. 우리가 반복해서 언급한 바와 같이 당신의 셀그룹은 6개월에서 9개월 이내에 배가할 것이다. 그 시기에 사탄의 세력이 침투해 오지만 그리스도께서 다시 한 번 그의 정당한 주권을 선포하실 것이다. 아

불신자들에 대한 전도

브라함 카이퍼(Abraham Kuyper)는 이렇게 기록하였다. "그리스도께서 '내 것!' 이라고 말씀하시지 않는 인생의 범주는 지구상에 없다."

제 11 장

돌봄: 섬세한 사랑의 행위

본 장에서 나는 "상담"이라는 단어의 사용을 고의적으로 피하였다. 상담의 영역에서 훈련을 받지 않은 이상 당신은 상담을 할 수 있는 자격이 없으며 스스로를 상담가라고 생각해서도 안 된다. 상담을 어줍지 않게 사용하는 무지한 사람들은 피해를 끼칠 수 있다. 영적인 능력과 전문적인 능력을 모두 갖추고 있는 전문가들이 깊은 상처를 가지고 있는 사람들을 도울 수 있도록 그 일은 그들에게 맡기라. 목장 안에 필요가 확연히 드러날 때 상담가를 주선해 주는 일을 자유롭게 하라. 하지만 당신의 목회자 팀이 알고 있으며 항상 기독교의 입장에서 상담을 하는 것으로 상담가를 소개하도록 하라. 그리스도인들 가운데 완전히 세상적인 접근법을 사용하는 사람들도 있다. 그들은 사람들과 기도를 하지 않으며 많은 문제 뒤에 숨어 있는 영적인 역학 관계를 고려하지 않는 사람들이다.

그 대신에 우리는 당신을 돌보는 사람의 위치에서 언급하려고 한다. 당신의 사역은 성령의 지배를 받는 사역으로서 사람의 감정의 범주만이 아닌 사람의 영혼과 관련된 문제를 더 많이 다룬다. 감정적인 문제의 대부분이 사람의 영혼에 뿌리를 두고 있기 때문에 당신은 이 영역에 초점을 맞추려는 노력을 하게 될 것이다.

다음의 성경구절을 묵상하라.

> 오직 하나님이 성령으로 이것을 우리에게 보이셨으니 성령은 모든 것 곧 하나님의 깊은 것이라도 통달하시느니라 사람의 사정을 사람의 속에 있는 영 외에는 누가 알리요 이와 같이 하나님의 사정도 하나님의 영 외에는 아무도 알지 못하느니라 우리가 세상의 영을 받지 아니하고 오직 하나님께로 온 영을 받았으니 이는 우리로 하여금 하나님께서 우리에게 은혜로 주신 것들을 알게 하려 하심이라 우리가 이것을 말하거니와 사람의 지혜의 가르친 말로 아니하고 오직 성령의 가르치신 것으로 하니 신령한 일은 신령한 것으로 분변하느니라(고전 2:10~13)

당신이 특별한 필요와 문제를 안고 있는 사람들에게 사역을 할 때에 논의되고 있는 환경에만 초점을 맞추지 말고 상황의 영적인 근원에 초점을 맞추도록 하라. 우리는 종종 사탄의 생각이 우리를 공격해 오도록 자신을 열어두고서 그 근원을 보기 전에 어떤 환경의 덫에 우리 자신이 걸리도록 내어버려 둔다. 문제의 근원을 확실히 규명하지 않은 상태에서 문제 해결에 휩쓸려 있다면 당신은 사탄의 덫에 걸려드는 것이다. 그러므로 상황을 구체적으로 점검한 후에 경청의 방으로 후퇴하여 "하나님의 깊은 것이라도 통달하시는" 성령님의 음성에 귀를 기울이는 것이 중요하다. 바울이 그러했듯이 당신도 성령님께서 가르쳐 주시는 말을 할 수 있다. 목장의 셀 원들을 돌볼 때 분별해야 할 가장 중요한 것은 그들의 인생에서 한 번도 도전을 받은 경험이 없는 내면의 요새들이다. 요새의 문제가 먼저 다루어지지 않는 이상 문제 해결은 마치 타오르는 불꽃에 겨우 한 바가지 물을 붓는 것과 같다.

야고보서 1장 16~17절을 묵상하라.

> 내 사랑하는 형제들아 속지 말라 각양 좋은 은사와 온전한 선물이 다 위로부터 빛들의 아버지께로서 내려오나니 그는 변함도 없으시고 회전하는 그림자도 없으시니라

여기서 "선물"은 리본을 묶은 박스에 싸여서 오는 것이 아니다. 오히려 그 단어는 환경과 감정 혹은 삶 속에 침입하여 우리를 지배하도록 허락하는 상황을 가리키는 말이다. 위로부터 온 선물은 기쁨과 평화, 온유, 신실함 그리고 절제와 관련된다. 이 구절은 위로부터 비롯되지 않은 선물로서 우리에게 오는 것도 있음을 암시한다. 그러므로 어떤 환경이 우리에게 "선물"로 다가올 때 먼저 그것의 근원을 따져보아야 한다. 그것이 하나님께로부터 내려온 것인가? 아닌가?

하나님께서 우리가 받기를 원하지 않으시는 선물을 우리가 받아들일 때 큰 위험에 처하게 된다. 그러한 선물들은 위험하다. 그것들은 우리의 마음이나 육체적 건강에 영향을 미칠 수 있다. 사탄은 뱀이다. 뒤로 기어올라 와서는 잠재 의식 안으로 들어와 우리 안에 두려움과 의심을 심어 넣는다. 곧 두려움과 의심의 씨앗에 싹이 트고 우리는 그것을 자라나

돌봄: 섬세한 사랑의 행위

게 한다. 우리가 차 안에 혼자 있다고 가정해 보자. 홀로 운전을 하고 있는데 이러한 생각의 씨앗이 싹트기 시작한다. 그것이 의식으로 이동해 오면 우리는 차 안을 둘러본다. 그곳에 다른 사람은 없다. 우리는 생각이 많은 것을 개인적인 특성이라고 결론 내리고 그것을 자라게 한다. 곧 그것은 대량의 잡초로 자라나고 마음을 가득 채운 다음 행동으로 나타나게 된다. 그것은 우리가 주변의 사람들과 맺는 관계성에 큰 혼란을 불러일으킨다. 인생은 위기에 처하게 된다. 그러면 우리는 "나쁜 환경"을 다루는 방법에 관한 도움을 구한다. 하지만 그 환경의 근본 뿌리는 내내 바알세불이 우리 안에 심은 씨앗이었다.

예레미야 29장 11~14절에서 하나님은 특별한 말씀을 우리에게 주신다.

> 나 여호와가 말하노라 너희를 향한 나의 생각은 내가 아나니 재앙이 아니라 곧 평안이요 너희 장래에 소망을 주려하는 생각이라 너희는 내게 부르짖으며 와서 내게 기도하면 내가 너희를 들을 것이요 너희가 전심으로 나를 찾고 찾으면 나를 만나리라 나 여호와가 말하노라 내가 너희에게 만나지겠고 너희를 포로된 중에서 다시 돌아오게 하되 내가 쫓아 보내었던 열방과 모든 곳에서 모아 사로잡혀 떠나게 하던 본 곳으로 돌아오게 하리라 여호와의 말이니라 하셨느니라

각 문제와 문제를 안고 있는 사람을 은혜의 보좌 앞으로 데리고 나가라. 문제의 영적인 뿌리를 파내면 매우 놀라운 결과를 보게 될 것이다.

세계 전도단(World Evangelization Crusade)은 특별한 선교 단체다. 창시자인 스터드(C. T. Studd)는 부유한 사업가들로 이사회를 구성하지

않고 런던에 안식년을 나와 있는 선교사들을 간사로 임명하였다(자신들은 대가를 지불하지 않으면서도 그렇게 하는 사람들을 관리하려는 사람들에게 그는 질려 있었다).

선교 단체의 초창기 시절에 선교사들은 선교지 문제와 씨름하고 있었다. 예를 들어, 두 선교사 부부는 같은 아프리카 마을 안에서 서로 맹렬히 싸웠다(선교사들의 이와 같은 모습을 상상할 수 없다면 당신은 세상 물정을 모르는 사람이다). 그 선교사들은 이 문제를 가지고 몇 시간 동안 씨름하였다. 경우에 따라서 그들은 한 부부를 다른 선교지로 이동시키는 방법으로 어려움을 풀기도 하였다. 하지만 그것은 문제를 해결하는 방법이 되지 못했고 다툼은 계속되었다.

마침내 한 선교사가 말했다. "우리는 이 문제를 잘못 해결하고 있습니다. 경청의 방으로 후퇴하여 주님의 말씀을 들읍시다." 그들은 그 제안에 동의하였고 실제로 이루어지기 불가능해 보이는 해결책이라 할지라도 하나님께 최고의 영광을 드릴 수 있는 해결책을 가지고 오기로 결론 내렸다.

그들은 주님께서 자신들에게 말씀하신 것을 나누기 위해 돌아왔다. 그들은 주님의 해결책이 현실이 되도록 믿음으로 주장하기로 동의하였다. 그들은 불가능해 보이는 해결책을 하나님께서 기도 응답으로 주셨음을 기쁨 가운데 발견하였다. 선교사들은 그들 사이를 갈라놓았던 잡초인 분노의 씨앗들을 하나님께서 어떻게 부수셨는지 알리기 위한 글을 썼다. 그 이후로부터 WEC는 이러한 절차를 따랐다. 당신도 시도해 보라. 좋아하게 될 것이다.

당신이 셀 원들을 대상으로 사역할 때 어떤 사람에 의해 그의 삶에 무의식적으로 자리잡고 있는 것이 무엇인가를 찾아보도록 노력하라. 모든 "선물"이 위로부터 오는 것은 아니다. 대부분의 그리스도인들은 그들의 생각과 상황의 근원을 분별하는 방법을 배운 적이 없다. 내면의 요새는 사탄으로 하여금 그리스도인들의 삶을 파멸하게 한다.

내가 아홉 살이었을 때 아버지는 할아버지 집의 거실에 앉아서 내게 빌립보서 4장 6~8절을 암송하도록 가르치셨다. 이 성경구절을 가르쳐 주신 아버지의 온유한 지도는 반세기가 넘는 세월 동안 나를 인도하였다.

> 아무것도 염려하지 말고 오직 모든 일에 기도와 간구로 너희 구할 것을 감사함으로 아뢰라 그리하면 모든 지각에 뛰어난 하나님의 평강이 그리스도 예수 안에서 너희 마음과 생각을 지키시리라 종 말로 형제들아 무엇에든지 참되며 무엇에든지 경건하며 무엇에든 지 옳으며 무엇에든지 정결하며 무엇에든지 사랑할 만하며 무엇 에든지 칭찬할 만하며 무슨 덕이 있든지 무슨 기림이 있든지 이것 들을 생각하라

나는 종종 어두운 생각의 싹을 가지게 된 적이 있었다. 그럴 때마다 즉각적으로 그것을 이런 질문으로 도전하였다. "생각아, 너는 어디서 왔느냐? 너는 참되냐? 너는 존귀한 것이냐? 너는 옳으냐? 너는 정결하며 사랑할 만하며 칭찬할 만하냐? 그렇지 않구나! 나는 네가 어디서 왔는지 너의 근본을 안다. 너는 거짓의 아비에게서 왔다. 네가 내 아버지께로부 터 오지 않았기 때문에 나는 너를 벌레처럼 짓밟아 줄 것이다. 썩 물러 가라!"

당신의 양 무리를 돌볼 때 이러한 접근 방법을 사용하라. 영적인 승리 는 문제를 해결할 뿐 아니라 그리스도인을 성숙하게 한다. 폴 빌하이머 (Paul Billheimer)가 한 번은 나에게 이런 말을 하였다. "대부분의 목회

자들은 뛰어다니며 교회의 곳곳에서 일어난 불을 끄느라 그들의 신발을 태워 버리고 있다. 하지만 그들은 대부분의 문제를 기도를 통해 풀 수 있다."

"구제불능"의 성격

나는 가는 곳마다 "구제불능"의 성격을 가진 사람들을 방치된 상태로 내버려두는 셀그룹을 가진 교회들을 만나게 된다. 나 역시 그들과 함께 일한 경험이 있다. 좀 심하게 표현하자면 그들은 얼간이들이다. 그들에게는 사회적인 민감성이 전혀 없다. 그들이 그룹 모임의 분위기를 지배한다. 그들은 재치 없는 말을 하여 때때로 사람들의 감정을 상하게 한다. 나는 어떤 사람이 어떤 예비 엄마에게 다가가 "당신이 임신할 때도 되었지요! 결혼한 지 5년이 되었으니까요"라고 말했던 일을 기억한다. 또 다른 사람은 그룹 앞에서는 진정으로 영적인 것처럼 행동했지만 그의 아이들은 아버지의 허리띠와 주먹에 맞아 심하게 멍든 채 그곳에 도착하였다. 귀가 들리지 않는 한 노인은 매번 모일 때마다 10분 이상 우리가 별로 관심도 없는 자신의 추억을 계속해서 이야기하여 그룹을 힘들게 하였다.

우리가 이와 같은 사람들을 무시하고 그룹이 배가함에 따라 그들을 다른 사람에게 떠맡긴다면 하나님의 능력을 욕보이는 것이다. 사람들을 돌보는 사람이 되라. 그리고 하나님의 왕국의 아이들을 병들게 하는 혼란으로부터 그들을 탈피하도록 도와라. 그들이 마음속으로는 비참해 하고 있다는 것을 확신하라. 그들은 문제의 근원에 손을 댈 수는 없지만 그들은 자신이 다른 사람들과 다르다는 것을 느끼며 변하기를 소망한다.

이런 사람들은 개인적으로 만나 다루는 것이 가장 좋은 방법일 수 있다. 예를 들어, 당신과 예비 목자는 수다를 떠는 사람과 함께 앉아 그 문제에 관해 솔직하게 논의할 수 있다. 그 일이 기도한 후에 사랑 가운데 이루어졌다면 그 사람은 당신이 자신을 꾸짖는 것이 아니라 돕기를 원한다는 사실을 깨닫게 될 것이다.

임신한 예비 엄마에게 경우 없는 말을 한 경우의 상황은 그룹 모임이 시작되기 직전 커피숍 앞에서 일어났다. 젊은 엄마는 화가 났다. 이 사실을 안 목자는 그 문제를 전체 그룹에게 언급하였다. 그것은 그날 저녁의 화제 거리가 되었다. 그 상황에서 해결해야 하는 문제는 두 가지였다. 하나는 여인의 분노였고(왜 그녀는 감정적인 상처를 입었는가?) 나머지 한 가지의 문제는 경우 없는 말이었다. 당신도 상상할 수 있듯이 각 사람이 그들의 삶에서 드러나는 이와 유사한 기질에 관하여 나누는 일에 한 시간 반이 지나갔다. 경우가 없었던 그 사람은 상황의 심각성으로 인해 민감성을 얻게 되었고 그 사건은 그의 인생에 영구적인 변화를 일으켰다.

자신의 아이들을 구타하는 아버지를 직면하기 위하여 이와 동일한 그룹 참여의 방식이 사용되었다. 그 남자와 대화를 통해 그룹은 그의 아버지가 나이 많은 독일 병사로서 엄격한 훈련관이었으며 자주 자기 아들에게 혹독한 벌을 주었으며 사랑이라고는 조금도 보여 주지 않았다는 사실을 알게 되었다. 몇 개월 전에는 자신이 물려받게 될 가족 사업체에서 아버지를 도와 일을 했는데 아버지가 갑작스럽게 그것을 다른 사람에게 팔아 자신이 그 돈을 챙기고 아들은 실업자가 되었다. 자신이 받은 대접에 대한 분노가 드러나자 그룹은 그가 자신의 아이들을 구타한 원인이 되었던 그의 속에 있는 분노의 쓴 뿌리라는 요새를 깨닫도록 도와

주었다.

"구제불능인 사람들"을 다른 셀그룹에게 돌리지 말라. 그들을 놓고 주님께 기도하고 하나님께는 모든 것이 가능하다는 사실을 믿어라. 그들 역시 얽매임과 요새로부터 자유를 얻을 수 있다.

단기간의 위기 상황

모든 사람들과 가족들은 스트레스나 질병이라는 일상적이지 않은 경험을 하게 된다. 그것은 당신의 목장에 속한 누군가와 계곡을 함께 걷는 특권을 누리는 시간이 될 것이다. 이런 시기에 그를 돌보는 것은 특별한 차원을 요구한다. 죽음, 실직, 심각한 질병, 자동차 사고 ⋯ 이러한 사건들의 목록은 끝이 없다.

이와 같은 시기에 사람들이 겪게 되는 단계를 알고 있어야 한다.

1. 충격과 거부

어느 무더운 주일 오후에 그녀의 어머니는 작업실 바닥에 넘어져 죽었다. 그녀는 나에게 전화를 걸었고 나는 서둘러서 그곳에 갔다. 그녀의 첫 마디는 이것이었다. "왜? 왜 어머니가 이렇게 죽어야 합니까? 우리는 서로에게 작별을 고할 시간조차도 없었습니다." 그녀는 대답을 기다렸지만 나는 대답하는 대신에 그녀를 껴안고 경찰관과 장의사가 도착하기를 기다리면서 함께 울었다. 그것은 대화를 할 상황이 아니었다. 그것은 행동을 통해 돌보아야 하는 시간이었다. 후에 그녀는 충격을 받은 초기에는 사람들이 그녀에게 말한 것들 중 단 한마디도 기억할 수 없다고 나에게 말했다. 이러한 상황에서는 그냥 안아 주라!

2. 의사결정은 생존 조건에 제한을 받는다

"그는 입에 담배를 물고 한 마디의 말도 하지 않은 채 나가 버렸다. 35년 동안에 그랬던 것처럼 그는 그렇게 직장으로 향했다. 그리고 다시는 집에 돌아오지 않았다. 그것은 그가 수개월 동안 불륜을 저질렀다는 사실을 발각되기 삼일 전의 일이었다."

당신 목장에 들어오는 새로운 회심자들은 이 이야기와 유사한 경험들을 가지고 있을 수 있다. 만약 그 일이 일어난 지 얼마 되지 않았다면 그 사람은 생존을 위한 결정만을 할 수 있다. 이 시기 역시 미래에 대한 깊은 생각이나 배워야 할 교훈을 위한 시기가 아니다. 이 사람에게 있어서 돌봄은 그의 말을 들어 주고 당장의 문제를 해결할 수 있는 가능성을 제시하며 하나님께 최고의 영광이 될 해결책을 재치 있게 지적해 주는 것이다.

이런 상황에서 때때로 그 사람은 위기를 악화시키는 경솔한 결정으로 반항한다. 예를 들면 어떤 사랑스런 젊은 여자가 그녀의 남편이 불륜을 저지르고 있다는 사실을 발견하고는 너무나도 화가 난 나머지 그녀의 일평생에 저질러 본 적이 없는 일을 했다. 그녀는 술집으로 가서 낯선 사람을 만나 그와 잠자리를 같이 했고 그 결과로 임신을 하게 되었다. 안타깝게도 그녀는 그 시기에 자신의 아픔을 돌봐 줄 수 있는 목자가 없었다. 위기 전후로 완벽하게 기능하던 그녀의 결정력은 고장났다. 돌봄의 관계가 있었다면 그녀를 보호해 주었을 것이다.

3. 경험을 통한 배움

며칠 혹은 몇 주 후에 목자는 이러한 상황 가운데 있는 사람과 그 일에 대해서 숙고하며 대화할 수 있는 시간을 갖게 된다. 고통이 가라앉은 후에 그 경험에 대한 대화는 그 경험의 영향에 대한 이해로 인도하며 새로운 진리를 발견하게 한다. 셀그룹 모임은 이런 상황에 매우 유익하다. 대화 중에 어떤 사람은 옛 상처에 대한 새로운 진리를 발견할 수 있다.

갑작스러운 심장마비로 남편을 잃은 한 여자가 우리 그룹에 참석한 경우를 예로 들어 보자. 그것은 사랑하는 사람들이 서로에게 작별인사를 할 시간도 주지 않은 또 다른 죽음의 상황이었다. 그녀의 아들은 그녀가 남편의 시신을 매장할 때까지 눈물을 보이지 않았다고 말했다. 그녀는 나에게 아이들을 위하여 강해야 했기 때문에 울지 않았다고 설명해 주었다.

몇 년 후에 소그룹 모임에서 그녀는 재혼을 결정하는 데 있어서 혼돈스러운 마음을 나누었다. 신실한 그리스도인이 그녀에게 청혼을 하였다. 그녀는 그를 사랑했지만 청혼을 받아들일 수 없었다. 우리 그룹은 사랑하는 마음으로 그녀가 진정으로 자기 남편을 묻었는지 물어보았다. 긴 침묵 후에 그녀는 그가 자신의 마음속에 여전히 살아 있다고 인정했다. 우리는 그녀가 지닌 문제의 원인을 볼 수 있도록 도왔다. 그녀의 마음 속에서 재혼은 간음이었던 것이다!

그 모임에 참석한 사람이라면 누구라도 그때가 잊지 못할 저녁 시간이었을 것이다. 나는 그녀에게 그룹 중앙에 나와 함께 바닥에 앉기를 요구했다. "남편의 관이 여기에 있다고 상상해 보십시오. 우리는 뚜껑을 닫고 땅 속에 막 넣으려고 하고 있습니다. 그에게 하고 싶은 말이 무엇입니까?"

그녀는 영혼 깊은 곳에서부터 눈물을 흘렸다! 우리 모두가 그녀와 함께 울고 있을 때 그녀는 죽은 남편에게 부드럽고 사랑스러운 작별 인사를 하였다. 그녀가 작별 인사를 끝마쳤을 때(누가 그 인사가 얼마나 걸렸는지 기억하겠는가?) 나는 이렇게 말했다. "상상 가운데 이제 관의 뚜껑을 저쪽 끝에서 당신이 잡으면 나는 이쪽 끝을 잡겠습니다. 우리는 함께 그것을 닫을 것입니다. 그리고 우리가 그곳을 걸어나갈 때 하나님의 축복이 당신과 함께하기를 기도합니다."

그날 저녁으로부터 8주 후에 그녀는 결혼을 하였고 새 남편과 함께 행복하게 살았다. 그녀의 경우에는 경험을 통해 배우기까지 몇 년이 걸렸다.

장기적인 만성질환을 앓고 있는 상황

그녀는 어린 시절에 부모로부터 조롱거리가 되었다. 그녀는 비참한 가정 생활에서 벗어나기 위해 열여섯 살의 나이에 결혼을 하였다. 열아홉 살에 그녀는 돌봐야 하는 아이를 가진 채 이혼하였다. 그녀는 학교로 돌아가서 학위를 받은 후 훌륭한 고등학교 선생님이 되었다. 그녀에게 교회와 관련성에 관해 질문했을 때 그녀는 자랑스럽게 "나는 불가지론자입니다. 나는 종교를 믿지 않습니다"라고 말하였다.

전도 소그룹에서 그녀를 사랑해 주는 한 셀 원을 통해서 그녀는 복음을 듣게 되었고 마침내 그리스도인이 되겠다는 결단을 내렸다. 이 즈음에 그녀의 십대 딸은 문제아가 되어 있었다. 그녀는 이러한 문제가 가져다 주는 압박감으로 인해 주님을 믿게 되었다. 그녀는 또 다시 누군가와 투명하고 친밀한 관계를 맺을 자신이 없었기 때문에 재혼을 하지 않았다.

그룹 안에서 그녀의 삶은 조용한 경청자에서 냉소적인 해설가의 과정을 거쳐 점차 변해갔다. 몇 주가 흐르자 그녀는 또 다시 조용해졌고 이번에는 질문을 많이 하기 시작했다. 마침내 여러 주가 지난 후 그녀는 주님께 그리고 그룹에게 자기 자신을 개방하기 시작하였다. 그녀는 자기 안에 가득 차 있는 쓰레기를 내버리고 그녀의 심령을 새롭게 하시도록 성령님을 마음속에 모셔들이는 시간을 갖기 시작하였다. 그것은 참으로 아름다운 장면이었다.

장기간의 만성질환을 앓고 있는 환자는 여러 단계의 "영혼의 계절"을 지난다는 사실을 당신은 발견하게 될 것이다. 그리고 그것은 서둘러서 지날 수 있는 문제가 아니다. 전도서 3장에서 지혜로운 솔로몬은 이렇게 말한다.

> 천하에 범사가 기한이 있고 모든 목적이 이룰 때가 있나니 …… 치료시킬 때가 있으며 헐때가 있고 세울 때가 있으며 …… 찾을 때가 있고 잃을 때가 있으며 지킬 때가 있고 버릴때가 있으며 찢을 때가 있고 꿰맬 때가 있으며 ……

그러므로 만성질환을 앓고 있는 환자들도 치유를 받는다. 그들은 당신이 배운 것을 경험한다. 성령님은 당신 자신의 때에 귀머거리로 하여금 듣도록 하신다는 것이다. 성령님께서 주도권을 쥐실 수 있도록 하라. 어떤 사람이 그의 행실을 바르게 할 시간과 장소를 당신이 선택하려고 노력하지 말라.

어린 꼬마 아이가 장미꽃을 더 이상 지켜보고만 있을 수가 없었다. 그는 가위를 가지고 각 꽃봉오리를 위에서부터 줄기까지 잘라놓았다. 그 벌로 매를 맞은 후에 그 아이는 울면서 말했다. "엄마, 나는 단지 장미꽃이 활짝 피도록 하나님을 도와드린 것뿐이에요." 사람들에게 이와 같은 자세로 대하지 말라. 어떤 사람들은 변화를 받아야 할 영역이 과거의 삶에서 많을 수도 있다. 따라서 성령님께서 그들을 새로운 삶 안에서 양육하시는 데는 수개월이 걸릴 수 있다. 인내하라!

스트레스의 영향을 분별함

모든 사람은 그들의 감정적인 안정도에 영향을 주는 누적된 스트레스를 가지고 살아간다. 아래 도표의 출처인 홈스-레이 스트레스 등급표(The Holmes-Rahe Stress Scale)는 스트레스의 영향력을 평가한 것이다. 각 스트레스 단계가 서로 더해져서 실로 충격적인 스트레스의 문제를

스트레스 사건	수치	스트레스 사건	수치
배우자의 죽음	100	자녀가 집을 떠남	29
이혼	73	인척 간의 갈등	29
별거	65	뛰어난 업적	28
교도소 생활	63	배우자가 일을 시작함	26
가까운 가족 일원의 죽음	63	학교 입학이나 졸업	26
개인의 사고나 질병	53	생활 환경의 변화	25
결혼	50	개인 습관의 교정	24
직장에서 해고당함	47	상사와의 갈등	23
결혼 생활의 화해	45	근무 시간이나 환경의 변화	20
은퇴	45	이사	20
가족의 건강상의 변화	44	전학	20
임신	40	오락 습관의 변화	19
성적인 갈등	39	교회 활동의 변화	19
사회적 활동의 변화	18	새로운 가족의 출생	39
일만 불 이하의 공채나 저당	18	잠자는 습관의 변화	16
사업 재조정	39	경제적 위치의 변화	38
가까운 친구의 죽음	37	식습관의 변화	15
결혼 논쟁의 변화	35	가족 모임 횟수의 변화	15
일만불 이상의 공채나 저당	31	휴가	13
크리스마스 절기	12	중요하지 않은 법의 위반	11
저당권 상실 처분, 저당 혹은 공채	30	직장 근무 시간이나 환경의 변화	20

일으킬 수 있다는 사실을 아는 것은 매우 중요하다. 일 년의 기간 동안 두세 번의 스트레스 사건이 연이어 축적되면 개인의 성격에 큰 변동이 일어날 수 있다.

실험 결과에 의하면 극도의 스트레스를 경험하고 있는 사람들은 심각한 질병에 더 쉽게 감염되며 감기나 독감 등의 발병률이 비정상적으로 높았다. 그 사람의 영적인 삶 역시 영향을 받는다.

위의 목록을 훑어보면서 현재 당신의 삶 가운데 존재하고 있는 것들에 동그라미를 표시하라. 그런 다음 당신의 스트레스 수치를 모두 더하여 합계를 내라. 수치가 100 이상이 되는 경우를 흔히 찾아볼 수 있다. 어떤 사람의 스트레스 요소가 더 높아질수록 그는 보다 낮은 스트레스 상황에 처해 있었을 때와는 전혀 다른 방법으로 기능한다. 사실상 사람들은 두 가지 방법으로 상황에 대처한다. 그것은 "정상적인" 방법과 큰 스트레스를 경험하고 있을 때 취하는 태도다.

어떤 경건하고 신실한 그리스도인에게 4개월의 기간 동안 다음에 열거되어 있는 사건들이 모두 일어났다.

- 그녀의 아버지는 비행기 사고로 사망하였다.
- 그녀는 유방암 진단을 받았다.
- 그녀의 남편이 실직을 당했다.
- 그녀의 가족은 주택에서 아파트로 이사해야 했다.
- 그녀의 남편은 직장을 다니기 위해 집에서 200마일이나 떨어진 도시로 출근하면서 주말에만 집에 올 수 있게 되었다.

그녀의 삶에 대한 스트레스 수치를 계산해 보라!

셀그룹의 강한 지원이 없었던들 그녀의 결혼 생활은 산산이 무너졌을 것이다. 근소한 차이로 이러한 운명에서 벗어날 수 있었다. 십대 자녀의 자살을 경험한 부모들은 높은 이혼율을 보여 준다. 스트레스는 그들의 삶을 산산조각 낸다.

당신이 기도 목록에 기록해야 하는 요소 가운데 한 가지가 각 사람의 삶에 대한 스트레스 수준이라는 사실에 당신은 주목하게 될 것이다. 이와 같은 폐해로 고난 당하고 있는 사람들에게 당신이 어떻게 사역할 수 있는지 기도하면서 주님의 인도하심을 의지하라. 그렇게 할 때 로마서 8장에 있는 바울의 말이 당신에게 힘이 될 것이다.

> 피조물이 다 이제까지 함께 탄식하며 함께 고통하는 것을 우리가 아나니 이뿐 아니라 또한 우리 곧 성령의 처음 익은 열매를 받은 우리까지도 속으로 탄식하여 양자 될 것 곧 우리 몸의 구속을 기다리느니라 …… 이와 같이 성령도 우리 연약함을 도우시나니 우리가 마땅히 빌 바를 알지 못하나 오직 성령이 말할 수 없는 탄식으로 우리를 위하여 친히 간구하시느니라 마음을 감찰하시는 이가 성령의 생각을 아시나니 이는 성령이 하나님의 뜻대로 성도를 위하여 간구하심이니라(롬 8:22~27)

사랑의 충고 한 마디

본 장을 마무리하기 전에 한 가지 알고 있어야 할 주의사항이 있다. 상담을 많이 해 본 사람들은 "전이"라고 불리는 상태에 관하여 잘 안다. 그것은 매우 치명적인 상태다. 이것은 돌봄을 받고 있는 사람이 자신을 돌보는 사람을 어떤 환상의 대상으로 삼아 순식간에 불륜으로 치닫는 경우에 일어난다. 많은 목사들이 이와 같은 장애물에 걸려 그들의 사역을 잃게 되었다. 그것은 당신에게도 일어날 수 있는 일이다. 당신은 그와 같은 상황이 발생할 때 그것을 처리할 수 있을 만큼 강한 도덕적 정직성을 가지고 있어야 한다.

당신이 따라야 할 간단한 법칙 두 가지가 있다. 첫째는 만약 자신이 돌보는 사람의 삶에 전이가 일어나고 있다는 사실을 깨달았다면 당신은 그 문제를 공개적으로 논의해야 한다. 당신이 감지하고 있는 느낌이 사실인지의 여부를 묻는다. 만일 사실이라면 그 사람으로 하여금 상황이 주는 환상의 본질을 깨달을 수 있도록 도와주고 그 돌봄의 관계를 예비 목자에게로 넘기기를 원한다는 사실을 분명히 말한다. 혹은 적어도 앞으로의 대화에 예비 목자도 참석하도록 한다.

두 번째 법칙은 당신의 감정과 관련된 것이다. 전이는 상대방이 모르는 상태에서 당신 안에서 일어날 수 있다. 그런 일이 발생한다면 그 문제를 당신과 가까운 사람에게 솔직하게 이야기한다. 당신의 배우자가 될 수도 있고 사역자 팀의 구성원이 될 수도 있다. 돌봄의 관계를 예비 목자에게로 넘기는 경우에라도 그것이 지속되지 않도록 하라. 만일 당신이 과거에 도덕적인 실수를 저지른 경험이 있다면 절대로 혼자서 이성을 상담해 주지 않도록 자신을 방어하라. 당신이 결혼을 하였고 배우자가 이러한 상황에 참여하기에 적합하다면 그 모임에 배우자를 참석시켜라. 모든 수단을 사용하여 당신과 사역을 무너뜨리려는 사탄의 계획으로부터 스스로를 보호하라. 사탄은 항상 당신의 약점을 찾으려고 노력하면서 사역의 능력에 종지부를 찍게 하기 위하여 모든 덫을 사용할 것이다. 당신이 이와 같은 실수를 저지름으로 주님과 양들에게 실망을 안겨 주는 것을 통해 양들의 인생에 미칠 파괴적인 결과를 생각해 보라. 불장난은 절대 금물이다!

만약 바울이 자신의 영적 성숙함의 수준이 엄청났음에도 불구하고 태만으로 자신의 사역에서 난파한 사람이 될 수 있는 가능성을 생각하며 떨었다는 사실을 본다면 일순간이라도 당신이 안전하다고 생각하지 말라. 성적인 연관은 우리 세대에 그리스도를 증거하는 일을 파괴하고 있다. 당신이 감당치 못할 시험 당함을 허락하지 않는다고 약속하신 그리스도의 이름으로 호소하는 것은 당신 자신을 이러한 지저분한 종말로부터 보호하라는 것이다. 가장 훌륭한 보호는 배우자와 가장 가까운 친구들과 친밀하고도 투명한 삶을 사는 것이다.

제 12 장

어린이들을 고통스럽게 할 것인가

나는 킹 제임스 번역을 잘못 인용하고 있는 것이 아니다. 내가 주장하고자 하는 바는 소그룹에서 종종 어린이들이 고통을 당한다는 것이다. 어린이들은 복종적이어야 한다고 생각하며 관용을 베풀지 않고, 더 심한 경우에는 아이를 돌봐 주는 사람과 함께 집에 남아 있게 된다.

만일 우리가 아이들을 셀그룹 모임에 억지로 끌고 간다면 그 아이들을 무신론자로 만들 수도 있다. 나는 기원 후 2021년쯤에 어떤 사람들이 잔혹하게 이렇게 말하는 것을 상상할 수 있다. "내가 어렸을 때 부모님들은 마치 기름을 들이붓는 것처럼 그 셀그룹의 허튼 소리를 내 목구멍으로 마구 밀어 넣었지요. 내가 셀그룹에 들어가는 일은 지옥이 얼음으로 얼어붙기 전에는 절대 없을 거예요."

나는 그리스도인 엄마들이 다음과 같이 말하는 것을 들을 때 몸서리를 치게 된다. "난 셀그룹 모임을 갖는 동안 아이들을 돌보는 일을 하기를 원치 않아요. 모임에 오면 아이들로부터 벗어나고 싶습니다. 이 시간은 나의 것입니다. 일주일 내내 그들을 돌보아야 해요. 그룹 모임이 있을 때만큼은 다른 사람이 아이들을 돌보았으면 합니다."

젊은 아이 엄마들이 이렇게 느끼는 것은 놀라운 일이 아니다. 우리 부부가 아들 집을 방문해 보면 나는 며느리(석사 학위를 가지고 있는)가 끊임없이 유치원에 다니는 그녀의 두 아이들의 익살스러운 행동을 감시하는 것을 보게 된다. 그들이 낮잠을 자는 시간이 되어서야 며느리는 그들을 쉴 새 없이 감시해야 하는 필요로부터 벗어나 잠시 휴식을 취한다. 엄마와 자녀의 관계는 친밀한 양육에서 오는 탈진의 전형적인 예인 반면, 이 문제에는 또 다른 면이 존재한다. 만일 우리가 셀그룹 모임을 가질 때 아이들이 쓸모없는 존재들이라는 느낌을 받게 되면 그들이 예수님과 맺는 관계는 어떠한 것이 될까?

우리 세대에 너무나도 많은 그리스도인들이 그들 자녀의 영적인 성장을 교회에 떠맡기려고 한다. 그것은 자녀의 학문적인 성장에 대해서 학교의 책임으로 떠맡기려는 경향과 동일한 것이다. 부부가 교회를 선택할 때 그들은 종종 자녀들에게 가장 좋은 프로그램을 제공하는 교회를 선택한다. 그리고 아이들이 자라 다른 교회에서 제시하는 더 낳은 청소년 프로그램이나 보다 활동적인 청소년 사역자가 나타나면, 그들은 눈 하나 깜박하지 않고 또 다시 교회를 옮겨간다. 만약 그들의 자녀들이 마치 오래된 기저귀처럼 영적으로 비뚤어져 있으면 그들은 교회를 비난하고 완전히 탈퇴해 나간다.

아이들의 영적인 성장과 관련하여 부모를 대신할 수 있는 사람은 아무도 없다. 개인의 신앙은 주일학교 수업으로 가르친다고 해서 전해지는 것이 아니다. 믿음은 배우는 것이 아니라 깨닫는 것이다. 그것을 깨달을 수 있는 장소는 가정이며 부모님들에 의해서다. 하나님께서는 모든 아이들이 자기 중심적인 사회의 악으로부터 보호를 받을 수 있도록 대가족을 주셨고 부모가 제공하는 안전과 독립된 공간을 허락하셨다. 아이들이 가정에 존재하는 이상 부모가 그들로부터 분리될 수 있는 시간과 장소는 없다.

그러므로 셀그룹이 형성되고 가정 단위에 아이들이 있을 때 영적인 대가족은 아이들에게 매우 특별한 장소를 제공해 주어야 한다. 셀은 목장의 생활 방식에 아이들을 어떻게 포함시킬 수 있는지 조심스럽게 고려해야 한다.

내가 런던의 익투스 하우스(Ichthus House)에 머무르고 있었을 때였다. 아직 결혼을 하지 않은 가정 그룹 멤버 중 한 사람이 나에게 말했다. "나는 오늘 저녁에 매우 중요한 모임이 있어요. 가정 그룹에 속한 몇몇 사람들이 앞으로 몇 주간의 아이들을 위한 활동을 계획할 것입니다." 나는 매우 감동했다. 기도하면서 조심스럽게 계획한 활동은 어린이들을 건강한 그리스도인들로 자라나게 할 것이다.

왕국에서 어린이들의 자리[1]

사람들이 예수의 만져 주심을 바라고 어린이들을 데리고 오매 제
자들이 꾸짖거늘 예수께서 보시고 분히 여겨 이르시되 어린이들

(1) 나에게 네트워크(NETWORK) 예비 목자를 대상으로 하는 강의를 사용하도록 허락해 준 런던의 익투스 교회(Ichthus Fellowship)의 로저 미첼(Roger Mitchell)에게 깊은 감사를 드린다. 최후 집필은 본인이 했지만 개념은 로저 미첼을 통해서 하나님께로부터 얻은 것이다.

의 내게 오는 것을 용납하고 금하지 말라 하나님의 나라가 이런 자의 것이니라 내가 진실로 너희에게 이르노니 누구든지 하나님의 나라를 어린이와 같이 받들지 않는 자는 결단코 들어가지 못하리라 하시고 그 어린아이들을 안고 저희 위에 안수하시고 축복하시니라(막 10:13~16)

어린이는 천국이라는 왕국과 매우 특별한 관계를 가지고 있다. 모든 어린이들은 천국에 간다. 본 구절에서 예수님은 이렇게 말씀하고 계신다. "너희들이 이 어린이들과 같으면 너희들도 천국에 있을 것이다." 당신이 어디에 속해 있는가를 시험해 볼 수 있는 매우 강력한 방법이다.

천국은 어린이들의 것이다. 그들은 자신들에게 생명을 주신 분을 거절하는 방법을 아직 배우지 못했다. 그들이 지식은 부족할지 몰라도 영적인 문제에 있어서는 지혜롭다. 성령의 일에 초점이 맞추어져 있을 때 어린이들을 제쳐놓기보다는 그들은 진리의 특별한 사절로 존경받는 존재가 되어야 한다.

그때에 예수께서 대답하여 가라사대 천지의 주재이신 아버지여 이것을 지혜롭고 슬기 있는 자들에게는 숨기시고 어린이들에게는 나타내심을 감사하나이다 옳소이다 이렇게 된 것이 아버지의 뜻이니이다(마 11:25~26)

셀그룹에서 어린이와 같은 믿음을 강조하여 그것을 존경하도록 하라. 우리가 어린이들에게 전하는 메시지는 천국이라는 왕국이 이미 그들의 것이고 그들이 예수님을 그들의 왕으로 모셔들임으로 천국이 그들의 영원한 소유가 되는 선택을 할 수 있도록 예수님께서 그들을 환영하고 계시다는 말씀으로 시작되어야 할 것이다. 이것이 바로 어린이들을 대상으로 하는 전도다. 그들이 예수님의 십자가와 하나님의 사랑을 통하여 이미 소유하고 있는 천국을 계속 간직할 수 있다는 복된 소식을 전하는 것이다.

어린이들을 이와 같은 태도로 전도하는 일에 동참할 수 있는 것은 특권이다. 어린이들은 사람과 천국이 만나는 지점이다. 어린이들이 있는 곳에는 천국이 특별한 방법으로 지상을 만진다.

우리의 목장 모임에서 어린이들에게 무엇을 가르쳐야 하는가? 첫째는 천국 왕국의 영구적인 소유는 그들의 결정에 좌우된다는 것이다. 다음이 암시하고 있는 바를 생각해 보라.

1. 어린이일 때 천국은 당신의 것이다.
2. 어린이와 같은 자세를 유지하지 않는 한 천국은 더 이상 당신의 소유가 아니다.

너무나도 많은 어린이들이 어른으로 성장한 후에 그리스도를 믿겠다는 결단을 내리지 않는 이유는 애초에 올바른 설명을 들어 본 경험이 없기 때문이다. 그들은 천국이라는 왕국이 그들에게 어떤 의미가 있는지 전혀 알지 못한다. 따라서 그들은 모호한 종교나 예수님에 관한 잘못된 설명을 배격한다. 그러므로 우리는 천국 왕국의 생활 방식을 보여 주어야 한다. 그것은 잘 정돈된 셀그룹에서 실제로 일어나는 일이다!

세 가지의 결정적인 요소

천국 왕국을 제대로 경험하는 어린이라면 어른의 결정을 내리기 전에 다음의 세 가지를 경험해야 한다고 로저 미첼은 말한다.

1. 부모는 왕국 관계의 본을 보여 주어야 한다.

> 예수께서 대답하여 가라사대 사람을 지으신 이가 본래 저희를 남자와 여자로 만드시고 말씀하시기를 이러므로 사람이 그 부모를 떠나서 아내에게 합하여 그 둘이 한 몸이 될지니라 하신 것을 읽지 못하였느냐 이러한즉 이제 둘이 아니요 한 몸이니 그러므로 하나님이 짝지어 주신 것을 사람이 나누지 못할지니라 하시니(마 19:4~6)

왕국의 삶을 본으로 보여 주기 위해서는 결혼이라는 영적인 완성 안에 연합된 남자와 여자가 필요하다. 아이는 그들의 육체적인 연합의 산물임과 동시에 그들이 하나님 아버지와 맺고 있는 관계성의 결과이기도 하다.

어린이는 부모가 삶 속에서 하나님의 성품을 드러내는 것을 보면서 하나님의 성품을 이해해야 한다. 부모는 여호와를 긍휼 많은 아버지요 사랑이요 치료자이며 공급자이며 변함이 없으신 분 등으로 드러내는 아이의 모델이 되어야 한다. 그들을 관찰하고 그들과 사랑의 관계성을 경험하면서 어린이는 하나님의 성품을 배우며 하나님의 왕국에서 하나님과 교제하는 삶을 가치 있게 여기게 된다.

구원받지 못한 부모나 죄를 드러내는 생활 방식을 갖고 사는 부모들

밑에서 자라나는 어린이들은 어떻게 되는가? 원죄와 원죄의 보편성을 알지 못하는 아이는 속게 된다. 그는 인간의 타락에 대해서 모른다. 부모의 죄악된 행동은 모든 사람이 의롭다는 사탄의 거짓말을 어린이에게 전하며 어린이는 그것을 진리로 받아들인다. 부모의 타락한 생활 방식을 보는 것으로 어린이는 속고도 남는다! 그 어린이는 하나님의 왕국을 하찮게 여기기 때문에 책임 있는 나이에 도달했을 때 그것을 거부하게 된다.

그 반대도 역시 사실이다. 당신은 빌리 그래함(Billy Graham)의 아내인 루스 그래함(Ruth Graham) 여사가 그리스도인이 된 정확한 날짜와 장소를 모른다는 사실을 아는가? 남편은 세계를 여행하며 사람들에게 와서 그리스도를 모셔들이라고 초청하고 있는데 정작 부인이 그리스도를 영접한 적이 없다는 사실을 상상해 보라!

하지만 아무런 문제가 없다! 루스는 중국으로 선교를 간 경건한 선교사 부모 밑에서 자라났다. 그녀의 부모님들은 그녀를 위하여 끊임없이 왕국의 삶을 본으로 보여 주셨다. 왕국을 소유한 유아 시절로부터 어른이 된 후 헌신을 하는 단계로 넘어가는 것은 너무나도 간단하였다. 어떤 충격도 일어나지 않았다. 얼마나 아름다운 일인가!

2. 교회는 왕국 삶을 본으로 보여야 한다.

바울이 신랑과 신부를 그리스도와 교회의 상징으로 주장한 것은 매우 중요하다.

> 이는 남편이 아내의 머리 됨이 그리스도께서 교회의 머리 됨과 같음이니 그가 친히 몸의 구주시니라 그러나 교회가 그리스도에게

하듯 아내들도 범사에 그 남편에게 복종할지니라 남편들아 아내
사랑하기를 그리스도께서 교회를 사랑하시고 위하여 자신을 주심
같이 하라 이는 곧 물로 씻어 말씀으로 깨끗하게 하사 거룩하게 하
시고 자기 앞에 영광스러운 교회로 세우사 티나 주름잡힌 것이나
이런 것들이 없이 거룩하고 흠이 없게 하려 하심이니라 … 이 비밀
이 크도다 내가 그리스도와 교회에 대하여 말하노라(엡 5:23~27,
32)

이 시점에서 당신의 셀그룹은 중요하다. 셀그룹은 당신의 삶 가운데
있는 어린이들을 위한 왕국의 영적인 가족이다. 대다수의 아이들이 그
들의 친부모에게 양육을 받지 않는 사회 그리고 대부분의 아이들이 편
부모에 의해서 양육되는 곳에서 셀그룹은 10배의 중요성을 갖는다. 이
곳은 결손 가정 어린이들의 위한 대가족이다. 모든 아이들이 마땅히 받
아들여져야 한다.

어린아이 하나를 데려다가 그들 가운데 세우시고 안으시며 제자
들에게 이르시되 누구든지 내 이름으로 이런 어린아이 하나를 영
접하면 곧 나를 영접함이요 누구든지 나를 영접하면 나를 영접함
이 아니요 나를 보내신 이를 영접함이니라(막 9:36~37)

우리는 예수님 자신을 우리 가운데 모셔들이는 것처럼 모든 아이들을
그룹 안으로 영접해야 한다. 이것은 우리와 각 아이들과의 관계성을 매
우 특별하게 만든다.

오클랜드에서 나는 힐스보로 침례교회(Hillsborough Baptist Church)
의 한 가정 그룹을 방문하였다. 그룹에는 일곱 명의 어린이들이 있었다.

나는 그들에게 둥글게 앉아서 바깥쪽을 향하도록 요구하였다. 그리고 어른들이 한 명씩 아이들과 얼굴을 마주 앉아 그들이 그 어린이의 나이였을 시절의 이야기를 들려주도록 하였다. 나와 대화를 나눈 열 살짜리 아이는 즉시 나와 친해졌고 저녁 시간 내내 함께 즐거운 시간을 가졌다.

모든 아이들이 모든 어른들과 긴밀한 유대 관계를 맺는 것은 매우 중요하다. 수년 전에 우리가 처음으로 가정 셀그룹 모임을 가지면서 나는 아이들에게 "랄프 삼촌"이 되기 시작했다. 이제는 어른이 된 당시의 어린이들은 지금도 가끔 와서 말한다. "랄프 삼촌, 삼촌과 논의하고 싶은 것이 있어요." 우리가 현재의 문제를 해결할 방안을 모색할 때, 나는 그들이 어린이들이었을 때 함께 롤러 코스터를 타면서 트랙에서 급작스럽게 내려갈 때 서로의 눈을 응시하면서 상대방이 먼저 겁먹는 것을 기다리던 지난 시절을 기억한다. 혹은 함께 아이스크림 가게로 가던 추억이나 터치(TOUCH) 목장에서 그들의 부모님들을 대항하여 야구 경기를 하던 일, 해변을 따라 함께 걷던 일 혹은 수양회에 가서 어두운 밤에 무서운 이야기를 들려 주던 일들을 기억한다. 이와 같은 사건들은 우리들 사이에 유대감을 심어 주었고 그것은 후에 우리들을 지속적으로 연결시켜 주었다.

하지만 재미있는 추억만으로 끝나는 것은 아니다. 열네 살 때 라일 제섭(Lyle Jessup)과 함께 기도했던 일은 나의 전 생애에 영향을 미쳤다. 십대인 내가 유일한 그의 친구였을 때 그는 기도하는 시간에 얼마나 하나님을 의지했던가! 나는 아직도 51년 전 섣달 그믐날에 그와 함께 기도하며 보내고 있었을 때 주님께서 당신 자신을 우리에게 드러내셨던 일을 기억한다.

어린이들을 당신의 그룹 생활에서 절대적으로 필요한 존재들로 삼아라. 어른스러운 이야기를 나눌 때는 어른 멤버들로 하여금 차례로 아이들과 질적인 시간을 보내도록 하라. 무엇을 할 것인지 미리 계획하라. 그들에게 성경을 가르치기 위한 훌륭한 비디오 테이프들이 있다. 아니면 가까운 기독교 서점에 가서 여름 성경 학교 자료를 구입하여 미술 활동을 하거나 게임, 노래, 성경 퀴즈 등을 활용하는 방법도 있다. 더 좋은 계획은 셀그룹 회원 중에 비디오 카메라가 있는 사람이 있으면 아이들에게 성경의 어느 책 한 권을 선정하여 그것에 관한 다큐멘터리를 제작해 보도록 하는 것이다. 아이들이 스스로 만든 옷을 입고 에베소에 있는 바울 역을 하거나 사자 굴에 있는 다니엘 역을 할 수도 있고 혹은 아브라함과 이삭 역할을 해 볼 수도 있다. 나이가 많은 아이에게 카메라맨 역할을 맡긴다. 그것이 완성되면(몇 주가 걸릴 수도 있다) 셀그룹 전체에게 특별 행사로 선보인다.

찬양 시간에 어린이들도 참석시켜라. 간절하게 기도하는 모습을 보여주어 아이들에게 기도하는 방법을 가르치고 그들도 당신과 함께 기도할 수 있도록 인도하라. 아이들이 성경말씀을 읽도록 하라. 그들을 위한 이야기 시간을 갖는다. 이야기 시간은 어른들이 돌아가면서 맡는다. 창의력이 부족한 회원의 경우에는 어린이용 이야기책을 구입하도록 한다(기독교 서점에서 구할 수 있다).

3. 천사에 의해 전해진다

> 삼가 이 소자 중에 하나도 업신여기지 말라 너희에게 말하노니 저희 천사들이 하늘에서 하늘에 계신 내 아버지의 얼굴을 항상 뵈옵느니라(마 18:10)

천사들은 하나님의 보좌 앞에서 어린이들을 위한 공작 활동을 한다.

우리 모두에게는 태어나면서 천사가 한 명씩 배당된다. 그리고 그 천사는 항상 우리와 함께 한다. 천사들은 어린이를 보호하기 위해 존재하며 하나님의 말씀의 전달자다. 천사들은 또한 어린이가 자신에게 해로운 행동을 천진난만하게 하는 무대를 감독하는 무대 담당관이다. 천사들은 그들 주위에서 자동차를 이동시키며 가위 끝이 눈에서 빗나가게 하고 병 뚜껑이 열려 독을 마시지 않게 하면서 재난을 피할 수 있게 해 준다 (오늘날의 세상에서는 천사들조차 아이들을 돌보는 일이 힘들어지고 있다).

만일 당신이 순진성을 잃고 천사와 관련된 문제를 건너뛰고 싶다면 한번 성경 용어 색인을 꺼내 천사와 관련된 구절을 모두 점검해 볼 도덕적 의무가 있다. 혹은 빌리 그래함(Billy Graham)의 저술 『천사, 천사, 천사!』(*Angels, Angels, Angels!*)를 읽어 볼 수도 있다. 천사는 실존하며 왕국을 어린이들에게 드러내는 신성한 형태의 한 부분이다.

우리와 함께하는 천사는 사춘기에 이르렀을 때도 우리 곁을 떠나지 않는다. 그 "어린아이"가 63세의 나이일지라도 그 천사는 여전히 그를 위하여 하나님의 보좌 앞에서 절실히 간구한다.

이렇듯 우리는 어린이가 왕국에 남아 있도록 돕는 하나님의 세 가지 유형을 살펴보았다. 가치 있다고 여기는 것을 지키는 일은 결코 경쟁이 아니다.

장애물은 심각한 결과를 낳는다

또 누구든지 내 이름으로 이런 어린아이 하나를 영접하면 곧 나를
영접함이니 누구든지 나를 믿는 이 소자 중 하나를 실족케 하면 차

라리 연자 맷돌을 그 목에 달리우고 깊은 바다에 빠뜨리우는 것이
나으니라 실족케 하는 일들이 있음을 인하여 세상에 화가 있도다
실족케 하는 일이 없을 수는 없으나 실족케 하는 그 사람에게는 화
가 있도다(마 18:5~7)

천사와 관련하여 앞에서 언급한 구절이 예수님께서 말씀하신 위의 구
절 다음에 이어진다는 사실을 주목하라. 천사에 관한 언급은 경멸받고
죄를 짓도록 강요당하는 어린이들을 배경으로 하고 있다.

장애물은 높이가 낮은 물체로서 눈에 잘 띄지 않으며 따라서 어린이
들이 걷다가 넘어지게 할 수 있다. 어린이의 유산인 하나님의 왕국은 궁
극적으로 어린이의 책임이 아니다. 그것은 부모의 책임이며 교회와 천
사와 왕국의 청지기 모두의 책임이다. 후에 하나님의 왕국이 장애물로
인해 도둑질 당한다면 그 사람에게는 화가 있을지어다. 차라리 그 사람
이 태어나지 않은 것이 나을 뻔하였을 것이다.

장애물은 사탄의 고안품이다. 사탄은 어린이들을 공격하며 귀신들은
그들을 파괴하려고 노력한다(막 7:26~30, 눅 9:38~43을 참조하라). 귀신
들은 엄마와 아빠들이 어린이들을 축복하는 자들이 되기보다는 그들을
비난하는 자들이 되도록 그들에게 압력을 넣는다.

수백만 명의 어린이들이 천국 왕국에서 그들의 유산을 도둑질 당하였
다. 아버지의 죄는 삼대, 사대에까지 전해 내려간다. 약탈의 정도가 너
무 심해서 많은 어린이들이 왕국을 영접하는 일에 어려움을 겪는다.
그러므로 책임 있는 나이에 이르기도 훨씬 전에 죄를 짓도록 강요당하
고 파멸에 이른 어린이들을 치유해야 할 필요성이 있다.

"책임성의 연령"

어린이에서 성인기로 넘어가는 과도기가 언제인가? 많은 신학자들이 공식을 제공하려고 노력해 왔다. 어떤 이들은 유대인 관습의 바 미츠바(Bar Mitzvah: 유대교의 13세 남자 성인식—역자 주)를 어린이가 어른이 되는 "법적인" 연령으로 본다. 어떤 종교 교육자들은 14세 이전에 그리스도를 주와 구세주로 영접해야 할 필요성이 있다는 제안에 대해 전적으로 반대한다.

성경은 이 문제에 관하여 전혀 언급하고 있지 않다. 명쾌한 해답이 있는 문제였다면 분명 성령님께서 예수님이나 바울 혹은 다른 사람의 말을 통하여 그 문제를 해결하였을 것이다. 그러므로 우리는 경험만으로 결론을 내려야 한다. 내가 경험한 바를 나누려고 한다.

정확한 책임성의 연령은 아이에 따라 다르다. 어떤 아이들은 영적인 것에 대한 감각을 가지고 태어나는 듯하다. 대부분은 가정의 환경에 좌우된다. 그러나 동일한 가정 환경일지라도 같지 않다. 야곱과 에서는 태어나면서부터 명백히 달랐다. 특별한 하나님의 임무가 주어진 세례 요한은 태어나기 전부터 독특했다. 책임성은 다양성을 가지고 있다.

내가 확실하면서도 진정으로 회심한 것은 다섯 살을 갓 넘길 무렵 경건한 아버지의 무릎 위에서였다. 아버지가 펜실베니아주의 노스엄버랜드(Northumberland)의 한 작은 교회당에서 설교하셨을 때 예수님을 내 삶에 모셔들여야 하는 절실한 필요를 느꼈던 경험을 나는 아직도 기억한다. 어머니는 그와 같은 진리를 깨달을 수 있는 능력에 대해 회의적이셨기 때문에 아버지로 하여금 나와 대화를 나누도록 하셨다. 나는 아버지의 민감성과 나를 개인적인 믿음으로 인도해 주신 방법에 대해 영원토록 감사를 드린다.

내가 이야기를 들은 한 아이의 경우에는, 그 아이가 자기 아버지에게 자신이 그리스도인이 되도록 함께 기도해 줄 수 있는지를 물어보았다. 아버지는 대답하였다. "아들아, 너는 아직 너무 어리단다." 눈에 눈물이 고이면서 아이는 말했다. "하지만 아빠, 아빠를 사랑하기에 너무 어린 나이가 아닌데, 예수님을 사랑하기에 내가 너무 어린 나이란 말이에요?" 장애물을 조심하라!

하지만 여기에는 예수님을 사랑하는 것 이상의 깊은 문제가 있다. 그것은 죄가 어떻게 하나님과 우리를 분리시켰는지에 대해 어린이가 알 수 있는 능력이다. 어린이가 의도적으로 하나님의 손에서 벗어나 자기 삶의 통치권을 쥐려고 할 때 그의 순진함은 책임성으로 변한다.

우리 막내아들이 다섯 살 되었을 때 그는 예수님을 마음에 모셔들이기를 원한다고 우리에게 말하기 시작하였다. 그가 그 문제를 꺼낼 때마다 아내와 나는 물었다. "너, 죄가 뭔지 아니?" "아니오." 그는 대답하였다. 그는 어린이의 언어로 그것의 의미를 설명하곤 하였다. 몇 주에 걸쳐 우리는 이와 같은 장면을 반복하였다. 그가 죄에 대한 이해를 갖고 있지 않음이 분명히 보였다. 우리는 자신이 잃어버린 바 되었다는 사실을 모르는 사람은 구원을 받을 수 없다는 결론을 내렸다.

우리 아들이 여섯 살 되던 해에 우리 가족의 치과의사 친구는 노동절 주말에 우리 가족과 그의 가족을 데리고 텍소마 호수(Lake Texoma)에서 주거용 배로 유람을 시켜 주었다. 우리는 수영을 하며 낚시질도 하면서 즐거운 시간을 보냈다. 첫날 밤에 작은 모래 섬을 발견하여 그곳을 캠프파이어 장소로 사용하였다. 꺼져 가는 불꽃에 둘러앉아 있을 때 나는 둥글게 앉힌 다음 돌아가면서 각자 어떻게 예수님을 자신의 삶에 영접하게 되었는가에 대해 나눌 것을 제안하였다. 어린 랜달(Randall)은 담요를 휘감은 채 내 무릎에 앉아 집중하여 이야기를 들었다. 어른과 아이들이 모두 그들의 회심 간증을 나누었다. 우리가 간증을 모두 마쳤을 때 랜달이 분명한 목소리로 말했다. "나는 그리스도인이 아니에요." 내가 재치 있게 물었다. "그리스도인이 되기를 원하니?" 깊이 생각을 하더니 그는 "아니오"라고 말했다.

조금 후에 그와 단 둘이 있을 때 나는 다시 한 번 그에게 "죄"가 무엇인지 이해하고 있는지 물어보았고 그는 분명히 대답을 하였다. 루시와 나는 그가 책임성의 연령에 도달하였다는 확신이 들었다. 그리고 그 책임성을 가지고 그는 그리스도만이 주인이 되시는 왕국으로 들어가는 데 지불해야 할 대가를 계산하고 있었다. 그 후 며칠간 그는 특별한 중보 기도 대상이 되었다. 한 달쯤 후에 그는 자기 엄마와 함께 그리스도를 영접하는 기도를 하였다.

나는 책임성의 연령이 그렇게 다가온다고 믿는다. 어린이가 헌신의 순간에 도달할 때 그것은 셀그룹에게 매우 특별한 사건이 되어야 한다. 거기에는 바 미츠바에 버금가는 아름다운 축제가 벌어져야 한다. 그 어린이는 예수님을 따르기로 한 결정에 대한 왕국 가족이 보여 준 기쁨을 절대로 잊어버리지 않아야 한다.

내가 알고 있는 한 그룹에서는 그 순간에 각 아이에게 비싼 가죽 성경을 선물한다. 그리고 그 성경의 여백 페이지에는 모든 성인 회원들이 짧은 글을 써넣는다. 그 성경과 어른들의 메모가 그의 일평생 동안 어떤 추억으로 남을지 상상해 보라!

우리가 어린이들을 위해 무엇을 할 수 있는가

로저 미첼은 다음 사항들을 제안한다.

1. 어린이에게 천국 왕국이 지금 현재 그들에게 속해 있다는 기쁜 소식을 기쁨 가운데 전한다.

2. 경건한 부모가 되고 다른 사람들도 그렇게 할 수 있도록 그들을 돕는다.

3. 예수님께서 어린이들을 받아들이신 방법과 동일한 방법으로 그들을 받아들인다.

· 그들을 축복함으로 받아들인다(마 19:14).

· 그들에게 손을 대고 그들을 위해 기도함으로 받아들인다(마 19:15).

4. 그들을 완전한 하나님의 왕국에 동참시킨다(막 9:36). 예수님께서 제자들의 중심에서 어린이를 무릎 위에 앉히셨던 것을 주목하라. 가끔 어린이들을 그룹의 중앙에 앉힌다. 때때로 그들을 중심으로 활동을 하라. 그들을 인정하라.

5. 그들을 "왕국의 요원들"로 사용하라. 예수님께서 제자들을 사용하셔서 오천 명에게 음식을 나누어주셨듯이 그들도 모임에서 어떤 임무를 맡기도록 한다.

6. 어린이들이 예배를 인도하도록 격려한다.

> 대제사장들과 서기관들이 예수의 하시는 이상한 일과 또 성전에서 소리질러 호산나 다윗의 자손이여 하는 아이들을 보고 분하여 예수께 말하되 저희의 하는 말을 듣느뇨 예수께서 가라사대 그렇다 어린 아기와 젖먹이들의 입에서 나오는 찬미를 온전케 하셨나이다 함을 너희가 읽어 본 일이 없느냐 하시고(마 21:15~16)

각 어린이는 찬양과 예배드리는 방법과 그룹에서 기도를 인도하는 방법과 부끄러움 없이 예수님에 관하여 이야기할 수 있는 방법을 발견하도록 인도된다.

7. 적이 이미 저질러 놓은 일을 풀고 어린이들이 장애물에 걸려 넘어지지 않도록 예방한다. 천사들은 부모가 갖는 책임에 간섭하지 않는다. 만약 부모들이 천사를 밀어내고 어린이들을 적의 맹공격에 노출시킨다면 천사들은 일어나고 있는 일을 막을 수 없게 된다. 하지만 당신은 천사들이 보좌 앞에서 일어나고 있는 일에 대한 정확한 사항에 대해 활동을 하고 있음을 확신할 수 있다.

어린이들도 잃어버린 양을 찾을 수 있다

자녀의 가출은 그들의 죽음 다음으로 부모가 경험하는 일 중에서 가장 가슴 아픈 일이다. 목자로서 당신은 어리석은 자의 언덕을 오랜 기간에 걸쳐 기어오르고 있는 반항적인 젊은이를 만나게 될 것이다. 우리 사회는 아직 십대도 되지 않은 어린이들에게 마약과 콘돔과 성을 강요한다. 삶이 이미 혼란에 빠진 어린이들과 접촉하지 않고 당신의 목장이 어두움의 세력으로 침투해 들어간다는 것은 불가능하다.

당신의 공동체에는 그리스도를 필요로 하는 아이들로 가득 차 있다. 셀그룹에 속해 있는 어린이들에게만 사역을 한다고 생각하지 말라. 그와 같은 자기 중심성은 죄이며 당신을 응시하고 있는 어린이들 앞에서 왕국 삶의 본을 보여 줄 수 있는 중요한 측면을 파괴시킨다.

청소년 셀그룹에 관하여

첫째 아들이 열다섯 살이었을 당시에 우리는 흙무더기가 많다는 이유로 "여드름 공원"이라는 별명을 붙여 주었던 곳에서 많은 시간을 함께 보내었다. 그와 비슷한 청소년들 사이에서 마약을 시작하게 되는 중요한 전환기다. 그는 그러한 환경에서 자신의 연령대에 있는 아이들에게 전도하는 방법을 배웠다. 그런 후에 그는 젊은 멕시칸 소년을 제자 양육 하였는데 그 소년이 멕시코로 가서 수백 명의 마약 복용자들에게 예수님을 전하였다. 내 아들이 고등학교를 졸업할 즈음에는 교회 집사들보다도 전도의 경험이 더 풍부하였다. 당신의 셀그룹 회원들의 십대 자녀들로 하여금 복음을 증거하도록 인도하라.

우리가 청소년 셀을 시작한 방법

우리가 청소년 셀그룹을 시작한 것은 아직 "셀을 가지고 있는 교회"에서 순수한 셀교회로 전환해 가고 있는 시기였다. 그 당시에 우리는 아직도 출석률이 낮은 주일 저녁 예배를 드리고 있었다. 교회에 오는 유일한 십대들은 내 아들과 다른 집사들의 아이들과 같이 출석을 강요당하는 일곱 명의 아이들뿐이었다. 그들은 맨 뒷좌석에 앉아서 껌을 씹으면서 지겨운 표정을 하고 있었다. 변화가 필요했다.

로랜스 콩(Lawrence Khong)이 사용한 유명한 정책을 따라서, 나는 문제를 해결할 프로그램을 모색하기보다는 리더를 찾았다. 그의 이름은 지미 도렐(Jimmy Dorrell)이었다. 그는 대학과 신학교를 나왔을 뿐 아니라 십대 아이들을 대상으로 사역할 때 아주 중요한 부분인 도시 물정에

밝은 사람이었다.

집은 그의 정책을 내게 설명해 주었다. 그것은 청소년들이 스스로 셀을 운영하고 어른은 그 뒷배경이 되어 준다는 것이었다. 아이들이 현재의 환경에서 벗어나 좋은 영향을 받을 수 있도록 하는 여러 차례의 수련회가 있을 것이다. 그는 주일 저녁 예배가 없어져야 한다고 말했다. 청소년들이 모임을 가질 수 있는 가장 좋은 시간이 주일 저녁 시간이었기 때문이다(나는 기꺼이 그렇게 했다).

각 청소년 셀그룹은 다음 페이지에 제시되어 있는 것과 같은 인쇄된 카드 수십 장을 그들의 학교에서 나누어 주는 전도 소그룹을 후원하였다. 또한 그들은 주일 오후 3시부터 모임이 시작되기 전까지 돌아다니면서 가게 앞과 수영장에서 차를 세우고 안에서 맥주를 마시고 있는 아이들을 모았다. 사역은 급속히 성장하였다. 하지만 그 사역에 동참하고 있는 그리스도인 아이들의 영적인 성장은 더욱 빨랐다. 주일 오후 모임 시간에는 아이들이 모임을 갖는 집 부엌에서 음식을 공급해 주는 어른을 제외하고는 어른들의 개입이 전혀 없었다.

청소년들이 청소년들을 전도했다. 전통주의 교회에서 목회하면서 나는 젊은이들을 위한 여러 종류의 "제자 훈련" 과정들이 생겼다 없어지는 것을 보았다. 나는 전도 소그룹 훈련과 사역 활동만큼 청소년들을 진정으로 성장시키는 과정을 본 적이 없었다.

가끔 일어날 수 있는 일이기는 하지만 하나의 성인 셀그룹 안에 세 명의 청소년이 있는 일은 드물다. 그런 경우가 혹 있으면 그들을 사용하여 특별한 전도 소그룹을 형성하라. 만약 셀그룹 안에 청소년이 한 명이나 두 명이면 당신의 회중에 속한 다른 가까운 셀그룹에서 한두 명을 합류시킨다. 이것은 또한 회중으로 하여금 청소년 셀들을 후원하도록 함으로써 이루어질 수 있다.

예수님을 영접하는 개인적인 결단을 내릴 수 있을 만큼 나이가 든 젊은이들은 모두 그들의 친구들에게 전도하는 복음의 증인이 되도록 하라. 자녀의 불신자 친구를 집에 초대하여 식사를 하면서 이것이 가족 모임의 일부분이 되도록 격려하라. 가족이 함께 말씀을 나누는 것으로 식사를 끝낼 때 당신의 자녀가 친구 앞에서 기도를 하도록 인도하라. 그

십대들만을 위한 모임에 당신을 초대합니다.
주제는 "부모님을 대하는 방법"
모임 인도자: 스트랫포드 고등학교 (Stratford High School) 3학년생
짐 스미스와 메리 마틴
모임 시간: 일요일 저녁 6시 30분
장소: 집에서 집으로 이동함
더 자세한 정보를 원하는 사람은 전화를 주세요.
짐: 435-6541
메리: 742-8894

아이들이 예수님에 관한 질문을 하면 대답해 주라. 그들을 위한 "뒤뜰 성경 클럽"을 만들어 그곳에서 일어나는 일에 당신의 자녀가 주요한 역할을 할 수 있도록 하라.

셀그룹이 아이들에게 끼칠 기쁨과 흥분과 지속적인 영향력을 감지할 수 있는가? 지금으로부터 십 년 후에 당신은 수고의 열매를 보게 될 것이다. 나는 그 순환 과정을 지나왔다. 그것은 매우 즐거운 일이다.

청소년 전도 소그룹을 개발하기 위하여 이와 유사한 초청장을 인쇄하여 휴스턴의 고등학교에 배포하였다. 이 활동을 통해 회심자를 얻은 셀

그룹들은 18개월 만에 100명의 아이들이 모이게 되었다.

지미 도렐이 청소년 셀그룹을 시작한 방법에 대한 더 자세한 내용

그는 내 아들과 집사 자녀들을 훈련하여 핵심 그룹이 되게 하였다. 하루는 그가 내게 와서 이렇게 말했다. "아마도 랜달(Randall)이 목사님께 와서 주일 저녁 셀그룹 활동을 조직하는 것을 도와달라는 요청을 할 것입니다. 그를 도와주지 말 것을 부탁드립니다." 아니나 다를까 랜달은 내게 부탁을 해왔고 나는 거절하였다. 그는 자신의 책상으로 돌아가서 활동뿐 아니라 그의 마음도 준비하였다. 그리고 다시는 그러한 부탁을 하지 않았다.

나는 셀이 자라는 것을 지켜보았다. 지미는 셀에 헬라어 알파벳에서 따온 이름을 붙여 주었고 알파벳이 모자라자 히브리어 알파벳까지 사용하였다. 청소년 셀을 통하여 많은 회심이 일어났다. 어떤 주일에는 20명이나 되는 청소년들이 공적인 신앙 고백을 하는 경우도 있었다. 18개월 만에 셀이 100명에 도달하게 되었을 때 우리가 셀교회로서 새로운 미개척지를 건넜음을 나는 알았다.

기도는 청소년들의 삶에서 중요한 부분이 되었다. 어느 화요일 아침에 나는 200명의 학생들이 그들의 부모와 친구들이 지닌 삶의 영적인 필요를 위하여 주님 앞에서 괴로워하며 기도하고 있는 새벽 기도 모임에 참석하였다.

청소년 셀들은 매우 유명해졌다. 그 결과 지미는 우리 지역의 고등학교 삼 학년 학생들로부터 삼 년 연속으로 졸업식에서 고별사를 낭독하

어린이들을 고통스럽게 할 것인가

도록 선출되었다.

수많은 극적인 일화들이 그 기간에 있었다. 낙태 수술을 받지 않은 소녀의 이야기며 마약을 복용하는 습관을 버리게 된 아이들의 이야기, 사역을 위한 주님의 부르심을 받고 훌륭한 직장에 대한 야망을 포기한 총명한 젊은이들의 이야기와 같은 것이다.

지미가 확립한 원리들은 중요하다.

1. 성인 지도자는 청소년들을 훈련시키기는 하지만 그들의 셀을 인도하지는 않는다.
2. 청소년들에게 수련회는 훈련 사역에 있어서 절대 필요한 부분이다.
3. 셀은 모두 같은 시간에 만나야 하며 모임 장소는 가능한 집에서 돌아가면서 모인다.
4. 모든 셀이 모임을 끝내는 시간에 모여서 오락을 하며 재미있는 시간을 자주 보내는 것은 매우 중요하다(나는 무더운 7월의 어느 주일에 눈싸움을 하기 위해 특수 트럭이 와서 2톤의 눈을 뿌리던 일을 절대 잊을 수 없을 것이다).

청소년 셀그룹은 당신의 셀교회 생활을 위해 매우 중요하다!

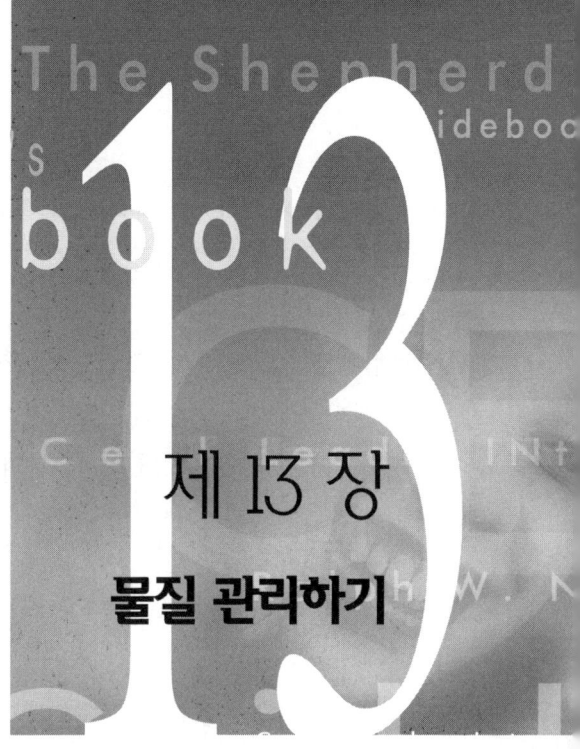

제 13 장

물질 관리하기

셀그룹 안에는 수입에 비해 지나치게 지출을 많이 해 가난에 시달리는 사람들이 많이 있다. 어떤 사람들은 많은 돈이 들어오는데 돈이 들어오는 대로 항상 원하는 곳에 바로 써버린다. 적은 무리의 사람들은 경제적으로 성공했는데 지나치게 인색해 소비하는 것보다 훨씬 많은 돈을 쌓아 둔다. 대부분의 그리스도인들은 그들이 검소하게 사는 것이 다른 사람들을 살리는 것임을 잘 모른다.

청지기 직분에 대한 올바른 성경적인 개념을 갖고 있는 그리스도인들은 많지 않다. 기껏해야 십일조를 성실하게 하고 난 후 나머지 수입의 90%는 원하는 곳에 마음껏 쓴다. 물질 관리에 관한 그리스도인의 올바른 가치관을 찾기란 쉽지 않지만 전통적인 교회에서 그 일을 어떻게 다루고 있는지 생각하면 그리 놀랄 일도 아니다. 전통적인 프로그램 중심 교회의 많은 부족한 점들 중에서도 청지기 직분에 대한 교육 커리큘럼이 너무나 열악하다.

십일조는 모든 그리스도인들이 지켜야 할 최소한의 기본 의무라고 자꾸 말한다. 세금을 내거나 매월 정기 요금을 수납하거나 그 어떤 것에 지출하기 전에 먼저 하나님은 그분의 몫을 맨 위의 가장 좋은 것으로 받게 된다. 그리고 여기서 "하나님"은 "지역 교회"를 의미한다. 교회의 십일조에 대한 가르침은 결국 스스로를 배부르게 하는 것이다.

나는 버지니아주 리치몬드시의 40개 교회의 재정을 조사한 적이 있다. 교회의 연간 수입이 백만 달러가 넘는 교회로부터 십만 달러가 안 되는 교회까지 다양했다. 내가 놀란 것은 어느 교회도 교인들을 교육하거나 훈련시키는 데 재정의 2% 이상 투자하지 않았다는 것이다. 대부분의 재정은 주일학교 교재를 구입하는 데 쓰여졌다. 교회 재정을 교회에 보고된 새신자들의 숫자로 나누어 보았을 때 한 명을 구원하는 데 드는 비용이 보통 $20,000에서 $80,000 정도였다.

그들은 돈을 어디에 쓰고 있었는가? 주로 10%는 대외적인 선교 사업에 보낸다. 그리고 나머지 90%는 자신들을 위해 소비한 것이다. 30~50%의 재정이 건물의 융자금을 갚는 데 쓰여졌고, 15%는 건물 유지비와 관리비로 쓰여졌으며, 나머지는 직분 맡은 자들의 임금으로 나갔다. 헌금에 관하여 40개 교회 모두에서 출입문 앞에 사람을 두어 한 달에 한 번 성만찬 예배가 끝날 때 소액의 헌금을 걷게 했다. 가난한 자에게 복음을 전하기는 틀린 것이다!

대부분의 교회가 선교지에 보내는 것보다 훨씬 많은 돈을 임대업자에게 준다는 사실을 알지 못하는 것 같다. 교회가 최대한으로 융자를 내고 있는데, 그와 똑같이 행하는 교인들에게 무슨 할 말이 있겠는가?

"하나님께서 그분의 돈을 이렇게 쓰고 싶어 하실까"라고 물어볼 사람이 있는가? 있다. 전통 교회에 대해 희망을 버린 사람들이 계속적으로 묻고 또 묻는다. 그러나 연간 재정을 늘리고자 하는 목사님들은 "특별(또 다시?) 헌금" 캠페인에 너무 바빠 이들에게 답변을 하지 못한다.

TV 설교자들은 지역 교회보다 더 많은 재정이 소요되기 때문에 $100를 헌금하는 사람마다 선물을 증정한다. 그들은 아마도 내쉬빌의 한 회사로부터 도매로 권당 $4 정도 하는 가족용 성경을 선물로 줄 것이다. 그것과 함께 매번 헌금을 할 때마다 물질의 축복을 약속하는 하늘나라라는 거대한 슬롯 머신을 제공한다. 그것을 증명하기 위해서 그들 자신이 거대한 저택에서 살고 롤렉스 시계를 차고 다닌다. 그들은 우리의 돈이 "복음을 전하는 데" 쓰여질 것이라고 말한다. 하나님이 그를 지시하시는 곳에 우리의 돈을 투자를 할 것이라고 한다. "복음을 전한다"는 명목으로 하나님의 돈을 빨아들이는 방법은 수만 가지가 있을 수 있다. 참으로 한심한 노릇이다!

초대교회는 하나님의 돈을 어떻게 썼는가?

우리가 신약성경을 객관적으로 연구할 때 하나님께서는 그분의 물질을 어떻게 쓰셨는지에 대한 확실한 방법을 발견할 수 있다. 이 방법이 잘 소개되지 않는 이유는 이것이 종교 단체들에게 미칠 수 있는 타격 때문이다.

1. 그들은 서로를 돌보았다.

> 믿는 사람이 다 함께 있어 모든 물건을 서로 통용하고 또 재산과
> 소유를 팔아 각 사람의 필요를 따라 나눠 주고(행 2:44~45)

> 믿는 무리가 한 마음과 한 뜻이 되어 모든 물건을 서로 통용하고
> 제 재물을 조금이라도 제 것이라 하는 이가 하나도 없더라 사도들
> 이 큰 권능으로 주 예수의 부활을 증거하니 무리가 큰 은혜를 얻어
> 그중에 핍절한 사람이 없으니 이는 밭과 집 있는 자는 팔아 그 판
> 것의 값을 가져다가 사도들의 발 앞에 두매 저희가 각 사람의 필요
> 를 따라 나눠줌이러라 구브로에서 난 레위족인이 있으니 이름은
> 요셉이라 사도들이 일컬어 바나바(번역하면 권위자)라 하니 그가
> 밭이 있으매 팔아 값을 가지고 사도들의 발 앞에 두니라(행
> 4:32~37)

초대교회 그리스도인들이 자신들의 돈을 어떻게 썼는지에 대한 실마
리를 주는 것이 바로 이 두 말씀들이다. 그들은 서로 도왔다! 그들이 어
떻게 했는지 잘 보라. 사도들이 그것을 지정해 주었다. 셀 원에게 직접
물질적인 도움을 주는 것은 좋지 못한 일이다. 익명으로 그리고 그리스
도의 몸을 통하여 도움을 주도록 해야지 개인이 직접 개인을 도와주는
것은 바람직하지 못하다.

셀교회로서 초대교회 목회자는 매월 마지막 주일에 셀 리더들을 한
자리에 모아 셀그룹들이 가지고 있는 필요를 토의했다. 그들은 먼저 교
회에 내야 할 모든 비용들을 지불했다. 그 다음에 그들은 경제적으로 핍
절한 사람들을 돕는 일에 그들이 가진 모든 돈을 사용했다. 오늘날로 말

하자면 이와 같은 셀 지도자 모임에서 교회와 교인들의 필요를 위하여 수만 달러에 해당하는 수표들이 발행됐다. 그러한 자금들은 셀 리더들이 심방을 통하여 조용히 전달되었다.

물론 어떤 사람들은 경제적인 도움을 받지 못하는 상황도 있었다. 경제적으로 도울 때와 현명한 조언을 해 주어야 할 때를 아는 것은 매우 중요하다. 돈을 취급할 줄 모르는 사람들은 경제적인 도움이 별로 도움을 주지 못한다.

2. 그들은 교회 개척자들을 후원했다.

빌립보 사람들아 너희도 알거니와 복음의 시초에 내가 마게도냐를 떠날 때에 주고 받는 내일에 참예한 교회가 너희 외에 아무도 없었느니라 데살로니가에 있을 때에도 너희가 한번 두번 나의 쓸 것을 보내었도다 내가 선물을 구함이 아니요 오직 너희에게 유익하도록 과실이 번성하기를 구함이라 내게는 모든 것이 있고 또 풍부한지라 에바브로디도 편에 너희의 준 것을 받으므로 내가 풍족하니 이는 받으실 만한 향기로운 제물이요 하나님을 기쁘시게 한 것이라(빌 4:15~18)

빌립보 교회와는 대조적으로 바울은 고린도 교회를 매우 신중하게 다루어야 했다. 교회 개척자들의 필요를 돕는 문제에 관한 상반된 견해가 여러 문제들 중의 하나였다.

누가 자비량 하고 병정을 다니겠느냐 누가 포도를 심고 그 실과를 먹지 않겠느냐 누가 양떼를 기르고 그 양떼의 젖을 먹지 않겠느냐

내가 사람의 예대로 이것을 말하느냐 율법도 이것을 말하지 아니하느냐 모세 율법에 곡식을 밟아 떠는 소에게 망을 씌우지 말라 기록하였으니 하나님께서 어찌 소들을 위하여 염려하심이냐 전혀 우리를 위하여 말씀하심이 아니냐 과연 우리를 위하여 기록된 것이니 밭 가는 자는 소망을 가지고 갈며 곡식 떠는 자는 함께 얻을 소망을 가지고 떠는 것이라 우리가 너희에게 신령한 것을 뿌렸은즉 너희 육신의 것을 거두기로 과하다 하겠느냐 다른 이들도 너희에게 이런 권을 가졌거든 하물며 우리일까 보냐 그러나 우리가 이 권을 쓰지 아니하고 범사에 참는 것은 그리스도의 복음에 아무 장애가 없게 하려 함이로라 성전의 일을 하는 이들은 성전에서 나는 것을 먹으며 제단을 모시는 이들은 제단과 함께 나누는 것을 너희가 알지 못하느냐 이와 같이 주께서도 복음 전하는 자들이 복음으로 말미암아 살리라 명하셨느니라(고전 9:7~14)

그들의 방법은 분명하다. 그들은 스스로의 문제를 돌보았고 그 다음 다른 도시에 복음을 전하는 것을 돌보았다. 오늘날의 많은 셀교회들은 지리적으로 규정되는 그리스도의 몸을 뛰어 넘는 형태의 교회를 이룬다. 싱가포르 신앙 공동체 침례교회는 세계 여러 나라에 교회 개척자들을 내보내었다. 그들은 그러한 외국에 나가 있는 목회자 팀을 선교사가 아니라 교회의 사역자 중 일부로 여긴다. 구역 목사들은 싱가포르와 이러한 외국의 여러 곳을 자주 왕래한다. 교회 생활의 모든 영역에서 이러한 형태가 적용된다.

셀그룹이 세계적 규모로 생각하도록 인도하라! 그들의 비전이 이웃으로 끝나지 않게 하라. 세계를 바라보게 해야 한다.

3. 그들은 새로운 사역을 후원했다.

> 내가 너희를 섬기기 위하여 다른 여러 교회에서 요를 받은 것이 탈
> 취한 것이라 또 내가 너희에게 있어 용도가 부족하되 아무에게도
> 누를 끼치지 아니함은 마게도냐에서 온 형제들이 나의 부족한 것
> 을 보충하였음이라 내가 모든 일에 너희에게 폐를 끼치지 않기 위
> 하여 스스로 조심하였거니와 또 조심하리라(고후 11:8~9)

돈을 바울에게로 가져왔다는 사실을 주목하라! 에바브로디도는 바울
에게 지원하는 돈을 전달하는 대리인 중에 한 명이었다. 그는 바울이 지
시한 대로 사역을 위해 로마에 남아 있었다. 그는 이 사역에 거의 죽기
까지 헌신되어 있었다. 바울은 빌립보에 보내는 편지에서 그에 대해 깊
은 애정을 표하고 있다.

당신의 교회도 이와 같이 하는 것은 아름다운 일이다. 경제적인 지원
금과 함께 전도 팀을 보내 보라. 당신의 돈뿐만 아니라 삶도 나누어라.
이런 지원 방법은 모두에게 축복을 줄 것이다.

4. 그들은 어려움을 겪을 때 자매 셀그룹들에 모였다.

> 그때에 선지자들이 예루살렘에서 안디옥에 이르니 그 중에 아가
> 보라 하는 한 사람이 일어나 성령으로 말하되 천하가 크게 흉년 들
> 리라 하더니 글라우디오 때에 그렇게 되니라 제자들이 각각 그 힘
> 대로 유대에 사는 형제들에게 부조를 보내기로 작정하고(행
> 11:27~29)

물질 관리하기

아시아의 많은 어린 교회들은 유대의 필요들에 대해 걱정을 하였다. 처음에 감옥에 갇혔고, 그 후에 예루살렘에서 추방을 당하고, 마침내 유대 지방의 곳곳으로 뿔뿔이 흩어진 그리스도인들을 돕기 위한 지원금을 거두었는데, 다른 여러 성경에서도 이 지원금에 대해 말해 주고 있다.

여기에서 하나님의 돈의 쓰임새를 주시하라. 여기서도 돈은 어려움에 빠져 있는 사람들의 필요를 위해 쓰여졌지, 고급스러운 교회 건물과 오르간을 위해 쓰이지 않았다.

> 그러나 이제는 내가 성도를 섬기는 일로 예루살렘에 가노니 이는 마게도냐와 아가야 사람들이 예루살렘 성도 중 가난한 자들을 위하여 기쁘게 얼마를 동정하였음이라 저희가 기뻐서 하였거니와 또한 저희는 그들에게 빚진 자니 만일 이방인들이 그들의 신령한 것을 나눠 가졌으면 육신의 것으로 그들을 섬기는 것이 마땅하니라(롬 15:25~27)

> 성도를 위하는 연보에 대하여는 내가 갈라디아 교회들에게 명한 것같이 너희도 그렇게 하라 매 주일 첫날에 너희 각 사람이 이를 얻은 대로 저축하여 두어서 내가 갈 때에 연보를 하지 않게 하라 내가 이를 때에 너희의 인정한 사람에게 편지를 주어 너희의 은혜를 예루살렘으로 가지고 가게 하리니 만일 나도 가는 것이 합당하면 저희가 나와 함께 가리라(고전 16:1~4)

반복되는 형태를 주목하라! 바울은 모금 운동을 하고 떠벌리고 싶지는 않았다. 내부에서 자연스럽게 되어야 했다. 고린도 교인들이 돈을 모아 전달해야 했다. 그들의 사랑과 격려는 가족들에게 전달될 돈만큼이나 중요했다.

> 형제들아 하나님께서 마게도냐 교회들에게 주신 은혜를 우리가 너희에게 알게 하노니 환난의 많은 시련 가운데서 저희 넘치는 기쁨과 극한 가난이 저희로 풍성한 연보를 넘치도록 하게 하였느니라 내가 증거하노니 저희가 힘대로 할 뿐 아니라 힘에 지나도록 자원하여 이 은혜와 성도 섬기는 일에 참여함에 대하여 우리에게 간절히 구하니 우리의 바라던 것뿐 아니라 저희가 먼저 자신을 주께 드리고 또 하나님 뜻을 좇아 우리에게 주었도다(고후 8:1~5)

바로 이것이다! 사도행전과 모든 복음서에 따르면 이것이 그들이 돈을 쓰는 방법이었다! 교회 건물을 짓거나 계약하는 일은 200년 전부터일 것이다. 두란노서원을 빌리는 언급이 사도행전 후반부에 나오는데 이 건물은 특별한 모임을 위하여 사용되었다. 대부분의 경우 초대 교인들은 그들의 집에 모임을 가졌다. 교회가 건물 중심으로 모여야 한다는 생각에서 벗어날 때 얼마나 저렴한 비용으로 운영될 수 있는지를 생각해 본 일이 있는가? 셀그룹과 전도 소그룹은 부동산을 필요로 하지 않는다. 매우 자주 학교 강당이나 호텔 회의실이나 심지어 교회 빌딩들까지도 회중 모임을 위하여 빌릴 수 있다. 전 세계의 셀교회들이 건물을 지을 목적으로 부동산을 소유할 경우 그것은 전체 교회가 가지는 축제 예배를 위한 강당이나 기도 모임으로 사용하거나 특별한 행사를 목적으로한다. 셀들이 계속 배가되어 큰 강당을 필요로 하게 될 때 교회는 건축비를 지불할 수 있을 만큼 커진다(본 서를 기록하는 현재 나는 모든 교회가 예외없이 이러한 상태에 있음을 안다).

하나님의 경제 계획은 무엇인가

이 질문에 충분한 답을 하려면 상당한 두께의 책을 써야 할 것이다. 다행스럽게도 이 문제에 대한 저술이 이루어졌고 나는 그것을 여기에서 추천하는 바다. 그 책은 잭 테일러(Jack R. Taylor)가 저술한 『하나님의 기적적인 경제 계획』(*God's Miraculous Plan of Economy*)이다. 이 책은 당신이 꼭 읽어야 할 책들 중 하나다.

이와 더불어 목장에서 토의할 만한 가치가 있는 생각들을 아래에 소개하겠다.

1. 우리는 제2의 수입원을 갖지 말아야 한다. 왜냐하면 하나님 한 분으로 충분하기 때문이다.

> 하나님이 능히 모든 은혜를 너희에게 넘치게 하시나니 이는 너희로 모든 일에 항상 모든 것이 넉넉하여 모든 착한 일을 넘치게 하게 하려 하심이라 기록한 바 저가 흩어 가난한 자들에게 주었으니 그의 의가 영원토록 있느니라 함과 같으니라 심는 자에게 씨와 먹을 양식을 주시는 이가 너희 심을 것을 주사 풍성하게 하시고 너희 의의 열매를 더하게 하시리니 너희가 모든 일에 부요하여 너그럽게 연보를 함은 저희로 우리로 말미암아 하나님께 감사하게 하는 것이라(고후 9:8~11)

우리 중에 너무나 많은 사람들이 "내 은행 계좌를 가지고 있는 한 우리는 하나님을 신뢰한다"라는 모토를 가지고 있다. 은행 예금과 투자가 나쁘다는 것은 아니다. 그것이 핵심이 아니라 하나님께서 당신의 필요를 채워 주시지 않을 경우 예금을 의지하려는 태도가 문제인 것이다.

2. 우리는 수입 전부를 책임져야지 10%를 드리는 사람들이 아니라는
   사실을 인식해야 한다.

> 오직 너희는 믿음과 말과 지식과 모든 간절함과 우리를 사랑하는
> 이 모든 일에 풍성한 것 같이 이 은혜에도 풍성하게 할지니라 내
> 가 명령으로 하는 말이 아니요 오직 다른 이들의 간절함을 가지고
> 너희의 사랑의 진실함을 증명코자 함이로라 우리 주 예수 그리스
> 도의 은혜를 너희가 알거니와 부요하신 자로서 너희를 위하여 가
> 난하게 되심은 그의 가난함을 인하여 너희로 부요케 하려 하심이
> 니라 이 일에 내가 뜻만 보이노니 이것은 너희에게 유익함이라 너
> 희가 일년 전에 행하기를 먼저 시작할 뿐 아니라 원하기도 하였은
> 즉 이제는 행하기를 성취할지니 마음에 원하던 것과 같이 성취하
> 되 있는 대로 하라 할 마음만 있으면 있는 대로 받으실 터이요 없
> 는 것을 받지 아니하시리라 이는 다른 사람들은 평안하게 하고 너
> 희는 곤고하게 하려는 것이 아니요 평균케 하려 함이니 이제 너희
> 의 유여한 것으로 저희 부족한 것을 보충함은 후에 저희 유여한 것
> 으로 너희 부족한 것을 보충하여 평균하게 하려 함이라 기록한 것
> 같이 많이 거둔 자도 남지 아니하였고 적게 거둔 자도 모자라지 아
> 니하였느니라(고후 8:7~15)

하나님의 가족인 형제 자매들이 불필요한 부를 누리는 삶을 선택하는
것을 보는 것은 참으로 슬픈 일이다. 그들이 주님의 일을 위하여 수만
달러를 들이고 또 그러한 사람으로 알려지는 삶을 사는 것이 영적인 것

은 아니다. 자신의 거대한 저택의 베란다에서 세상을 복음으로 변화시키는 책임을 이야기하는 것은 가치 체계에 있어서 모순된 일이다. 이것이 매우 개인적인 문제이긴 하지만 우리 모두는 이 문제에 있어서 민감해야 한다.

3. 우리는 선교 사역이 아니라 선교사들을 후원해야 한다.

> 사랑하는 자여 네가 무엇이든지 형제 곧 나그네 된 자들에게 행하는 것이 신실한 일이니 저희가 교회 앞에서 너의 사랑을 증거하였느니라 네가 하나님께 합당하게 저희를 전송하면 가하리로다 이는 저희가 주의 이름을 위하여 나가서 이방인에게 아무것도 받지 아니함이라 이러므로 우리가 이 같은 자들을 영접하는 것이 마땅하니 이는 우리로 진리를 위하여 함께 수고하는 자가 되게 하려 함이니라(요삼 1:5~8)

나는 미국 내에서 그리고 해외에서 선교사로 사역했다. 선교사들 속에서 함께 살았다. 선교사들 중에는 엄청난 차이가 있다. 당신이 선교지에서 그들을 직접 만나기 전까지는 그런 사실을 이해하지 못할 것이다. 솔직히 말해서 해외에서 가장 헌신된 하나님의 사람들을 만나 보았다. 그들은 박사학위를 소지하고서도 가장 원시적인 삶을 살고 있으며 그곳에 교회를 세우는 일에 자신들을 전폭적으로 퍼붓는 사람들이다. "그들을 희생시키기에는 그곳은 너무도 아까운 곳이다!" 그리고 슬프게도 어떤 선교사들은 게으르며 하나님의 사역에 매우 비생산적인 사람들도 있다.

선교회들 숫자만큼이나 수많은 선교 전략들이 있으며 그 결과들은 각

각 다르다. 어떤 선교 사역은 수년 내에 함께 일하는 팀을 형성한다. 어떤 선교는 병원, 신학교, 출판사, TV 방송국을 운영하며 거대한 빌딩을 짓고 피선교지의 지도자들에게 결코 그 사역을 넘겨주지 않는다. 그렇게 하는 이유로는 피선교지의 지도자들이 그러한 부동산을 위한 세금을 낼 여유가 없다고 말한다.

예를 들어 아시아의 한 선교 회의에서 회계를 맡은 사람이 참석한 선교사들에게 즐거운 표정으로 말하기를 그 해에 모국으로부터 받은 선교비를 절약하여 $900,000를 다시 모국의 선교 본부로 보냈다고 했다. 그 선교부가 반납된 자금을 사용하여 선교 후원금이 메마르게 되는 때를 대비하여(그 선교부에는 지금도 수천만 달러의 십일조와 헌금들이 들어오고 있다) 안전한 여유 자금을 마련하는 것을 정책으로 하고 있음을 알았기 때문에 나는 선교부가 반납된 비용을 어떻게 사용할 것인지를 점검하지 않은 채 "돈을 보내는 일"을 결코 하지 않겠다는 결심을 했다. 당신도 그렇게 하기를 권면한다.

어떤 선교회는 셀그룹을 교회 개척의 기본 단위로 세우는 것에 명백하게 초점을 맞추고 있다. 그러한 선교 단체들은 후원할 만한 가치가 있다. 당신의 교회가 다른 도시나 다른 나라로 확장되는 일에 헌신을 할 때 사도 바울의 사역을 후원했던 신약성경 시대의 형태가 재현된다. 그러나 수많은 돈을 들이기 전에 일이 어떻게 되어가고 있는지를 점검하기 위하여 교회가 사람을 보내는 데 비용을 사용하는 것이 필요하다. 그런 다음 주님의 인도하심을 따라 사역자을 확장시키기 위하여 사역자와 돈을 보내는 것이 필요하다(아마 당신도 그렇게 보냄을 받는 사람 중 하나가 될지 누가 알겠는가).

차고 넘치도록

어떤 사역이 진정으로 주님의 사역이라면 그 주님의 사역을 수행할 때 하나님은 언제나 필요 이상으로 넘치게 채워 주신다! "목사가 돈에 대하여 설교할" 때 화를 내는 사람은 돈 문제 말고도 다른 문제를 가지고 있는 사람들이다. 그들은 자기 중심적인 사람들로서 누구도 그들의 잘못된 청지기 직분을 길들이는 것을 원하지 않는다. 그러나 셀그룹 속에서 친밀한 관계성은 기관들을 후원하는 것보다는 사람들을 돕는 것을 강조하기 때문에 전통 교회들을 부끄럽게 할 만큼 엄청난 수준의 헌금이 드려진다. 신앙 공동체 침례교회의 사역에 동참한 것은 내 생애에서 가장 큰 축복 중 하나였다. 셀 원들이 드린 헌금은 모든 가정들이 십일조를 드린 액수와 맞먹는다!

이 영역에 있어서 당신 자신이 모델이 될 때에 목장에서 신약성경적인 청지기 직분을 담대하게 이야기할 수 있게 될 것이다.

셀그룹 목양

셀그룹 목양

제3부

셀그룹 목양

The Shepherd's
Guidebook

CELL

Cell Leader INtern

셀그룹 목양 Ralph W. Neighbour

셀그룹 모임은 여러 가지 형태를 취할 수 있다

- 애찬(4시간: 성만찬을 포함)

- 정규 모임(1시간 반)

- 주말 수양회

- 심야 기도

- 생일 파티

- 웃고 즐기기 파티

- 불신자 초청 모임(집에서 만든 아이스크림 먹기)

- 크리스마스 새벽송 돌기

- 해변이나 산에서 하루를 보내기

- 영적 전쟁 기도 모임

각기 이웃을 도우며 그 형제에게 이르기를 너는 담대하라 하고
(사 41:6)

제 14 장

셀그룹의 원리

서로 돌아보아 사랑과 선행을 격려하며 모이기를 폐하는 어떤 사
람들의 습관과 같이 하지 말고 오직 권하여 그 날이 가까움을 볼수
록 더욱 그리하자(히 10:24~25)

초대교회의 셀그룹을 가리키는 이 구절은 그들이 모였던 이유를 알려
준다. 그들의 모임은 상호 커뮤니케이션을 위한 것이었지 가르치기 위
한 것이 아니었다. 그들은 서로 "격려"했다. 오늘날 가장 큰 그리스도인
들의 병은 아마도 마음을 나누고 서로 교통하는 일의 결핍일 것이다. 셀
그룹에서는 이러한 나눔과 격려의 일을 최대한 많이 할 수 있는 배경을
만들어 준다.

사랑과 선행을 격려하며

서로를 격려하는 일은 세 단계다.

1. 서로에 대한 사랑을 증폭시킴.
   참 사랑은 행사가 아니라 하나의 과정이다. 사랑이 뿌리깊어지기
   위해서는 계속적으로 모임을 갖는 것이 중요하다.
2. 모일 때마다 셀그룹 원들의 "선행"이 많아져야 한다.
   "선행"으로 맺어진 관계들을 통해 복음을 전하는 것은 신약 교회를
   몇 주 안 되어서 3,000명에서 10,000명으로 불어나게 만들었다! 절
   대로 잊지 말아야 할 것은 우리 모두가 사역자이고 모든 셀그룹에
   서는 그리스도인 셀 원들로 하여금 불신자들의 필요를 채우는 일에
   모두 참여시켜야 한다는 사실이다.

   오직 권하여 그 날이 가까움을 볼수록 더욱 그리하자

3. 서로를 권함.
   시대의 종말이 다가옴에 따라 인생의 위기의 때에 자기 말을 들어
   주고, 사랑해 주며, 함께 있어 줄 사람들이 더욱 중요해진다! 이 말
   은 셀그룹의 중요성을 더욱 자극시켜 준다.

셀그룹은 4 단계를 거친다

셀그룹이 형성되어 감에 따라 다음의 4단계를 거치게 될 것이다.

1. 친숙해져 가는 단계

당신은 "우리가 처음 만났을 때와는 전혀 다릅니다!"라는 말을 들었다. 이것은 흔히 있을 수 있는 일이다. 첫 인상은 다른 사람들과 과거의 관계에 기초한다. 셀그룹 회원들이 서로에 대한 잘못된 인상을 씻기 위해서는 두세 번의 셀그룹 모임 시간을 가져야 한다(오랜 시간 동안 서로에게 집중할 수 있는 "영성 개발 수련회"를 개최함으로써 이 과정을 단축할 수도 있다).

2. 갈등의 단계

셀 원들이 서로에 대해 알아가면서 가치관들이 대립할 것이다. 어떤 사람은 말을 너무 많이 해서 그의 독점 때문에 셀 원들이 화를 낼 수도 있을 것이다. 어떤 사람은 감각이 너무 무디고 또 다른 사람은 너무 예민할 수도 있을 것이다. 4~5회 모임을 갖고 난 뒤부터는 이런 문제가 셀그룹 토의 시간에 대두될 것이다. "사포질" 효과가 발생할 것이다. 그렇게 되면 사람들은 서로의 차이점들을 인정하고 그것에 대처할 만큼 서로를 신뢰하게 된다.

이번이 당신에게 처음으로 소그룹을 경험하는 것이라면 갈등의 단계가 조금은 무섭게 느껴질 수도 있을 것이다. 그러나 두려워하지 말라! 셀 원들이 깊이 나눌 수 있도록 부드럽게 셀그룹을 인도하라. 셀 원들은 기필코 그들의 차이점들을 극복할 것이다. 그 결과는 극적이다! 처음으로 그룹의 정체성이 형성되고 셀그룹에 대한 헌신들이 생길 것이다.

3. 공동체 단계

갈등의 단계가 지나면 셀 원들이 특별한 방법으로 서로에게 적응해 가는 가치 있는 시기가 온다. 그것은 풍요의 시기일 뿐 아니라 또한 위험의 순간이다! 셀그룹에서 가치 있는 관계성들이 형성되었기 때문에 외부의 방해를 받지 않고 스스로 폐쇄적이 되려는 경향이 생길 수 있다. 이것을 통제하지 않는다면 셀그룹은 추하고 이기적인 괴물로 바뀔 것이다.

4. 다른 사람들에게 사역하는 단계

첫 번째 모임 때 셀그룹의 목적은 셀 원들이 다른 사람들을 도울 수 있도록 힘을 주는 데 있다는 것을 강조하라. 처음부터 모든 셀 원들이 심방 팀에 가입하도록 권해야 할 것이다. 그러나 셀그룹이 이 4단계에 이르기 전까지는 다른 사람들에게 사역할 준비를 갖추지 못할 셀 원들도 있다. 셀그룹이 3단계에 이르자마자 모든 셀 원들에게 서로를 돌봄과 서로의 필요를 채우는 일의 중요성을 강조하라.

셀그룹의 수명은 6개월

소그룹에 대한 오랜 경험을 통해 나는 특정한 시간이 지난 뒤에 그룹은 침체된다는 사실을 확인했다. 사람들은 6개월 동안 서로에게서 배운다. 그 후엔 그냥 함께 "흘러간다." 이런 이유로 인해 모든 셀그룹은 6~9개월 후에는 자동적으로 배가하거나 구조 조정된다.

셀그룹을 섬기는 종으로서 당신은 계속적으로 예비 목자를 훈련해 내야 한다. 셀그룹 리더로서 당신이 셀에 기여할 수 있는 가장 큰 공헌은 두 개의 셀로 배가시키는 것이다.

이것을 목표로 삼고 셀그룹이 자녀 셀그룹을 "낳을" 수 있도록 노력하라. 이것이 가능해질 때가 되면 예비 목자가 자녀 셀그룹의 목자가 될 수 있을 만큼 훈련되어 있을 것이다.

셀그룹의 주기는 10주

바다의 조류에 만조와 간조가 있듯이 인생에도 주기가 있다는 것을 느껴본 적이 있는가? 하나님은 해변을 주기적으로 씻어내어 썩지 않게 하신다. 그와 마찬가지로 당신의 작은 셀에도 활동의 주기가 있다.

때때로 그 주기를 깨라. "사랑의 만찬"인 초대교회의 아가페 식사를 개최해 모임 시간을 길게(4시간) 가져 보라. 여기에는 온 가족들이 모이는 크리스마스 저녁 식사 같은 즐거운 분위기가 있어야 한다. 몇 사람은 부엌에서 음식을 준비하고 어떤 사람들은 아이들과 놀고 있는 그런 분위기여야 한다. 모두들 자리에 앉으면(아마도 2개의 상이 필요할 것이다) 이 식사의 첫 순서는 주기도문이다. 찬양이 이어지고 그 뒤엔 예수님의 십자가 고난에 대한 성경말씀이 읽혀진다. 한 덩이의 떡을 돌려 가며 모든 사람이 한 조각씩 떼게 된다. 기도로써 예배를 드리는 시간이 이어진다. 어린이들도 기도 시간에 동참하도록 권면하라. 그리고 나서 음식을 먹는다. 이 식사 예식은 일상적인 식사 시간의 대화 내용에 영향을 주었을 것이다.

식사가 끝날 때에는 말씀을 또 읽고 포도주 잔을 감사하는 감사 기도가 이어진다. 모든 사람이 이 잔에서 차례대로 마신다(감기 환자들에겐 다른 잔을 주도록 한다). 찬양의 시간이 이어진다.

이것이 끝나면 그룹 놀이 시간을 같이 가지라. 1킬로 정도 산책을 하거나 어른과 어린이들이 서로 즐길 수 있는 일이라면 무엇이든지 좋다. 이후에 어린이들은 한 명의 어른과 따로 성경공부를 할 수 있는 특별한 시간을 갖게 하고 셀 원들은 함께 나눔의 시간을 가지라.

아가페 만찬은 셀 원들이 원하는 만큼 자주 가지라. 만찬을 준비하는 것은 당연히 손이 많이 가는 일이기 때문에 준비하는 사람들과 상의해서 하라. 아가페 만찬은 정규 주중 셀 모임이 개최되지 않더라도 정규 모임에 우선한다.

셀그룹 주기의 설명

다음 그림은 셀 그룹의 전형적인 10주 주기를 보여 준다. 각 기둥에서 검은 부분은 서로 알아가기 시간인 90분짜리 "친숙해지기" 활동이 차지해야 할 비중을 표시한다.

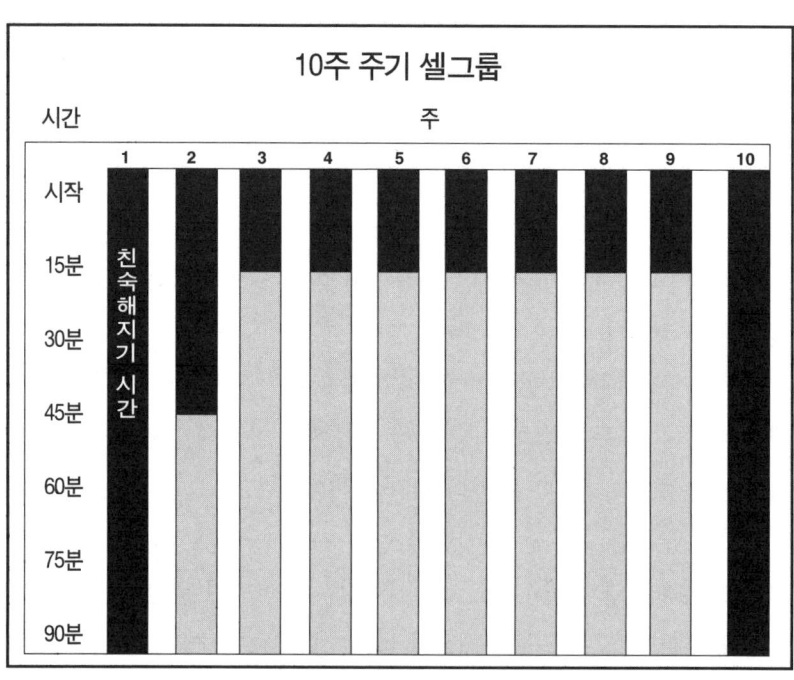

친숙해져 가는 일에 모임 시간 전체를 할애한다는 것을 주목하라(이 때 퀘이커교도들의 질문을 사용하는 것이 적격이다).

두 번째 모임에서는 모임 시간의 반을 서로를 알아가는 데 사용한다. 세 번째부터 아홉 번째 모임까지는 친숙해지기 활동이 10~15분을 차지한다. 열 번째 모임은 교제를 하며 함께 놀 수 있는 시간을 갖는 "웃고 즐기기 파티"다. 이 시간은 상호 교류가 없는 연극 관람하기 같은 형태를 취해선 안 된다. 실내에서 하는 단체 게임이나 야영 캠핑 또는 같이 외식하러 나가는 그런 분위기여야 한다.

"친숙해지기" 활동을 하는 이유는 무엇인가? 사람들이 야구팀과 비슷하다는 것을 당신은 경험을 통해 알게 될 것이다. 경기를 하기 전에 몸을 푸는 "워밍업"을 해야 한다! "워밍업" 없이 바로 학습에 들어가면 문제들이 생길 것이다("친숙해지기"에 관하여는 나중에 더 다루기로 한다).

셀그룹에 대한 보다 중요한 정보

1. 커뮤니케이션은 여러 수준에서 진행된다.
2. 영적 성장은 개인 면담보다는 그룹에서 더 잘 이루어진다.
3. 저변에 깔려 있는 요인을 전혀 인식하지 못한 채 행동에 변화가 올 수 있다.
4. 효과적인 그룹은 절대로 양자 택일의 "대화" 그룹 또는 "실천" 그룹으로 분류되는 것이 아니라 두 가지 모두의 조화인 것이다.
5. 지도력이 매우 중요하긴 하지만 셀을 "관리"하는 목자들은 그것을 숨긴다. 그 이유 때문에 "리더"라는 말보다는 "사회자"(모임을 진

행시키는 사람)라는 말을 셀그룹을 섬기는 종에게 붙인다.

셀그룹에서 상호 교류하는 방법

1. 세 명씩 짝을 짓기

세 명씩 짝을 짓는 것은 그룹으로서는 가장 작은 규모다. 큰 셀그룹을 세 명씩 짝지어 나누는 것은 최소 시간으로 최대의 나눔을 갖기 위함이다. 세 명이 짝이 되어 하는 활동 시간이 끝나면 각 팀은 전체 모임에서 보고를 하게 되고 토의가 시작된다. 이와 같은 형태는 기도 시간에도 활용되어 여러 팀으로 나누어 서로 다른 기도제목에 집중하게 할 수 있다. 깊이 있는 나눔이 이루어지기 원할 때는 언제나 세 명씩 짝을 짓는다.

2. 역할극을 이용하기
셀 원들에게 각기 다른 역할을 주어 특정한 생각, 이야기 또는 원리를 표현하게 하라.

3. 피드백을 이용하기
셀그룹 모임은 현저하게 두세 사람에게 집중될 수가 있다. 그들은 특별한 필요나 특별한 문제를 안고 있을 것이다. 이것들이 토론의 구심점이 되어버린다. 셀그룹에서는 이 필요를 충족시켜 주거나 그것으로부터

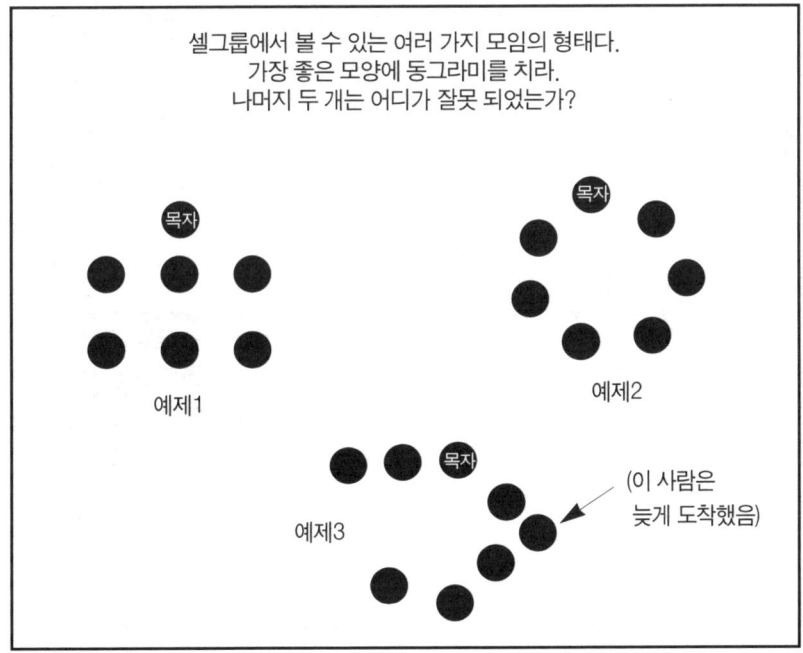

셀그룹에서 볼 수 있는 여러 가지 모임의 형태다.
가장 좋은 모양에 동그라미를 치라.
나머지 두 개는 어디가 잘못 되었는가?

목자

예제1

목자

예제2

목자

예제3

(이 사람은 늦게 도착했음)

교훈을 얻기 위해 많은 노력을 할 것이다. 그러나 이같이 몇 개의 한정된 문제들에만 집중할 때 다른 사람들의 필요들은 무시될 수 있다.

이런 일이 벌어질 때 당신은 다음과 같이 부드럽게 말할 필요가 있을 것이다. "우리는 지난 15분 동안 특별히 짐과 메리의 이야기를 했습니다. 다른 분들은 어떤 생각을 하고 계신지 궁금하군요. 계속되던 주제를 잠깐 멈추고 한 사람씩 자기 생각을 나누기로 합시다." 이렇게 함으로써 다시 셀그룹의 분위기를 모을 수 있다.

주변 환경도 중요하다!

다음 환경들은 셀그룹을 해친다.

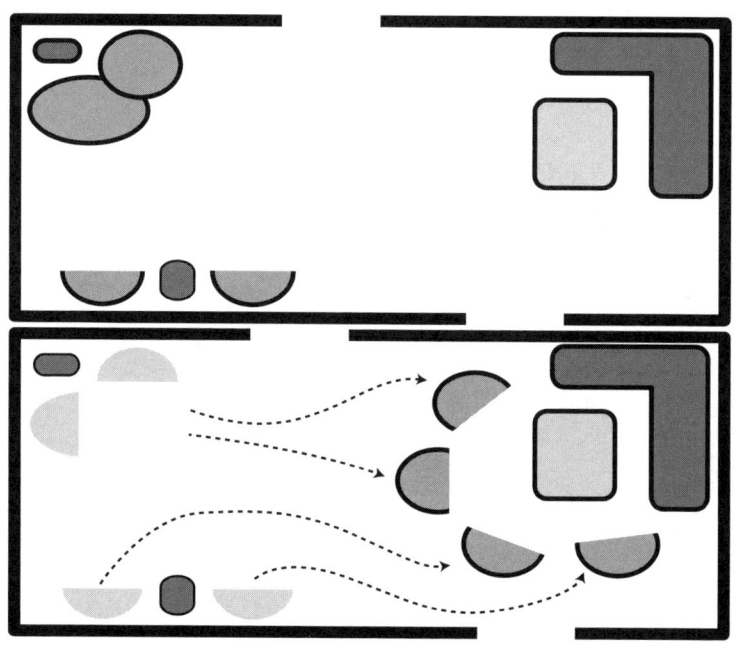

1. 셀그룹 원들이 서로 너무 멀리 떨어져 앉아 있다(첫 번째 그림). 의자를 가까이 옮기라(두 번째 그림).
2. 오리 새끼가 줄지어 가듯 사람들이 일 열로 앉아서 서로를 보지 못한다.
3. 둥글게 앉지 않고 다른 사람의 뒤에 앉아 있는 사람들이 있다.
4. 10분마다 전화벨이 울린다(전화선을 빼놓을 것).
5. 셀그룹을 방해하는 애완용 개나 고양이가 있다.
6. 모임을 방해하거나 시끄럽게 우는 아기가 있다.
7. 방 중앙의 테이블 위에 커다란 꽃병이 있다.
8. 과다하게 큰 소음을 내는 에어컨 소리나 라디오 소음이 들린다.
9. 어떤 사람들은 의자에 앉아 있고, 어떤 사람들은 바닥에 앉아 있다.
   (한 가지 방법으로 통일하라!)

멍하게 있음   정신이 혼미함

비언어적 신호들

실례:
1. 지루함 - 손을 턱에 갖다댐
2. 팔짱을 낌 - 방어적인 자세
3. 손으로 얼굴을 가림 - 창피함이나 부끄러움의 표현
4. 얼굴에는 커다란 미소와 함께 얼음과 같이 차가운 말을 함
5. 눈물이 쏟아지고, 땀을 흘리며, 얼굴이 붉어짐 - 불안한 증상

그룹이 돌아가는 원리를 이해해 나가는 것은 하나의 과정이다. 항상 배우고자 하는 정신을 유지하고 사람들과 환경에 대한 민감성을 가지고 더욱 능력 있는 셀그룹 리더가 되도록 노력하라.

책보다 셀그룹에서 더 많은 것을 배운다

셀그룹이 돌아가는 원리를 이해하는 가장 좋은 방법은 그 속에 들어가 보는 것이다. 소그룹에 대해 잘 쓰여진 책들이 많이 있지만 정보를 얻기 위해서는 소그룹 자체가 가장 좋은 곳이다(몇 달이 지난 뒤에 당신은 이 말에 동의하게 될 것이다).

셀그룹에서 커뮤니케이션의 형태

다음은 한 개의 셀그룹에 몇 개의 커뮤니케이션 선이 있는지 계산하는 공식이다.

N은 셀그룹 사람의 수이고, CL은 커뮤니케이션 선이다.

$$(N \times N) - N = CL$$

몇 가지 예를 보이겠다.

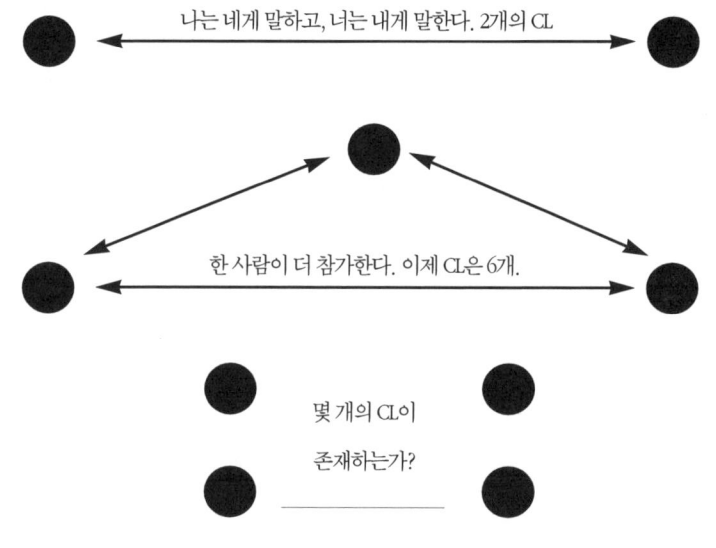

나는 네게 말하고, 너는 내게 말한다. 2개의 CL

한 사람이 더 참가한다. 이제 CL은 6개.

몇 개의 CL이

존재하는가?

_____

이제 공식을 활용해 보자

10명이 있으면 CL은 몇 개인가? _____

15명이 있으면 CL은 몇 개인가? _____

왜 셀그룹이 15명 이상 넘어가면 나눔과 진정한 커뮤니케이션이

힘들어지는지 당신은 이제 알았을 것이다.

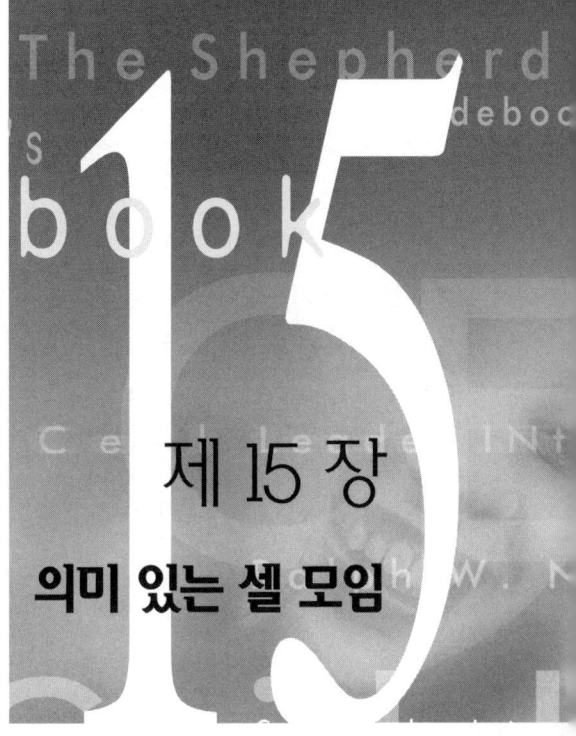

The Shepherd's
Guidebook

제 15 장
의미 있는 셀 모임

227

셀그룹은 그 속에서 진정한 그리스도인의 교제가 이루어질 때 의미가 있다. 이 교제는 모임에 참여한 불신자들에게 복음을 전하는 역할을 한다. 너무도 자주 우리가 본으로 제시해야 할 기독교의 메시지를 말로만 가르친다!

다음과 같은 것은 진정한 그리스도인의 교제가 아니다:

- 혼자 공부하거나 기도하기
- 다른 그리스도인과 함께 앉아 커피와 도넛을 먹기

진정한 그리스도인의 교제는 그리스도께서 우리의 삶에서 영적인 영역들을 서로에게 열어 주시도록 우리가 허용할 때 가능하다. 우리가 그분의 빛 가운데 있음이 결과로 드러나는 것은 그분의 빛 가운데 있는 다른 사람들과 교제하게 되는 것이다. 그리스도가 교제의 기본이 되는 원동력이다! 그가 빠진다면 교제는 결코 이루어지지 않는다! 그리고 우리가 자신을 모임 중에 있는 불신자들 위에 둔다면 그것은 우리와 그들 사이에 쐐기를 박는 행위가 되는 것이다!

저가 빛 가운데 계신 것같이 우리도 빛 가운데 행하면 우리가 서로 사귐이 있고 그 아들 예수의 피가 우리를 모든 죄에서 깨끗하게 하실 것이요(요일 1:7)

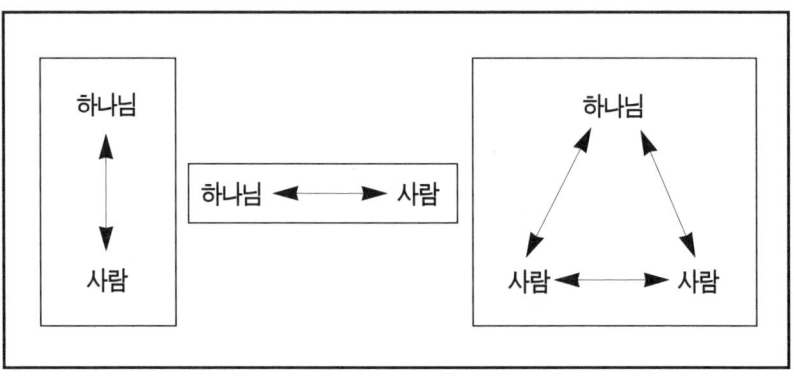

교제는 이미 하나님과 동행하고 있는 두 명 이상의 신자가 만났을 때 생기는 삼각형의 관계다. 그들 안에 들어와 계신 그리스도께서 그룹 안에서 특별한 신뢰의 요소를 만드신다. 이 교제는 복음의 강력한 증거가 되는 것이다. 일 대 일 전도는 그리스도인의 생활 양식에서 이와 같은 측면을 보여 줄 수 없다. 이것이 예수님께서 그분의 사역을 위해 제자들을 보내실 때 짝지어 보내신 이유다. 실제적으로 그리스도인이 혼자 사역하러 간 것을 보게 되는 경우는 깊은 확신이 생겼을 경우일 뿐이었다. 빌립과 관원 그리고 베드로와 고넬료의 경우가 그러했다.

성공적인 그리스도인 교제를 만드는 열쇠

1. 하나님의 말씀에 순종과 적용

그리스도께서는 그분의 말에 거하면 우리가 참 그분의 제자가 된다고 말씀하셨다(요 8:31). 교제란 공통점을 갖고 있다라는 뜻이다. 이런 가치, 생각, 행동 그리고 태도들의 공통적인 기반은 하나님의 말씀이다. 우리는 하나님의 말씀을 삶에 적용하는 것과 절대 권위로서 하나님의 말씀에 순종하는 것을 통해서만 하나님이 원하시는 사람이 될 수 있다(벧후 1:4).

만약 당신 셀그룹 안에서의 교제가 얕고 대화가 피상적이라 느껴진다면, 아마도 하나님의 말씀이 중심에 있지 못하기 때문일 것이다. 셀그룹이 의미 있는 교제를 경험하려면 셀 원들의 삶이 하나님의 말씀이라는 여과 장치로 걸러져야 할 것이다. 하나님의 말씀을 적용하는 것은 교제를 깊이 있게 만들고 영적인 불을 밝혀 준다(시 119:105).

그리스도인으로서 우리는 말씀을 공부하기 위해 자주 만난다. 셀그룹에서는 성경공부를 하지는 않을 것이다. 그 대신에 우리의 만남은 수년 동안 공부한 것을 사용하여 말씀대로 살 수 있도록 하기 위한 것이 될 것이다. 말씀을 인용할 때 성경을 펴서 찾기보다 머릿속에 암기한 것을 암송할 때가 더 많을 것이다. 그럼에도 불구하고 기록된 성경말씀이 여전히 중심이 될 것이다. 예수님은 말씀하셨다.

그러므로 예수께서 자기를 믿은 유대인들에게 이르시되 너희가
내 말에 거하면 참 내 제자가 되고 진리를 알지니 진리가 너희를
자유케 하리라(요 8:31~32)

하나님의 말씀을 적용하고 순종하는 것이 의미 있는 셀그룹 생활과
진정한 그리스도인의 교제를 위한 기초가 될 것이다.

2. 모든 셀 원들에 대한 무조건적인 용납

요한복음 17장 21~23절에서 예수님은 우리 모두가 그 안에서 하나가
되기를 기도하셨다. 편애와 편견을 보이는 태도는 용납될 수 없다. 무조
건적인 받아들임은 두 명이나 그 이상의 사람들이 그리스도 안에서 하
나가 될 수 있도록 영적인 활력을 불어넣어 준다.

우리가 있는 곳에서 서로를 받아들이는 무조건적인 헌신을 해야 한
다. 그 다음에 함께 지내는 것과 사랑을 발전시키는 것을 터득해야 한
다. 예수님은 내가 너희를 사랑한 것 같이 너희도 서로 사랑하라고 명령
하신다(요 13:34). 우리가 그를 실망시킬 때, 실패했을 때, 그에게 죄를
지을 때 예수님께서는 우리와 교제를 끊으시는가? 아니면, 계속적으로
우리를 사랑하시고, 함께 일하시며, 그분의 사랑으로 우리를 더 가까이
이끄시는가? 그분은 우리 삶의 죄악들을 기뻐하지 않으시지만, 그것들
때문에 우리를 거절하지는 않으신다.

우리가 무조건적으로 서로를 용납하는 것은 예수님이 "우리를 사랑한
것같이 사랑하는 것"이다. 그것은 우리가 죄를 무시하고 눈감아 준다는
말이 아니다. 그것은 다른 사람이 우리에게 죄를 짓고 공격을 하더라도
그 사람을 사랑하여, 그를 멀리 밀쳐 버리는 것이 아닌 사랑으로 그 사
람을 더욱 우리에게 가까이 이끌 수 있다는 것이다. 그것은 우리가 예수

님을 더욱 닮아 가게 하는 수용과 용납에 기초한 사랑의 관계인 것이다. 그것이 하나님이 우리를 다루시는 방법이 아닌가?

이것은 죄를 짓는 사람을 거절하거나 판단하거나 혹은 조롱하지 않을 사람들이 있다는 뜻이다. 셀그룹은 예수님 닮아 가는 순례를 돕고 수용하며 격려해 줄 것이다. 죄를 당한 사람에게는 자기 안에 계신 그리스도의 초자연적인 생명으로부터 공급을 받아야 그리스도가 하신 것처럼 할 수 있다는 뜻이다(갈 2:20).

3. 모든 셀 원에 대한 절대적인 용서

이것은 하나님이 심으시는 곳이면 어디에든지 심겨져 성장한다는 셀 원들의 헌신을 뜻한다. 셀 원들은 머지않아 같이 지내고 있는 사람들에게 돌처럼 부딪쳐서 둥글게 만드는 특성이 있다는 사실을 발견하게 될 것이다. 셀 원들은 충격을 받거나 잘못되어 다치는 경우도 있을 수 있다. 셀 원들이 계속 같이 있을 이유가 어디에 있는가?

> 서로 인자하게 하며 불쌍히 여기며 서로 용서하기를 하나님이 그리스도 안에서 너희를 용서하심과 같이 하라(엡 4:32)

사도 베드로는 용서에 대한 질문이 생겼고 주님께 다음 질문을 하였다. "그때에 베드로가 나아와 가로되 주여 형제가 내게 죄를 범하면 몇 번이나 용서하여 주리이까 일곱 번까지 하오리이까"(마 18:21). 예수님의 대답은 베드로의 관점을 바꾸었다. "예수께서 가라사대 네게 이르노니 일곱 번뿐 아니라 일흔 번씩 일곱 번이라도 할지니라"(22절).

화평케 하는 자는 복이 있나니 저희가 하나님의 아들이라 일컬음
을 받을 것임이요(마 5:9)

4. 순수한 지원과 완전한 비밀 보장

의미 있는 셀그룹이라면 모든 셀 원들에게 안정성과 지원을 제공할
것이다. 이것은 정직한 나눔과 완전한 비밀 보장을 필요로 한다. 셀그룹
에서 나누어진 모든 것들은 특별하게 취급되어야 한다. 모든 셀 원들이
이와 같은 방법으로 나누어진 것들을 보호해야 한다.

스트레스로 가득찬 사람들이 인생의 외줄 타기를 할 때 다른 사람들
은 안전 네트를 잡아 줌으로써 안전을 제공해야 하는 것이다. 이와 같은
일이 삶 가운데 일어나기 위해선 당신도 다른 사람을 위해 네트를 잡아
줄 수 있어야 한다. 셀그룹 회원들이 감당해야 하는 것은 자신의 외줄을
타는 것만이 아니라 다른 사람들을 위해 네트를 잡아 줘야 하는 것이다.
성경은 이렇게 말하고 있다.

너희가 짐을 서로 지라 그리하여 그리스도의 법을 성취하라(갈
6:2)

이것은 "일등만 되어야 한다! 너와 너의 것만 돌보라!"고 이야기하는
사회에서 실행하기가 쉽지 않다. 하나님께서는 다른 사람들의 필요를
돌보라고 구체적으로 말씀하신다(빌 2:3~4).

이와 같은 관심과 지원들이 이루어지려면 우리는 먼저 자신의 상처,
문제들 그리고 필요를 서로 나눌 수 있어야 한다. 그 후에야 우리는 격
려와 성장을 가져다주는 진정한 사랑과 지원을 줄 수 있다. 이것은 우
리가 수동적인 청취자들만 되어서는 안 된다는 뜻이다. 오히려 우리는

적극적인 영적 참가자가 되어 상황을 직면하고 기도로 짐을 져야 한다.

사랑한다는 것은 필요를 만족시키고 짐을 진다는 뜻이다. 앞서서 필요를 안고 있는 사람의 경우에서 강조했듯이, 우리는 한 손으로 확고한 하나님의 말씀을 잡는 한편 다른 손을 활짝 내밀어 사람들을 안전한 하나님의 진리로 끌어낼 수 있어야 한다. 손이 닿을 만큼 가까이 가지 않아도 도울 수 없지만, 하나님의 말씀을 확고히 쥐고 있지 않으면 역시 도울 수 없다. 예수님은 우리가 인생의 집을 지을 단단한 반석이 하나님의 말씀이라고 가르치신다(마 7:24-25).

셀그룹의 숨겨진 의제(agenda)

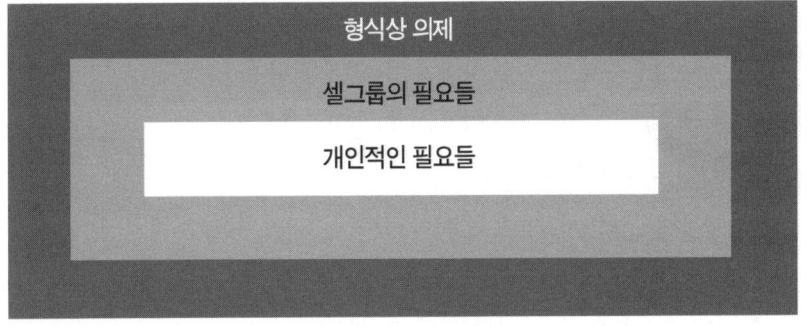

당신은 목자로서 셀 원들의 필요를 알아야 할 특별한 위치에 있는 것이다. 이 특권과 함께 책임이 따라온다.

달수가 지나가면서 셀 모임에는 숨겨진 의제들이 존재할 것이다. 그 존재를 완전히 인지하기 위해선 시간이 좀 필요할 것이다. 경험이 더해감에 따라 당신은 무의식적으로 인지하게 되고 그것들에 반응할 것이다.

1 단계: 형식상 의제

(명시된 의제)

2 단계: 셀그룹의 필요들

(숨겨진 의제)

3 단계: 개인적인 필요들

(숨겨진 의제)

사례: "왜 나쁜 사람들에게 좋은 일이 일어나고 좋은 사람들에게 나쁜 일이 일어나는가?"를 토의하고 있다. 이것은 셀그룹 모임에서 명시된 의제이다. 이 주제는 두 가지의 숨은 의제를 다루고 있다.

1. 개인적인 필요들

첫 번째는 셀그룹 내에서 이야기하지 않는 많은 개인적인 필요들이다. 당신은 모르고 있지만, 셀그룹 안에 비밀스런 죄를 짓고 있는 사람이 있다. 이 사람은 죄책감과 무가치함 그리고 나쁜 사람이란 느낌을 가지고 있다. 토의 시간에 이 사람이 하는 말속엔 분노와 적대감이 섞여 있을 수 있다. 이런 특이한 현상들은 당신으로 하여금 그와 개인적인 시간을 갖게 하기 위한 신호가 되어야 한다. 당신의 민감성이 진정한 의제를 이끌어 낼 것이고 이 사람의 삶에 결정적인 사역을 할 수 있을 것이다.

또 다른 사람은 다른 방법으로 반응한다. 이 사람의 숨겨진 의제는 신앙심이 두터운 어머니가 불치병으로 고통스럽게 돌아가신 장면을 본 것이었다. 좋은 사람들에게 나쁜 일이 생기는가? 어떻게 그런 일이 있을 수 있는가? 왜 이 어머니는 이타적인 인생을 살고 나서 그런 비참한 결말을 겪어야 했는가? 이 사람에 대한 사역의 방향은 완전히 다르다.

2. 셀그룹의 필요들

셀그룹이 계속 만남에 따라 특별한 필요들이 생길 것이다. 한 사람이 토의를 독점하면, 셀그룹은 그 사람에게 분노를 느낄 수도 있을 것이다. 이러한 숨겨진 의제는 당신에게 신호가 된다. 셀 리더인 당신이 토의 독점 문제를 다루지 않으면 셀그룹 자체가 그것을 다룰 것이다! 때때로 그룹은 그런 사람들을 다치게 할 수 있다. 셀그룹의 필요들에 대한 민감성을 갖고 이런 문제를 개인적으로 다루는 편이 낫다.

독점자의 경우에는 일 대 일로 해결하는 것이 가장 좋다. 그 사람은 자기가 셀그룹을 얼마나 독점했는지 알지 못했을 수 있고 혹시 그것을 지적한다면 고치도록 노력할 것이다. 사랑으로 그와 같은 사람을 대면하는 것이 문제를 해결하는 일반적인 방법이 아닐 수도 있지만, 그래야 한다면 지역 리더에게 도움을 구할 수도 있을 것이다.

셀그룹이 직면할 수 있는 또 다른 숨은 의제들은 여러 명의 셀 원들이 동시에 같은 문제를 겪게 되는 것이다. 그것은 실직, 질병, 슬픔 등이다. 이와 같은 특별한 때에는 셀그룹 전체가 특별한 필요를 가진 그들에게 사역할 수 있을 것이다.

양육이 우리의 목표다

셀그룹을 성령의 가장 깊은 곳으로 이끌어 가는 것은 모임을 전혀 다른 차원에 이르게 한다. 앞서 오이코스, 즉 가정에 대해 이야기한 적이 있다. 흥미롭게도 이 단어는 우리가 셀그룹이라 부르는 것을 지칭하고 있다.

그러므로 이제부터 너희가 외인도 아니요 손도 아니요 오직 성도들과 동일한 시민이요 하나님의 권속이라(엡 2:19).

> 너로 하나님의 집에서 어떻게 행하여야 할 것을 알게 하려 함이니
> 이 집은 살아 계신 하나님의 교회요 진리의 기둥과 터이니라(딤전
> 3:15)

교회가 오이코스로 불렸을 경우에, 그 단어의 용법과 그 활동과 관계된 모든 구절들로 볼 때 그것은 지역 교회의 셀그룹을 지칭하는 말이지 거대한 집회나 모임을 말하는 것이 아니었다.

이 오이코스 계열에는 두 가지 단어가 더 있다. 첫 번째는 오이코노모스(Oikomonos)이다. 이 단어는 주인의 재산을 맡은 집안의 종이 그것을 가족들에게 적당량을 적당한 시기에 분배하는 행위를 나타내는 말이다. 우리 모두는 오이코노모스의 직위를 가진 사람들이다. 그래서 오이코노모스는 주님의 재산을 셀그룹(하나님의 가정)에 있는 사람들에게 나누어주는 신자를 말하는 것이다.

우리가 알아야 할 것은 우리에게 맡겨진 재산은 물질적인 것이 아니라는 점이다. 그것은 영적인 것이다! 우리 각자는 바울이 말하는 것처럼 하나님의 가정에 분배할 다른 종류의 부를 가지고 있다.

> 각 사람에게 성령의 나타남을 주심은 유익하게 하려 하심이라 어
> 떤 이에게는 성령으로 말미암아 지혜의 말씀을, 어떤 이에게는 같

은 성령을 따라 지식의 말씀을, 다른 이에게는 같은 성령으로 믿음을, 어떤 이에게는 한 성령으로 병 고치는 은사를, 어떤 이에게는 능력 행함을, 어떤 이에게는 예언함을, 어떤 이에게는 영들 분별함을, 다른 이에게는 각종 방언 말함을, 어떤 이에게는 방언들 통역함을 주시나니 이 모든 일은 같은 한 성령이 행하사 그 뜻대로 각 사람에게 나눠주시느니라 몸은 하나인데 많은 지체가 있고 몸의 지체가 많으나 한 몸임과 같이 그리스도도 그러하니라 우리가 유대인이나 헬라인이나 종이나 자유자나 다 한 성령으로 세례를 받아 한 몸이 되었고 또 다 한 성령을 마시게 하셨느니라 몸은 한 지체뿐 아니요 여럿이니 만일 발이 이르되 나는 손이 아니니 몸에 붙지 아니하였다 할지라도 이로 인하여 몸에 붙지 아니한 것이 아니요 또 귀가 이르되 나는 눈이 아니니 몸에 붙지 아니하였다 할지라도 이로 인하여 몸에 붙지 아니한 것이 아니니 …… 너희는 그리스도의 몸이요 지체의 각 부분이라(고전 12:7~16, 27)

바울은 모두를 위해 영적인 은사들이 주어진다고 보고 있다. 내가 당신의 은사들을 필요로 하고 당신은 나의 은사들을 필요로 하기 때문에 서로 공평하게 주고받는 일종의 신성한 협동 조합이 이루어지게 된다 (이것을 묵상해 보면 우리가 한 몸을 이루는 것의 당연한 결과인 것을 알 수 있다).

이러므로 우리가 화평의 일과 서로 덕을 세우는 일을 힘쓰나니(롬 14:19)

그러나 예언하는 자는 사람에게 말하여 덕을 세우며 권면하며 안

위하는 것이요 방언을 말하는 자는 자기의 덕을 세우고 예언하는
자는 교회의 덕을 세우나니 …… 그러면 너희도 신령한 것을 사모
하는 자인즉 교회의 덕 세우기를 위하여 풍성하기를 구하라(고전
14:3~4, 12)

셀그룹의 배경에서만이 친근함과 깊은 교제가 가능한 것이 분명하다. 여기에서만 진정한 양육이 가능하다. 따라서 셀그룹 안에서의 목표는 서로를 세워주는 영적인 은사들을 이용해 서로가 서로에게 참된 오이코노모스 종이 되는 것이다. 그것은 생활 양식이지 일주일에 한 번만 임하면 되는 그런 것이 아니다.

두 번째 단어는 오이코도메오(oikodomeo)이다. 성경의 여러 번역본에서 흔하게 찾아볼 수 있는 '세우는 일 혹은 세우기' 란 단어를 사전에서 찾아보면 잘 알고 있는 구절들이 조금 다른 의미로 번역되어 있는 경우를 보게 된다. 예를 들어, 바울은 고린도전서 3장 10절을 기록하면서 교회 개척 사역을 염두에 두고 있다. "내게 주신 하나님의 은혜를 따라 내가 지혜로운 건축자와 같이 터를 닦아 두매 다른 이가 그 위에 세우나". 그는 이어서 말한다. "그러나 각각 어떻게 그 위에 세우기를 조심할지니라". 여기서 오이코도메오라는 단어가 반복되어 쓰여졌다. 이 단어는 예수님의 기초에 새 교회의 터를 닦는(오이코도메오) 사람들과 그 위에 세우는(오이코도메오) 사람들을 가리킨다. 그는 계속 말한다 (12~13절).

만일 누구든지 금이나 은이나 보석이나 나무나 풀이나 짚으로 이
터 위에 세우면 각각 공력이 나타날 터인데 그 날이 공력을 밝히리
니 이는 불로 나타내고 그 불이 각 사람의 공력이 어떠한 것을 시

험할 것임이니라

만일 당신이 바울 시대의 교회 배경에서 이것을 읽었다면 신선한 충격을 받게 될 것이다. 당신과 내가 건축자이다. 은사들은 우리로 하여금 서로를 세워주도록 하나님이 우리에게 주시는 도구들이다.

> *그런즉 형제들아 어찌할꼬 너희가 모일 때에 각각 찬송시도 있으며 가르치는 말씀도 있으며 계시도 있으며 방언도 있으며 통역함도 있나니 모든 것을 덕을 세우기 위하여 하라(고전 14:26)*

각각이란 단어를 놓치지는 않았는가? 놓치지 말라! 적어도 내가 살아 있었던 동안의 교회(복음주의든, 은사 중심적이든, 오순절 계통이든)는 그것을 놓쳐왔다. 성경의 분명한 가르침은 우리가 경험할 수 있는 가장 높은 형태의 영적인 삶은 셀그룹에서 이루어진다는 것이다. 그곳에서는 모든 그리스도인이 카리스마타(은사)의 통로가 되는 것이고 그 결과 그룹은 세움을 입게 된다.

목자여, 당신은 성경이 여기에서 말하는 것을 한 번도 경험해 보지 못했을 수도 있다. 모임에서 내가 첫 번째로 이것을 경험했을 때 하나님의 능력과 임재가 흐르고 있다는 것을 알 수 있었으나 무슨 일이 벌어지고 있는지를 알 만큼 충분한 배움이 없었다.

더욱이 모든 셀 원들이 하나님의 은사들로 충만하게 되는 축복과 그리스도의 몸이 세움을 입는 것은 강력한 전도 효과가 있다. 고린도전서 14장 24~25절에서 바울은 불신자들에게 특별한 증인이 있다고 말한다.

그러나 다 예언을 하면 믿지 아니하는 자들이나 무식한 자들이 들
어와서 모든 사람에게 책망을 들으며 모든 사람에게 판단을 받고
그 마음의 숨은 일이 드러나게 되므로 엎드리어 하나님께 경배하
며 하나님이 참으로 너희 가운데 계시다 전파하리라

당신은 이런 모임이 어떠한 것일지 머리 속으로 그려 볼 수 있겠는가?
나는 할 수 있다. 그 그림을 조금 보여 주겠다.

찬양 시간은 뜨거웠다. 주님을 아는 모든 셀 원들이 신랑에 대한 그들
의 사랑을 노래하고 있었다. 사실은 그분의 임재가 너무나 가까이 느껴
져 우리는 그냥 서서 그를 경배했다. 어떤 사람들은 조용히 찬양했고 어
떤 사람들은 기도했다. 각기 다른 모습으로 경배하는 가운데 연합되어
있었다.

각자 자리에 앉아 친숙해지기 활동을 통해 서로에 대한 인사와 소개
가 끝난 후에 목자는 주님께서 몸(그룹)을 위해 은사나 말씀을 주신 사
람이 있는지 물었다. 7살짜리 딸을 옆에 동반한 한 미망인이 입을 열었
다. "예, 있어요! 며칠 전에 주님께서 그룹을 위해 저에게 무엇을 주셨어
요." 그녀는 손을 뻗어 작은 녹음기의 시작 버튼을 눌렀다. 반주 음악이
흘러 나왔다. 그녀는 "주님의 임재가 이곳에 확실히 있네……"라고 노
래했다. 나는 기쁨의 눈물로 목이 매어왔다.

한 젊은 아버지가 나누기 시작했다. "이번 주에 출애굽기를 읽으면서
로버트를 위한 말씀을 33장 11절에서 발견할 수 있었어요. '사람이 그
친구와 이야기함같이 여호와께서는 모세와 대면하여 말씀하시며' 라고
쓰여 있어요. 로버트, 당신은 평생 동안 하나님의 임재가 실제적이고 개
인적으로 다가오지 않는 것에 대해 고민해 왔다고 나누었는데 저는 그
것을 위해 기도를 많이 했어요. 그런데 이 성경구절이 당신을 위한 말씀

인 것 같군요."

모든 사람의 눈은 로버트에게 집중되었다. 로버트는 말하기 시작했다. "무슨 일이 있었는지 말씀드리지요! 저는 이번 주 동안 점심을 금식하며 그 시간에 그가 나와 함께 하는지 아닌지 알기 위해 하나님과 교제하기로 결정을 했어요. 저는 그분이 나의 아버지 되시는데 우리 사이에 있는 벽이 허물어져야 한다고 생각을 했어요. 그래서 이번 주 내내 저는 사용하지 않는 회의실에 들어가 한 시간씩 기도를 했어요. 저는 하나님을 찬양하고 묵상하기 위하여 시편을 부분적으로 썼어요. 지난 목요일에 저는 그분을 새롭게 만나게 되었어요! 그분의 임재는 너무나 실제적이어서 숨을 쉴 수조차 없었죠. 그 약속을 줘서 고마워요. 이번 주는 제게 매우 특별한 주간이었소."

우리는 앓고 있는 아이의 머리에 손을 얹고 주님의 계획에 따라 그가 회복될 수 있도록 기도했다. 우리는 한 비서가 그녀의 새 직장 상사에 대해 고민하는 것을 들었다. 그 상사는 자신의 새 보직에 대해 두려워했고 그 두려움을 이 비서에게 풀고 있었던 것이다. 셀 원들 중에서 이와 비슷한 상황을 경험한 이들이 현명한 조언을 해 주었다. 어떤 사람은 기도로만 사무실의 폭군과 새로운 관계를 만든 이야기를 해 주었다.

회원들 중에는 자기 부인이 가출한 55세의 불쌍한 사람도 있었다. 그가 모임에 온 것은 셀 원들 중 한 사람의 돌봄과 관심 때문이었다. 불쌍하게도 그는 어떤 복장을 하고 왔어야 하는지도 몰랐다. 모두 반팔 티를 입고 있는데 혼자서만 주일 아침 교회 예배를 참석하는 사람처럼 검은색 양복에다 넥타이를 맸던 것이다.

서로가 투명하게 나누는 분위기 속에서 그도 자신의 외로움과 공허함을 토로했다. 그는 자기 아내를 끔찍이 사랑했고 그녀를 기쁘게 해 주기 위해 수년간 일해 왔다. 그녀가 떠나버린 것은 그녀를 죽음으로 잃어버린 것보다 더 끔찍했다. 그녀는 살아 있으면서도 그를 완전히 거절한 것이기 때문이다. 모두 그를 위해 간절히 기도했다.

그를 위한 중보 기도를 마쳤을 때 그는 울면서 외쳤다. "저는 낯선 사람들에게서 이 같은 사랑을 받아보기는 처음입니다. 오늘밤에 제게 무슨 일인가 일어날 줄은 알았지만 이토록 강하게 하나님을 만나게 될 줄은 전혀 몰랐습니다. 그분께 제 생명을 드리고 싶은데 그 방법을 모르겠군요. 제게 그 방법을 알려 주시겠어요?"

너희는 다 모든 사람으로 배우게 하고 모든 사람으로 권면을 받게
하기 위하여 하나씩 하나씩 예언할 수 있느니라(고전 14:31)

깔끔하고 신사적인 성경공부와 온화한 기분을 들게 하는 그런 모임들에 만족하지 말라. 주님께로 가라. 그리고 주님께서 당신에게 주신 은사를 다른 사람들을 세워 주기 위해 그분의 몸에 사용하라. 그리스도 안에서 온전함을 이루어 가는 당신의 순례의 과정을 세워 주는 은사들을 주님의 몸에 있는 다른 지체들로부터 공급받으라.

오이코스, 오이코노모스, 오이코도메오. 이 세 단어가 셀그룹의 의제에 대한 당신의 생각을 영원히 바꾸어 놓을 수 있다! 머리되신 주님께서 몸을 움직이실 때 자신의 이론을 버리고 그분의 인도대로 하라!

제 16 장

목장 구성원들이 하나님을 경험하게 인도함

셀 모임의 목적은 단순하게 말하자면 목장 구성원들이 그들 가운데
계신 그리스도를 경험하도록 인도하는 것이다. 주님께서 약속하시기를
"두세 사람이 내 이름으로 모인 곳에는 나도 그들 중에 있느니라"(마
18:20)고 말씀하셨다. 예수님의 임재가 셀 모임 가운데 실제적으로 느껴
질 때 사람들은 주님의 격려와 소망과 새롭게 하심과 치유를 받게 된다.

당신이 복음서를 읽었다면 예수께서 어디를 가시든지 그분의 존재 자
체는 마치 자석처럼 사람들로 하여금 그분의 사랑과 능력과 용납하심을
느끼고 그분께로 이끌려졌음을 보았을 것이다. 이것은 오늘날에도 마찬
가지이다. 그리스도께서 모임 한 가운데에 계실 때에 사람들은 그분께
로 이끌림을 받을 수밖에 없다.

셀그룹이 성공적이 되려면 은사를 받은 셀 리더나 기타를 가지고 익숙하게 찬양을 인도하는 사람이 필요한 것이 아니라 그 모임 가운데 그리스도의 임재가 있어야 하는 것이다. 셀 모임을 준비할 때에 성령께서 그리스도의 실체를 드러내시도록 기도하라. 그것이 성령께서 하시는 일이다(요 15:26).

셀그룹이 모일 때 사람들이 사교적으로 그리고 영적으로 서로 참여하는 것이 중요하다. 여기에 모임을 위한 제안이 있다:

- 식사를 함께한다.
- 원으로 둘러앉는다.
- 소개 및 인사
- 친숙해지기 활동
  - 친숙해지기 소개
  - 시범
  - 모두가 함께하기
- 찬양의 시간
- 토의 주제 제시
- 토의 인도
- 사역(비전) 나누기
- 그룹 기도로 마침

셀 모임의 기본 순서와 목적을 기억할 수 있는 간결한 방법이 4 W다.

구분	활동	관계 흐름
환영(Welcome)	친숙해지기	너로부터 나에게로
예배(Worship)	찬양	우리가 하나님께로
말씀(Word)	교육	하나님께서 우리에게로
사역(Works)	비전을 나눔	우리를 통한 하나님

이제 각 활동들을 보다 자세하게 살펴보기로 한다.

환영

셀그룹은 매번 모일 때마다 새로워져야 한다. "친숙해지기"(간단한 질문을 나누거나 간단한 활동으로 이루어지는 것)는 사람들이 서로 친숙해 지며 모임에 깊이 참여하게 해 주는 좋은 방법이다. 이 활동은 보다 깊은 참여와 나눔에 동참할 수 있도록 마음을 열게 해 준다. 친숙해지기 활동은 다음과 같은 몇 가지 원리들을 가지고 있다.

1. 친숙해지기 활동은 셀그룹에 적합한 것이어야 한다. 너무 유치하면 사람들은 불편하게 느낀다. 또한 너무 두렵게 느껴지면 사람들은 뒤로 물러선다. 또한 시기 적절한 것도 중요하다. 셀그룹이 막 형성되었을 때 적합한 친숙해지기 활동들이 있다. 그러나 어떠한 것들은 셀 원들의 관계가 형성될 때까지 기다려야 하는 것도 있다.

2. 어떤 친숙해지기 활동은 반복적으로 사용될 수도 있다. 예: "지난

한 주간 동안 있었던 일들 중 가장 중요한 것은 무엇이었는가?"

3. 언제나 원으로 앉아서 누구든지 나눌 것을 분명하게 알게 하라. 그렇지 않으면 부끄러움을 타는 사람들은 이야기하는 것을 피하게 될 것이다.

4. 친숙해지기 활동의 한 가지 문제점은 어떤 사람이 모든 시간을 독점할 수 있다는 점이다. 이것을 방지하려면 친숙해지기 활동의 질문에 대하여 한두 문장으로만 답하게 한다. 시작하기 전 "우리 각자는 30초 이내에 대답을 해야 하며 그렇게 함으로써 우리 모두가 나눌 수 있게 될 것이다"라고 말해 줄 수 있다. 누군가가 지나치게 오랫동안 말을 하면 당신은 의도적으로 시계를 바라본다.

5. 친숙해지기 활동을 하는 동안 문제 가운데 있는 사람을 주목하라. 친숙해지기 활동 중에 어떤 사람은 다음과 같은 말로써 자신에게 있는 상처나 문제를 드러내게 된다. "나는 이번 주간에 어머니가 암에 걸렸다는 소식을 들었습니다." 이 경우 당신은 이 문제를 후에 다루어야 하지만 돌아가면서 나누는 것을 중단시키지는 말아야 한다. "수잔, 그 문제에 관하여 조금 있다가 다시 이야기하도록 합시다. 이야기해 주어서 고마워요." 그리고 나서 계속하라. 이렇게 함으로써 수잔이 자신의 문제를 던지기만 했다는 생각보다는 보다 구체적으로 돌봄을 받을 것이라는 생각 때문에 편한 마음으로 셀의 나눔에 동참할 수 있다.

예배

셀 모임 중 이 시간의 목적은 예배로 우리와 하나님이 만나는 데 있다. 찬양 이외에 기도나 성경을 읽는 것도 포함될 수 있다. 중요한 것은 모임 가운데서 그리스도의 임재를 인식하고 환영하는 것이다. 셀 모임 중 이 시간이 통상적으로 간단하고 짧지만 이 시간은 매우 중요하다. 그리스도를 기대하지 않는다면 그룹에서의 나눔과 사역은 극히 제한될 것이다. 예배를 어떻게 최대한 의미 있게 만들 수 있는가?

1. 잘 아는 찬송을 선정한다. 가사나 리듬에 집중할 필요가 없을 때 하나님께 보다 쉽게 초점을 맞출 수 있다.
2. 찬양을 외우지 못하는 사람들을 위하여 가사가 기록된 종이를 사용한다. 그렇게 함으로써 방문객들이 소외감을 느끼지 않도록 해 줄 수 있다.
3. 찬양을 하는 도중에 설교하거나 이야기를 하지 않는다. 그렇게 함으로써 그리스도께로 향하는 관심의 초점이 보다 자연스럽게 맞추어질 수 있다.

말씀

이 시간의 초점은 앞장에서 말한 바와 같이 교육이다. 셀 모임에서는 새로운 성경 지식을 늘리는 것에 목적을 두지 않는다. 목표는 그룹에 있는 사람들이 자신들의 경험에 비추어 성경의 간단한 진리를 발견하고 적용하는 것이다. 셀 리더로서 당신의 역할은 사람들이 마음을 열고 그리스도의 음성과 능력을 받아들이게 하는 토의 주제를 선정하고 토의를 인도하는 것이다. 적절한 토의 주제를 어떻게 선정할 것인가? 다음의 네가지 지침이 도움이 된다.

1. 도움을 주는 성경구절

서로 돌아보아 사랑과 선행을 격려하며 모이기를 폐하는 어떤 사람들의 습관과 같이 하지 말고 오직 권하여 그 날이 가까움을 볼수록 더욱 그리하자(히 10:24~25)

각 주제들은 다음을 포함해야 한다.

"서로"…… (한 사람이 독점하지 않고 모두가 나눔)

"돌아보아" …… (속 깊은 곳에 있는 것을 이끌어 냄)

"사랑과" …… (소극적이 아닌 적극적 결과. 사람들이 보다 많은 관심을 갖게 함)

"선행을" …… (자기 중심이 아님. 각 사람이 다른 사람에 대한 관심을 갖도록 인도함)

"격려하며" …… (마지막에 확신과 격려된 느낌을 가짐)

2. 좋은 토의 주제의 특징

● 셀 그룹 안에서 진행되는 것들과 관계된 것

● 격려와 자극과 도전을 주는 것

● 가치관에 관하여 불분명한 생각을 직면하게 만드는 것

● 그룹에게 그들이 토의할 필요가 있는 주제가 무엇인지 질문하여 발견한 것

● 당신의 삶과 생활 양식에 실제적으로 발생했던 일들 중 당신을 흥분시켰던 것

3. 좋은 토의 주제는 당장의 필요를 충족시킨다.

셀그룹은 각 구성원들에게 영적, 정서적 지원을 제공해 주는 장소다. 그곳은 각 사람의 지식이나 정보가 아닌 개인적인 참여가 이루어지는 장소다. 이것이 이루어지기 위해서는 감사와 받아들임 그리고 서로 지원하는 분위기가 있어야 한다.

4. 좋은 주제는 삶에서 나오는 것이지 지식에서 나오는 것이 아니다.

이것를 이해하기 위해서는 학습의 세 영역을 고려해야 한다.

인지 영역 - 이것은 지식의 영역을 의미한다. 이것은 교육 자료를 효과적으로 제시해 줄 수 있는 교사를 필요로 한다. 인지 영역의 학습 주제들은 셀그룹에 그다지 적절하지는 못하다.

감정 영역 - 이 영역은 가치를 포함하는 영역이다. 그것은 셀그룹 속에 있는 사람들의 경험을 효과적으로 이끌어낼 수 있는 사회자를 필요로 한다. 셀그룹은 이 영역을 목적으로 하고 있으며 학습이 아니라 나누는 곳이다. 토의 주제는 셀그룹 구성원들의 경험으로부터 나오는 것이지 그들의 지식으로부터 나오는 것이 아니다. 셀그룹을 섬기는 사람으로서 당신은 인도자요 사회자다.

심리 동작 영역 - 이 영역은 기술을 포함하는 영역이다. 그것은 연습과 반복을 통하여 익숙하게 기술을 수행하는 영역이다. 이 영역에 해당하는 것으로는 농구 슈팅, 자전거 타기, 비행기 조종 기술 또는 컴퓨터 사용 방법 등이 있다.

목장 구성원들이 하나님을 경험하게 인도함

때때로 셀그룹은 구성원이 기타를 치는 방법을 배우는 것과 같은 심리 동작 영역의 활동을 한다. 그런 경우 영적인 나눔은 거의 없다. 그렇기 때문에 심리 동작 활동들은 셀그룹의 주된 초점이 되지 못한다.

인지 영역	감정 영역	심리 동작 영역
교사를 필요로 함	사회자를 사용함	코치를 필요로 함
커뮤니케이션은 부채꼴로 이루어짐	커뮤니케이션은 원형으로 이루어짐	커뮤니케이션은 시범으로 이루어짐
논리	비논리	반복
지식을 다룸	가치를 다룸	기술을 다룸

셀 리더로서 당신의 역할은 교사가 아니라 사회자이어야 한다. 교사는 지식을 전해 주는 사람이다. 한편 사회자는 그룹으로 하여금 스스로 통찰력을 얻고 적용하도록 인도하는 사람이다. 다음의 대조를 주목하라. 효과적인 사회는 4가지 부분으로 이루어진다. 다음의 내용을 외울 때까지 반복하여 읽어 보라. 그 다음 그것들을 셀그룹 모임에서 실시하도록 노력하라.

1. 경험을 제공함

강의나 교수 활동 대신에 그룹으로 하여금 그것을 행함으로써 무엇인가를 발견하게 한다. 바로 이것이 소그룹의 목적이다. 가르치는 최상의 방법은 방 안에 있는 사람들을 같은 방향으로 앉게 하는 것이다. 교육은 인지 과정이다. 그룹으로 모일 때 강조점은 관계 중심 활동이어야 하며 누군가가 강의하는 동안 모두 원형으로 앉아 있는 것이 아니어야 한다. 경험들은 너무도 다양하게 발생하기 때문에 그것들을 기록하는 것은 불가능하다. 제4부에서 사용할 수 있는 사례들이 제시될 것이다. 그것들을 읽으면 당신의 그룹을 위하여 좋은 경험들이 어떤 것인지를 알게 될 것이다.

2. 그룹으로부터 피드백을 얻음

그룹에게 "여러분들은 이 경험을 통해 무엇을 얻었습니까?" 또는 "우리가 얻은 결론은 무엇입니까?"라는 질문을 던진다. 그룹으로 하여금 그들의 활동 결과에 초점을 맞추게 한다.

3. 그룹의 결론을 요약함

이것은 실제적으로 당신의 유익을 위한 것이다. 그룹이 피드백으로 한 말들을 당신 자신의 편견으로 채색하지는 않았는가? 그들이 하는 말

비교: 교육과 그룹 인도	
교육	그룹 인도
정보 제공	경험 제공
교사와 학생 간에 주고받는 "부채꼴" 커뮤니케이션 논리적 결론을 제시	인도자의 눈으로 볼 때 발생하는 "원형" 커뮤니케이션 결론을 발견함
암기한 정보를 문자나 말로 시험	피드백 - 변화된 제자의 가치를 관찰함

을 어떻게 당신이 들었는지를 이야기해 주고 잘못된 결론이 있다면 즉각 조정한다. 이것을 정규적으로 할 때 당신은 가장 적절한 경험이 무엇인지를 알게 된다.

4. 셀그룹 구성원들이 가지고 있는 원리들을 드러냄

참석한 각자에게 "당신은 이 경험을 통하여 무엇을 얻게 될 것인가?"라는 질문을 함으로써 모두가 참여할 수 있는 시간을 가진다. 이러한 공동의 나눔은 때때로 길고 마음이 통하는 토의를 이끌어 낼 수 있다! 나는 이와 같은 나눔의 시간을 통하여 매우 의미 있는 해결책을 얻어내는 것을 보아 왔다.

우리 주님은 최고의 그룹 인도자이시다. 주님은 제자들이 지켜보는 가운데 당신의 가치를 모델로 제시하셨다. 주님은 단편적인 정보들을 나누어 주셨다. 주님은 강의실이 아닌 실생활 속에서 그것들을 행하셨다. 주님은 제자들을 스스로 행하도록 내보내셨다. 주님은 그들이 실수할 수 있도록 허용하셨다. 또한 자기들의 동료들로부터 배우도록 하셨다. 주님은 그들의 가치가 잘못되었을 때 인내하셨다. 그분은 "배울 수 있는 순간"이 오기를 기다렸다. 주님은 시간을 중요한 요소로 활용하셨다. 주님은 외부 환경 여건을 진리를 나누는 데 사용하셨다. 그룹 인도는 계획된 활동이 아니라 그 자체가 삶의 양식이었다.

당신이 주님처럼 교사가 아니라 그룹 인도자이기 때문에 "1세기 사람들은 예수님의 말씀을 어떻게 이해했는가?"와 같은 심층 질문을 사용하지 말아야 한다. 질문들은 다음과 같은 것이 되어야 한다.
● 본문에서 당신에게 다가오는 말씀은 무엇인가?

- 본문의 주된 요점은 무엇인가?
- 당신은 이 진리를 자신의 삶에서 경험한 것을 사용하여 설명할 수 있는가?
- 이 진리를 적용함에 있어 당신이 가장 어렵게 느껴지는 삶의 영역은 무엇인가?
- 이 성경말씀을 통하여 하나님께서 당신에게 말씀하시는 것은 무엇인가?
- 당신은 지금 하나님의 도움을 필요로 하는 것이 무엇인가?
- 당신이 지금 당장 하나님께 무엇을 구할 수 있다면 그것은 무엇인가?

주의 깊고 기도하는 마음으로 질문을 만들고 선택한다면 당신은 서너 가지 질문으로 충분하다는 사실을 발견하게 될 것이다. 위에 제시된 질문들이 얼마나 개인적인 것인가에 주목하라. 당신의 그룹을 개인화시키고 하나님이 말씀하시는 바를 적용하도록 도와주는 질문들을 사용하기 원할 것이다. 모임 중 교육에 해당하는 부분은 종종 깊은 기도와 서로에 대한 섬김으로 나아가게 한다. 이 기도 시간에 3~4명의 소그룹이나 남자는 남자끼리 여자는 여자끼리 기도하기를 원하게 될 것이다. 이러한 방식으로 보다 많은 사람들이 기도하며 또 기도를 받을 수 있게 될 것이다.

사역

셀 모임 때마다 "사역(비전) 나눔"의 시간을 가져야 한다. 여기에서 그룹들은 그들이 그리스도의 임재와 성령의 능력을 체험하도록 부르심을 받았을 뿐만 아니라 그리스도의 목적을 위해서도 부르심 받은 사실을 상기시켜 줘야 한다. 비전의 나눔은 본서 4부에서 보듯이 다양한 형태를 취할 수 있지만 목적은 언제나 같다. 즉, 하나님께서 우리를 돌보시는 것으로부터 하나님께서 우리를 통하여 사역하는 것으로 나아감을 목적으로 한다.

종종 당신은 그룹이 자신들에게 어떠한 의미를 가지는지에 관한 간증을 나누는 사람들을 보게 된다. 종종 당신은 이 시간에 구원받지 못한 친구들과 가족들을 위해 기도할 수 있다. 또한 이 시간에 당신은 불신자들의 전도와 관계 형성을 위하여 셀 규모의 파티를 계획할 수 있다. 때로는 당신이 전도하려는 대상자의 즉각적인 필요를 목적으로 하는 전도 소그룹 또는 취미 그룹을 계획할 수 있다.

많은 셀교회들은 "영적 추수 행사"를 계획하는데, 예를 들면 특별 예배, 연극 공연 그리고 강력하고 호소력이 있는 방식으로 복음을 사람들에게 제시하는 활동들이 있다. 비록 이 행사들은 교회 지도자들이 계획하며 셀 자체의 행사가 아니지만 그것들은 셀의 기도와 전도로 뒷받침된다. 만일 당신의 교회가 "영적 추수 행사"를 계획한다면 종종 당신은 비전을 나누는 시간에 이 행사들을 위하여 기도하는 데 사용하며 성령께서 불신자 친구들을 초대하는 일에 여러분의 셀 원들을 인도해 주시도록 기도한다.

환영, 예배, 말씀, 사역 등 4 W는 셀 모임의 일반적인 순서다. 때때로 당신은 이 순서를 변형시키거나 각 순서마다 시간의 길이를 바꿀 것이다. 그러나 당신의 목표는 언제나 같은 것이어야 한다. 즉, 셀 원들이 그리스도의 임재, 능력, 목적 등을 받아들일 때 하나님을 경험할 수 있도록 인도하는 목표이어야 한다.

제 17 장
셀그룹 생활에서 위기의 순간들

무리의 모임 중에 다루기 어려운 사람들을 상대하거나 곤란한 상황들에 대처하는 방법에 대해 고민해 본 적이 있는가? 데살로니가전서 5장 14절은 이런 상황에서 사용할 수 있는 세 가지 기본적인 반응 방법을 제시하고 있다. 바울은 각각 다른 사람들을 그들에게 맞는 다른 방법으로 돌보아야 한다고 설명한다. 그는 그것들을 세 가지 목록으로 분류해 그들을 도울 수 있는 각기 다른 방법을 제시한다.

또 형제들아 너희를 권면하노니 규모 없는 자들을 권계하며 마음이 약한 자들을 안위하고 힘이 없는 자들을 붙들어 주며 모든 사람을 대하여 오래 참으라

문제	방법	해결책
규모 없음	도전한다	시험과 시간의 경과 강하게 다루라 권계하고 경고하라
마음 약함	격려한다	시범을 보여라 부드럽게 대하라 격려하라
힘이 없음	잡아준다	손을 잡아 준다 한 번에 한 단계씩 사랑과 인도

당신의 목장에 있는 아파하는 사람들을 위해서 기도할 때 이들이 어떤 목록에 해당되는지 알아보라. 그러면 그룹 모임에서 그들이 괴로워하며 당신의 도움을 필요로 할 때 어떤 말과 행동을 해 주어야 하는지 알게 될 것이다. 한 사람에게는 부드럽게 인도하고, 다른 사람에게는 도전을 할 것이다. 스스로를 신뢰하지 못하는 또 다른 사람에게는 당신은 신뢰를 보일 수 있을 것이다.

항상 기억할 것은 그룹에서 힘겨운 시간을 겪게 되는 배경엔 늘 하나님의 뜻이 있다는 것이다. 목자가 문제에 직면하는 것을 너무나 두려워하여 셀그룹의 성장이 멈춘 것을 본 적이 있다. 연습이 얼마나 필요한가를 의미하는 운동 선수들의 격언이 있다. "아픈 만큼 성숙한다!" 목장에서도 이 사실이 적용된다. 성령의 불빛에 의해 상처가 드러나고 깨진 마음들이 표출되며 숨겨진 분노가 발견될 때가 능력의 순간이다.

셀그룹 생활에서 위기의 순간에 일어나는 역학 구조를 이해하는 데 도움을 주는 다음 구절의 의미를 묵상하라.

시몬아, 시몬아, 보라 사탄이 밀 까부르듯 하려고 너희를 청구하였
으나 그러나 내가 너를 위하여 네 믿음이 떨어지지 않기를 기도하
였노니 너는 돌이킨 후에 네 형제를 굳게 하라(눅 22:31~32)

세부 사항들을 주지하라.

사탄이 …… 청구하였으나

욥의 경우처럼, 우리를 위한 하나님의 보호망을 통과하도록 허락받기 이전까지 시험은 우리를 건드릴 수 없다. 셀그룹에서 위기의 상황들은 그들의 영적인 삶을 더 예민하게 만들어 줄 것이다. 위기를 "운"이나 "우연"의 결과로 보지 말라(폴 빌하이머의 『보좌를 향하여』(*Destined for the Throne*)와 『지혜롭게 슬픔에 대처하라』(*Don't Waste Your Sorrows*)를 읽어 보라). 그러나 기도 사역에 있어서 당신의 역할을 게을리 하지 말라. 당신의 기도는 이와 같은 때에 무리를 감싸안을 것이다!

내가 너를 위하여 네 믿음이 떨어지지 않기를 기도하였노니

예수님은 베드로가 통과해야 할 아픔의 과정을 건너뛰게 할 마음이 없으셨다. 불쌍한 베드로가 위대한 종이 되기 위해서는 자기 중심적 삶의 문제를 다루어야만 했다! 그러나 예수님이 이 상황에서 하신 구체적인 기도에 주목해 보라. 예수님은 베드로가 약한 모습에 머물러 있지 않고 장래에 그가 어떻게 될 것을 보셨다.

이는 당신이 셀그룹 구성원들의 이름을 부르며 기도할 때 기억해야 할 중요한 사실이다. 그들의 약함, 실패, 죄 지음을 뛰어넘어 하나님의 은혜와 능력으로 변화될 그들을 보라. 이것이 기도의 힘이다. 믿음의 기도는 아직 그렇지 않다 할지라도 하나님이 그렇게 하실 것이라는 사실을 알고 믿는 것이다!

너는 돌이킨 후에 네 형제를 굳게 하라.

양을 위한 목자의 계속되는 기도를 보라. 예수님은 베드로의 미래 사역을 보셨고 그것을 위해 구체적으로 기도하셨다! 그분은 베드로의 약함과 실패가 이어졌던 과거의 시간을 보셨다. 그분은 또한 강하고 승리의 삶을 살며 다른 사람들을 굳게 할 베드로를 보셨다. 하나님이 미래에 하실 일에 대한 이 비전은 셀그룹 구성원들을 위한 기도 사역의 지표가 되어야 하고 또한 모임 중에서 그들을 도울 때의 기본 정책이 되어야 한다. 하나님께서 "우리가 아직 죄인 되었을 때" 우리를 믿어 주셨다면, 그분께서 우리에게 목양하도록 주신 사람들에 대해 그분이 보이신 것과 같은 사랑의 기다림을 갖도록 요구하시는 것은 당연한 일이다.

당신은 이 문제들을 어떻게 다루겠는가

제프

모임이 있은 다음 날 아침 당신은 제프로부터 전화를 받았다. 그는 모임에서 빠지겠다고 말하면서 그 이유에 대해서는 확실히 밝히지 않는다. 그가 모임 시간에 말도 별로 없었고 모임이 끝난 뒤엔 다른 사람들과 이야기하지 않고 슬그머니 빠져나갔던 것을 당신은 기억하고 있다. 이럴 때 당신은 어떻게 하겠는가?

메리 앤

당신은 그룹 모임을 인도하고 있는 중이다. 그런데 메리 앤의 안색이 불편해 보인다. 눈물을 흘리고 땀을 흘리면서 얼굴이 붉게 달아올라 있다. 그런데 그녀의 문제가 무엇인지 잘 모르겠다. 이럴 때 당신은 어떻게 하겠는가?

조지

토요일 오후 TV에서 영화 한편을 보기 위해 막 자리에 앉아 그 스릴러 영화에 완전히 빠져들려고 하는데 조지로부터 전화가 온다. 그의 아버지가 방금 혈전증을 일으켰고 병원으로 급히 이송 중이다. 조지는 큰 두려움에 휩싸여 있다. 자기 아버지가 목숨을 잃을까 두려워하고 있다는 것을 그의 떨리는 목소리를 통해 알 수 있다. 이럴 때 당신은 어떻게 하겠는가?

세라

세라는 당신을 매우 귀찮게 해 왔다. 그녀는 모임에서 말이 너무 많아 토론을 다 독차지해 버린다. 그녀는 사람들이 하는 말마다 일일이 '작은 충고'를 한다. 당신은 점점 더 그녀에 대해 짜증이 난다. 왜 그룹이 그녀를 제재하지 않는지 의아해진다. 이럴 때 당신은 어떻게 하겠는가?

로저

로저는 셀그룹 모임에서 자기 일을 나눈다. 그는 자기 차의 모터가 타버렸고 이틀 뒤에 시작하게 될 새로운 직장에서 갑자기 해고되었다는 이야기를 그룹에서 한다. 앞으로 두 주 정도의 생활비를 지불할 능력은 되지만 모터를 고칠 만한 여분의 돈은 없다. 그는 그룹에 도움을 요청한다. 당신은 로저가 다른 사람을 이용할 사람이 아닌 믿을 만한 사람인 것을 잘 알고 있다. 그는 수년 동안 성실하게 책임을 잘 수행해 왔다. 그는 주님 앞에서 자기 시간과 재물의 사용에 성실했다. 그러나 로저를 도와주었을 때 그것을 이용해 자기도 재정적인 도움을 얻어 내려고 하는 어떤 여자가 있음을 당신은 두려워하고 있다. 그럴 경우 도움을 주는 것은 그들이 그녀에게 더욱 이용당하는 것이다. 이럴 때 당신은 어떻게 하겠는가?

앨리스

깨어진 마음을 안고 그녀는 직장 상황에 대해 그룹에서 나누고 있다. 다른 비서들이 직장 상사를 험담하여 해고당하게 만들 치사한 작전을 짜냈는데 그녀는 거기에 동참하길 거절했다. 그녀는 그리스도인으로서 그들과 함께할 수 없다고 느꼈던 것이다. 하지만 이제는 그들이 그녀를 공격하는 것이다. 차가운 눈빛들과 비판하는 말들, 비꼬는 모욕들이 매일 계속된다. 그녀는 어떻게 해야 할지 고민 중이다. 당신은 그룹에서 그녀를 어떻게 도울 것인가?

빌과 버타

이 부부는 당신 셀그룹을 계속적으로 방문해 왔다. 그들과 일 대 일의 시간도 좀 가졌었고 이제 좀 더 알아가고 있다. 둘 다 영적 기초가 별로 없고 아직 신자도 아닐 것이다. 버타는 더 많은 돈을 벌지 못하는 남편의 무능함에 대해 말로써 학대하기 시작했다. 빌은 더 이상 참을 수가 없었다. 그는 헤어지자고 선언했다. 그녀는 울면서 당신에게 도와달라고 전화를 한다. 이럴 때 당신은 어떻게 할 것인가?

도나

이 여자는 매우 불안하고 책임감이 없다. 그녀는 임무와 책임을 완수하는 것에 대해 늘 흔들린다. 그녀의 집에서 셀그룹 모임을 갖기 두 시간 전에 전화를 해 저녁 때 시장을 봐야 하기 때문에 모임을 가질 수 없다고 전화한다. 이럴 때 당신은 어떻게 하겠는가?

제 18 장

서로 친해지기 활동들

초기 모임에서 쓸 수 있는 활동들

다음 활동들은 8명의 사람들과 45분의 시간을 필요로 한다. 이것은 셀원들에게 서로에 대한 소속감을 갖게 해 줌으로써 친숙하게 만들어 준다. 셀그룹에 적용하기 전에 가족이나, 친구들, 목자들의 모임에서 이를 사용해 보는 것도 좋을 것이다. 기억해야 할 핵심적인 내용은 사람들이 서로에 대해 깊이 알지 못하는 상태에서 너무 깊이 있는 질문들 묻지 말라는 것이다. 부담스럽지 않은 활동들을 하라.

다음에 이어지는 퀘이커교도의 질문들에서 모든 세부 사항들은 7세에서 8세 사이에 경험했던 일들이어야 한다는 점을 주지하라. 누구에게

나 유년기에 있었던 일들을 나누는 것은 낯선 사람들과 대화를 하더라도 부담을 거의 주지 않는다(청소년기의 일들은 그렇지 못하지 않은가).

친해지기 위해 사용하는 질문들("퀘이커교도의 질문들")

수백 명의 사람들이 친해지기 위해 이런 질문들을 사용해 왔다는 사실을 설명해 주라. 여기에 나오는 어떤 질문도 억지로 사적인 것에 대해 나눌 것을 요구하지는 않는다. 토론 질문과는 달리 둥글게 둘러앉아 순서대로 돌아가면서 한 사람씩 대답하는 형식이 가장 좋다.

당신이 사회자로서 첫 번째 질문을 제시하고 스스로 답을 하라. 당신이 어떻게 하느냐에 따라 다른 사람들에게 좋은 본보기가 될 것이다. 당신의 답이 짧으면 다른 사람들도 모두 짧게 대답할 것이다. 그 답이 길면 다른 답들도 길 것이다. 각 문제에서 한 사람 당 1분 이상을 소요하지 말라.

- 당신은 7~12살 때 어디서 살았고 형제, 자매가 몇 명이었는가?
- 당신 가족은 어떤 교통 수단을 이용했는가?
- 당신이 가장 가깝게 느낀 사람은 누구였는가?
- 언제부터 하나님이 당신에게 좀 더 구체적인 의미로 다가왔는가?

수다 떨기(두 번째~네 번째 모임)

친숙해지기(아이스 브레이크) 활동을 위해 다음 질문들을 섞어서 사용하라.

● 당신 인생에서 가장 행복했던 순간은 언제였는가?
● 당신의 첫 데이트에 대해 말해 보라
● 인생에서 가장 후회하는 일은 무엇인가?
● 내가 받은 가장 큰 칭찬
● 이 지구상에서 가장 친한 친구에 대해 이야기한다면
● 내가 해 본 가장 힘든 일은
● 보통 화요일에는 어떻게 보내는지 자신의 삶을 나눠 보라.
● 내가 가장 크게 실망했던 일은
● (구원을 제외하고) 내가 결코 잊지 못할 선물은
● 자유 시간에 내가 제일 즐기는 것은
● 하루 중에 가장 좋은 시간은 언제인가?
● 당신이 사망했을 때 신문 기사에 쓰여졌으면 하는 한 가지는 무엇인가?
● 장점 한 가지와 단점 한 가지를 나누라.
● 집이나 집 뜰에서 당신이 가장 좋아하는 곳은 어디인가?
● 내가 가장 좋아하는 연재 만화는?
● 사람들은 나의 이 점을 알면 놀랄 것이다.
● 날씨를 표현하는 용어를 사용한다면 당신의 일주일은 어떻게 표현될까(폭풍우, 맑음, 조금 흐름, 안개 등등)?

서로 친해지기 활동들

만약에 ……

(부분적으로 여러 셀그룹 모임에서 반복적으로 쓰여질 수 있다)

- 실패할 가능성이 없다면 무엇을 하고 싶은가?
- 인생을 다시 살 수 있다면 무엇을 바꾸겠는가?
- 달에 가서 살아야 하는데 한 가지 물건만 가지고 갈 수 있다면 무엇이겠는가?
- 내년 이 시점에 당신이 무엇이든지 원하는 것을 하게 된다면 그 일은 무엇이겠는가?
- 우리나라의 지도자와 함께할 시간이 주어진다면 무엇을 질문하겠는가? 그에게 어떤 조언을 하겠는가?
- 모든 경비가 지불되는 여행을 전 세계 어디로든 갈 수 있다면, 어디로 갈 것인가? 이유는?
- 당신은 (누군가가 도난 당하는) 장면을 목격한다면 어떻게 할 것인가?
  누군가가 물에 빠져 있다면?
  누군가의 집이 불타고 있다면?

어떤 식인지 알았으면, 이제는 당신 스스로 질문을 만들어 보라!

제4부

셀그룹 모임

The Shepherd's
Guidebook

CELL

Cell Leader INtern

셀그룹 모임 Ralph W. Neighbour

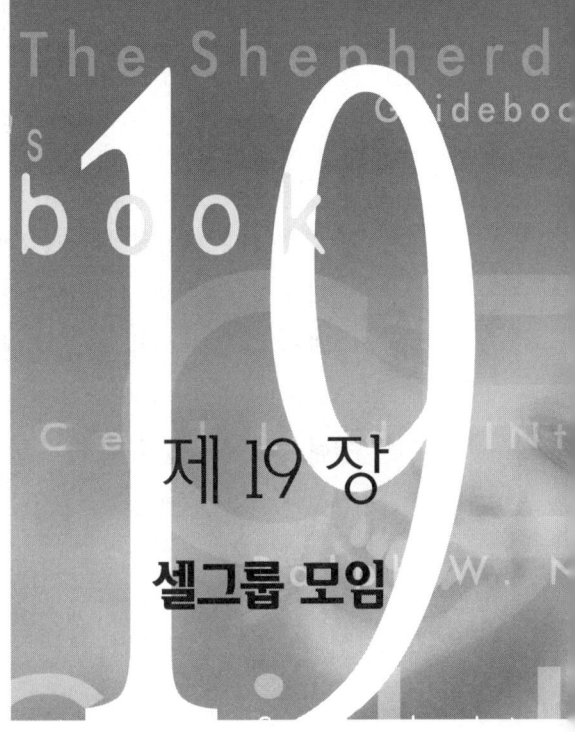

셀그룹 지침들

1. 각 모임 때 제시되는 지시들을 정확히 따르라.

2. 새로운 자료를 사용할 때에는 반드시 허락을 받아라.

3. 모임을 인도할 때는 이 책을 사용하지 말라. 질문들을 작은 카드나
   종이 쪽지에 적어 두라. 책을 사용하면 마치 학교의 수업 분위기처
   럼 된다.

4. 이 집에서 저 집으로 이동하라. 두 번씩 연이어 같은 집에서 모이지
   말라. 집에서 만나는 것을 통해 서로에 대해 알아 가라. 하지만 자
   기 집에서 모임을 가질 수 없는 사람들이 창피한 감정을 가지지 않
   게 해야 한다.

5. 4주 전에 모임 날짜, 시간과 장소를 정하고 매번 다른 장소에서 모이
   라. 셀 원들에게 모임 스케줄을 알리고 이를 교회 사무실에 보고하라.

6. 모이는 집의 약도나 집을 찾기 위한 상세한 위치를 설명하는 문서를 준비하라. 모임에 대한 정보에 이를 첨부하라.

7. 언제나 앞으로 있을 세 번의 모임을 미리 계획하라. 계획을 할 때는 절대로 혼자하지 말고 반드시 예비 목자와 상의하라.

8. 다과는 간단하게 준비하라. 사람들이 도착하는 대로 다과를 내고 절대로 모임이 끝날 때 하지 말라. 모임 시작의 첫 단계에 다과가 적절한 역할을 한다.

전화 걸기와 심방하기

첫째 주부터 가능한 모든 셀 원들로 하여금 셀을 심방한 적이 있는 사람들에게 전화를 걸거나 집을 심방하는 일에 동참시켜라. 모든 셀 원에게 셀이 자기를 필요로 한다고 느끼게 하는 것이 매우 중요하다. 셀 원들이 직접 참여하면 할수록 그들은 셀에 더욱 헌신될 것이다. 그룹의 모든 참가자들이 "주인 의식"을 공평하게 행사하는 것이 그들의 지속적인 출석을 보장할 것이다. 모임에 "와서 앉아 있기만 하는" 사람들은 셀그룹에 오래 남아 있지 못한다!

비전 나누기- 셀그룹의 매우 특별한 부분임

다음에 이어지는 내용 개요를 보면 "비전 나누기"라고 된 부분이 있다. 이것은 셀그룹에 아주 중요한 부분이므로 절대로 생략해서는 안 된다. 이 시간에는 셀그룹에서 생활에 대한 이야기를 나누게 되어 있다. 셀그룹이란 무엇이고, 셀그룹 미래의 꿈은 어떤 것이며, 새로운 사람들이 참여할 수 있는 방법들을 이야기한다. 이 시간은 또한 셀 원들이 자신들이 접촉하고 있는 불신자들의 이름과 그들의 필요를 보고하는 시간이다.

이 시간이 셀그룹의 스케줄에 포함된 이유는 셀 원들에게 잃어버린 자들에 대한 비전을 잃지 않게 하고자 함이다. 셀에 대한 당신 자신의 비전을 나눌 뿐 아니라, 정규적으로 구역이나 지역 그리고 교회 전체의 비전도 함께 나누어라. "익명의 알코올 중독자들"(Alcoholics Anonymous)이라는 단체(알코올 중독자들을 치유하는 것을 목적으로 하는 소그룹─역자 주)가 그토록 성장할 수 있었던 것이 모든 참여자들의 헌신 때문이었던 것처럼, 믿지 않는 자들을 주님께로 인도하는 비전에 셀그룹에 있는 각 사람이 동참해야 한다.

사회에는 많은 사람들은 자기들에게 가까이 다가와 함께 "가족"이 될 사람들을 만날 시간과 장소를 필요로 한다. 전통적인 교회에는 주일학교가 있지만, 성도의 삶이 나누어지던 신약성경(행 2:42~46)의 구조는 교회에서 찾아볼 수가 없다. 바로 이것이 "비전 나누기"의 주제다.

"비전 나누기"는 예비 목자에게 맡기라

예비 목자를 가능한 많이 세워 주고 경험을 쌓게 하라. 이런 시간을 짧게라도 갖는 것은 셀이 배가할 시기가 되었을 때 사람들이 예비 목자를 새로운 셀을 섬길 미래의 종으로 자연스럽게 받아들이게 하는 것이다.

매번 모임이 끝난 뒤에 예비 목자와 함께 평가 및 계획을 세우는 시간을 가지라. 이 시간에 "비전 나누기"에서 나온 내용들을 다룬다. 예비 목자와 갖는 이 시간의 가치를 곧 당신 스스로가 느끼게 될 것이다!

셀그룹 첫 번째 모임

우선 이번 모임에서의 기본 수칙부터 나누어라

1. 우리는 서로를 돌본다. 나눈 것에 대하여 비밀을 보장한다.

2. 우리가 모이는 유일한 이유는 셀 원들이 서로와 다른 자매 셀을 돌보는 것이다. 정치나 각자 속해 있는 다른 집단과 그 모임에 대한 토론은 금물이다.

3. 우리는 매 모임을 기도로 끝마침으로 하나님의 주권에 의지할 것이다.

4. 우리 셀그룹 모임 장소는 개방을 자원하는 집들을 중심으로 옮겨갈 수 있다.

친숙해지기

- 7~12살 때 당신은 어디에서 살았으며 형제, 자매는 몇 명이나 있었는가?

- 당신 가족의 교통 수단은 무엇이었는가?

- 당신이 가장 가깝게 지낸 사람은 누구였는가?

- 하나님이 당신에게 좀 더 구체적인 의미로 다가온 것은 언제인가?

찬양 시간(10~15분)

모든 사람들이 알고 있는 찬양을 불러라. 필요하다면 찬양의 가사를 다 기억하지 못하는 사람들을 위해 가사만 따로 인쇄한 종이를 만들라. 이와 같은 가사 인쇄물은 셀 방문자들에게 매우 중요하다. 그들은 당신이 부르고 있는 찬양을 한 번도 들어 보지 못했을 수도 있다. 한 번도 들어 본 적이 없는 낯선 노래를 부르는 낯선 사람들이 가득한 방에 당신이

들어왔다고 상상해 보라. 모두들 노래하는 데 당신만 혼자 바보같이 멀뚱멀뚱 서 있다는 기분을 느낄 것이다!

후원자/피후원자 지침서 소개

이 시간을 간단하게 지나칠 수도 있고 아니면 저녁 내내 가질 수도 있을 것이다. 각 사람이 이 지침서의 중요성을 이해하는 것이 셀그룹의 좋은 출발을 하는 데 결정적이다. 영적으로 성장하기 위해서는 상호 신뢰와 책임감이 중요하다는 것을 강조하라.

기도 시간

세 사람씩 기도 짝을 만들라. 기도는 짧게 하고 흩어지기 전에 특별한 기도 제목들을 나누어라.

비전 나누기(발표는 예비 목자가 할 것)

"셀그룹은 참여하는 사람들의 자발적인 모임입니다. 아무런 후원자도 없고, 가입할 것도 없으며, 지불할 회비도 없습니다. 우리의 헌금 대부분이 가난한 사람들과 복음의 확산을 위해 쓰여질 뿐입니다. 성령의 역사로 필요를 느낀 사람들이 셀 운동을 일으킨 것이고 우린 그렇게 만들어진 모임입니다. 우리는 (교회 이름이나 공동체)의 일부분입니다. 이런 모임이 다른 사람들의 삶에도 축복을 줄 수 있다고 우리가 느낄 때에만 셀그룹은 확산될 것입니다. 만약 당신이 우리와 함께하는 6~9개월 동안 많은 유익을 얻게 된다면 당신도 새로운 셀그룹을 만들고 싶어 할지도 모르겠습니다. 우리가 바라는 것은 당신 자신이 도움을 입은 것처럼 당신도 이웃을 돕는 일에 대한 비전을 갖게 되는 것입니다!"

"집에 가기 전에 새로운 삶 시리즈 1권 『안내』 한 권을 가지고 가십시오. 그것을 집에 가지고 가서 당신의 영적 성숙에로의 순례에 대해 생각해 보십시오. 그런 후엔 우리 셀 리더와 저를 만나 당신이 얻은 생각들에 대해 같이 토의하십시오. 당신이 원한다면 지금 당장 그 심방 약속 스케줄을 잡아드릴 수도 있습니다. 여러분들 중에 몇 분은 후원자가 되어달라고 부탁을 받게 될 것입니다. 그런 분들은 우리가 개인적으로 말씀을 드리겠습니다. 만약 우리가 당신이 양육하는 피후원자를 처음으로 심방하게 되면 당신도 동행하게 될 것입니다. 우리는 집(당신 집이든 우리들 집이든 좋은 데로)에서 당신과 한두 시간 따로 만날 것입니다."

모임이 끝난 후엔 셀 원들과 어울려라. 그들이 모임에 대해 어떻게 느꼈는지 알아보라. 48시간 이내에 각 사람에게 전화로 점검해 주라.

메모

셀 그룹 두 번째 모임

친숙해지기

지난주에 당신의 삶에서 일어난 가장 중요한 일은 무엇이었는가? 1분 동안 좀 더 구체적으로 설명하라.

찬양 시간(10~15분)

집에서 찬양할 때는 둥글게 앉아 찬양하는 것이 가장 효과적이다. 찬양 인도자를 세우되 찬양 가사를 암기하고 음을 잡을 줄 아는 사람을 인도자로 세워야 할 것이다. 소요 시간은 10~20분을 넘지 말아야 할 것이다.

교육 시간: 우리의 장점을 다른 사람과 나누기

성경구절: 빌립보서 3장 10~14절

1. 우리의 장점을 다른 사람과 나누는 것이 왜 중요한가? 우리가 단점들만 나눈다면 이웃과의 관계성은 어떻게 되겠는가?
2. 사람마다 다르게 가지고 있는 세 가지 장점들은 분석력, 의사소통 능력 그리고 조직력 등이 있다. 이들 중 당신의 장점은 무엇인가? 우리가 이 장점들을 하나님의 영광을 위해 쓸 수 있는 방법이 몇 가지나 되는가? 함께 이야기해 보자.
3. 자기의 장점을 공유할 수 있도록 모임을 형성하는 사람들을 일컬어 "네트워크를 구성한다"고 말한다. 서로에게 도움을 줄 수는 방법은 무엇인가? 어떻게 하면 서로가 서로에게 "네트워크"가 될 수 있는가?

4. 이번 주에 서로를 도울 수 있는 방법은 무엇인가?

기도 시간

먼저 자기 우측에 있는 사람과, 그 다음에는 모임에서 특별히 기도를 필요로 하고 있는 사람을 위해 기도하라. 돌아가면서 기도 제목을 물어보되 특별히 육체적인, 정신적인 치료를 구하는 기도 제목에는 즉각 반응하라. 방 한가운데 의자를 갖다 놓고 기도를 필요로 하는 사람을 거기에 앉히고 그 주위를 둘러싸라. 자기 의자로 돌아오기 전에 여러 명의 기도 제목을 가지고 뜨겁게 기도하라.

비전 나누기

(발표는 예비 목자가 할 것)

"모임이 없을 때에도 서로가 서로를 의지하는 것이 중요합니다. 이번 시간에는 기도 연락망을 만들 것입니다. 이것은 철저하게 자발적으로 이루어지는 것입니다. 당신이 참여한다면 자기 이름 앞에 있는 사람으로부터 전화를 받게 될 것입니다. 그 다음에 당신은 자기 이름 다음에 있는 사람에게 전화를 걸게 됩니다. 이 기도 연락망은 셀 원들의 개인적인 기도 제목을 다루는 데 활용될 것입니다. 예를 들어 당신에게 특별한 걱정이나 어려움이 닥쳤을 때, 우리 목자에게 전화로 알림으로써 그 기도 제목을 기도 연락망에 올릴 수 있습니다"(기도 연락망 양식지를 배포하라).

"셀 리더와 제가 여러분 모두의 집을 심방한 뒤에, 우리도 새로운 삶 시리즈 3권 『실천』을 따로 공부할 것입니다. 그에 대한 견해는 후원자-피후원자 시간에 나눌 것이고, 우리의 삶이 어떻게 바뀌어 가는지는 앞으로의 세워 주기 시간에서 알게 될 것입니다. 우리는 주님을 알지 못하는 사람들을 대상으로 전도하는 두 가지 사역을 시작할 것인데, 약 3개월 후에는 그 중 한 가지에 여러분이 참여하도록 할 것입니다. 첫 번째 전도 사역은 둘씩 짝을 이루어 주님을 찾고 있는 사람들과 교제하는 것입니다. 그들은 우리가 아는 사람들일 수도 있고, 공공 집회에 출석하는 방문자들일 수도 있습니다. 그들을 심방하는 시간은 각 팀이 정하게 됩니다."

"둘째 전도 사역에서도 세 사람씩 짝을 이루어 전도 소그룹 혹은 취미 활동 그룹을 시작하게 됩니다. 이 팀은 매주 우리 그룹과는 별도로 모임을 가지며 종교 생활과 교회에 깊은 관심을 갖는 사람들을 그 모임으로 초청하게 됩니다. 3개월 뒤에 우리는 그 사역의 열매로서 새로운 사람들이 우리 무리에 들어오는 것을 보게 될 것입니다."

"우리에게는 이런 사역들을 도울 효과적인 훈련 교재들이 있습니다. 당신은 이 두 가지 사역 중 어느 것에 참여해야 할지를 위해 지금 기도해야 합니다. 세부적인 사항들에 대해서 모임이 끝난 후에 기꺼이 개인적으로 상담해 드리겠습니다."

메모

셀그룹 세 번째 모임

친숙해지기
우리가 지난번에 만난 이후에 누가 당신 생활에 가장 큰 영향을 주었는가?

찬양 시간(10~15분)

교육 시간: 삶에서 사람들과 연관짓기
성경구절: 에베소서 4장 29~32절

1. "고양이 걷어차기" 증후군(자기 불안 심리로 인해 옆에 있던 애꿎은 동물이 걷어차이는 일로 불안한 사람 주변에 있던 사람이 같이 피해를 본다는 말―역자 주)이 무엇이라 생각되는가?
2. 우리가 삶에 대한 불안감을 느낄 때 주변에서 살면서 함께 일하는 사람들에게도 불안감을 주게 된다. 당신의 불안감에 가장 많은 영향을 받는 사람들은 어떤 사람들인가? 어떤 사람들의 불안감이 당신에게 많은 영향을 주는가?
3. 우리 삶 속에서 아끼는 사람들이 깊은 우울증에 빠졌을 때 도울 수 있는 방법은 무엇인가?
4. "고양이 걷어차기"에 빠져들지 않기 위해, 우리가 셀그룹에서 서로가 서로를 의지할 수 있는 방법은 무엇인가?

기도 시간
전체 앞에서 크게 기도하는 것에 대해 거부감이 없는 사람이 원 안에 있는 다른 사람을 위해, 자신을 위해, 아니면 두 가지 모두를 위해 한 문장으로 기도를 하도록 제안하라. 모든 사람들이 대표 기도를 편안하게 받아들이지는 않으며 그러한 이유로 우리는 "돌아가면서 하는 기도"를 절대로 하지 않는다는 점을 강조하라. 그렇기 때문에 항상 자발적인 형태로 기도를 하게 될 것이다. 따라서 옆 사람이 기도하기 전까지 기다렸다가 기도하는 습관을 버려라.

기도 가운데 능력으로 성령이 임재하시도록 하라! 필요하다면 기도 시간 도중에 찬양의 노래를 불러라. 전투의 시간을 가지라. 잃어버린 자들을 위해 기도하고 그리스도를 대적하고 있는 사람들을 위해 중보하라.

모임 시간에 대해 얼마나 민감해 있는가? 모임 시간이 90분을 넘긴다면 좋은 사람들이긴 하지만 그 이상의 시간을 머물 수 없는 사람들을 잃어버릴 수도 있다!

비전 나누기(발표는 예비 목자가 할 것)

"우리 셀그룹은 가족 같은 느낌이 들기 시작했습니다! 서로에 대한 첫인상이 이제 바뀌고 있는 것입니다. 다른 사람들이 당신의 깊은 필요를 채워 주고 있다고 느껴질 때 그들에게 알려 주십시오. 그룹에서 당신이 불편함을 느끼는 사람이 있다면 그것은 아마도 전에 그와 비슷한 사람과 있었던 해결되지 않은 갈등 때문일 것입니다. 우리는 과거의 그러한 짐을 새 친구에게 지우지 않도록 주의해야 합니다. 셀그룹은 영적 성장을 하기 위해 오는 곳이지 서로를 공격하는 곳이 아닙니다. 그 성장의 한 방법은 모임과 모임 사이에 한두 사람이 따로 만나 서로 친숙해지는 것입니다. 우리는 이것을 권장합니다."

"여러분들의 집에 심방해서 새로운 삶 시리즈 1권 『안내』를 함께 공부한 것이 우리에게 특별한 시간이었습니다. 우리는 계속적으로 언제든지 여러분 곁에 있을 것입니다."

메모

셀그룹 네 번째 모임

친숙해지기

지난주에 당신의 삶에서 가장 중요한 사건은 무엇이었는가?

찬양 시간(10~15분)

한 사람에게 시편 108편 1~6절을 읽게 하라. 만약 아이들이 모임에 함께하고 있다면 그들이 한 목소리로 어른들에게 읽어 주도록 하라. 그리고 가능하다면 이 성경구절에서 나온 찬양, 곧 "하늘 위에 주는 높이 들리며 주의 영광은 온 세계 위에"를 불러라. 하나님의 임재 가운데 기뻐하면서 짧은 문장으로 하나님을 찬양하는 기도의 시간을 가지라.

교육 시간: 자기 자신에 대한 믿음

성경구절: 누가복음 10장 38~42절

1. 자기 성취나 업적을 통해 자기 가치를 느끼는 사람이 몇 명이나 되는가? 투표를 해 보자.
2. 자신의 성공이나 실패에 따라서 자기 자존감이 "롤로 코스터"를 탄 것처럼 기복을 이루는 것을 경험하는 사람이 몇 명이나 되는가?
3. 진실로 "겸손"하기 위해서 자신을 나쁘게 여길 필요가 있는가?
4. "최선을 다하는 것"과 "최선이 되는 것"에는 어떤 차이가 있는가?

기도 시간

모두 둘씩 짝을 이루어 조용한 장소를 찾아라. 복도와 계단, 현관 등을 이용해도 좋다. 각 팀은 일 대 일로 나누는 시간을 몇 분 가져라. 그런 다음 서로를 위해 기도해 주라. 조용하게 기도하는 것이 편한 사람들은 그렇게 하라. 또한 통성으로 기도하고 싶은 사람은 그렇게 하라.

비전 나누기(발표는 셀 리더가 할 것)

간증으로 이 시간을 시작하라. 예비 목자와 상의한 뒤 일주일 전에 간증할 사람을 정하라. 예비 목자는 이 사람이 셀그룹에서 어떤 영향을 받았는지에 대해 짧고(1분~최고 3분) 지극히 긍정적인 글을 쓸 수 있도록 도와주라. 예비 목자는 이 셀그룹 공부가 끝난 뒤에 적어도 한 개 이상의 새로운 셀그룹이 탄생하는 것이 목표임을 언급해야 한다.

메모

_____

_____

_____

_____

_____

셀그룹 다섯 번째 모임

친숙해지기

이번 주에 일어났던 가장 좋았던 일은 무엇인가?

교육 시간: 어린아이와 하나님 왕국

성경구절: 마가복음 10장 13~16절

1. "제12장 어린이들이 문제인가?"를 10분간 발표할 내용으로 요약하라. 큰 전지에 당신의 의견을 정리해 적고 모임을 갖는 방의 벽에 그 종이를 붙여라.
2. 당신이 발표를 하면서 성경 구절들은 예비 목자가 읽게 하라.
3. 발표가 끝난 뒤에 무리를 세 명씩 짝을 지워 나누고 서로 다른 질문에 답하게 하라.

다음 질문들 중에서 가장 적합한 것들을 골라라:

- 그리스도인 부모들이 자녀들 앞에 두는 가장 흔한 걸림돌은 무엇인가?
- 당신은 모든 어린이들에게 수호 천사가 있다고 진실로 믿는가? 당신은 천사를 믿는가? 답에 대해 설명하시오.
- 당신은 "어린아이 같은 믿음"이 무엇인지 경험할 기회가 있었는가? 왜 그것이 특별한가?
- 당신은 부모들이 아이를 갖기 전에 그들이 아이의 영적 양육을 위해 치루어야 하는 대가를 계산해 본다고 생각하는가?
- 어렸을 때 부모가 "종교를 강제로 가지도록 했다"고 아직까지 분노하고 있는 사람들을 우리는 어떻게 도울 수 있는가?

- 셀그룹에서는 아이들과 어떤 관계를 맺어야 하는가?
- 교회를 다니지 않는 가정의 어린이들에게 우리가 사역할 수 있는 가능성은 있는가? 어떻게 그 사역을 할 수 있는가?
- 우리 지역에 있는 청소년들의 필요는 무엇인가? 우리가 할 수 있는 일은 무엇인가?

찬양 시간(10~15분)

우리 모임 중에 어린이들이 있는가? 있다면 그들에게 초점을 맞추어 그들이 좋아할 만한 찬양, 부르고 싶어하는 찬양을 불러라. 그들에게 기도로 찬양하는 것을 가르쳐라. 처음에는 이론을 설명하고 그 다음에 어떻게 하는지 보여 주라. 그 후에 기도로 찬양하게 하라. 그들이 알고 있거나 쉽게 배울 수 있는 몇 가지 찬양으로 이 시간을 마감하라.

기도 시간

지난 주와는 다른 사람과 기도 짝을 이루라고 제안하고 지난 주와 같은 방법으로 나눔과 기도의 시간을 갖게 하라. 조용히 둘이서만 가지는 이 시간이 셀그룹에서 서로 더 가까워질 수 있는 시간임을 인식시켜라.

비전을 나누기(발표는 셀 리더가 할 것)

"각 사람의 셀그룹 경험은 독특합니다. 이것은 언제든지 새로운 사람들이 우리 모임에 참석하여 우리와 함께할 수 있다는 뜻입니다. 지금 우리와 함께 가는 사람들은 앞으로 우리 셀이 커져서 모체 셀과 자녀 셀로 성장해 갈 것을 기대해도 좋습니다. 누가 우리 모임을 좋아하게 될지 어떻게 알겠습니까? 그는 아직 교회에 다니지 않는 그리스도인일 수도 있고, 불신자일 수도 있습니다. 다음 모임 때 당신은 이들을 손님으로 데리고 올 용의가 있습니까? 우리는 초청의 밤을 가질 것입니다. 이는 2시간 짜리 행사가 될 것이며 우리 각 사람은 자신과 손님 및 또 다른 사람을 위해 여분의 음식을 준비해야 합니다."

"이 행사는 우리의 모임을 다른 사람에게 개방하는사 중에 첫 번째 행사가 될 것입니다. 셀 원 서로간에 어울리는 것을 피하고 손님들과 시간을 함께 보내도록 하십시오. 또한 그리스도인들이 별 생각 없이 쉽게 쓰는 상투적인 종교 용어를 피하십시오. 각 사람에게 진실성, 투명성, 그리고 참된 사랑을 보여 주도록 합시다."

메모

셀그룹 여섯 번째 모임

식사 시간

"군침이 돈다!"

셀 원들이 가지고 온 음식으로 멋진 뷔페를 준비해 보라. 촛불도 켜는 것은 어떨까? "평범"하지 않게 만들어 보라. 새로 온 사람들을 식별할 수 있도록 명찰을 달아 주라. 그리고 그들도 당신들의 이름을 익히도록 도와주라. 모든 손님에 대해 한 마디씩 해 주라! 끼리끼리 모여 있지 말고 섞여라.

친숙해지기

지금 당신 삶 속에서 가장 친한 친구는 누구인가?

찬양 시간(10~15분)

찬양 인도자를 활용하여 찬양하라!

교육 시간: 개인적인 직함과 자존감

성경구절(시작할 때가 아니라 끝날 때 사용하라): 마가복음 9장 34~35절

역할극 시간(10~14분)

역할극은 우리의 직함이 삶에 어떤 영향을 주는지 알게 해 준다. 다른 사람들이 듣지 못하도록 셀 원 가운데 두 명을 방 밖으로 내보내라. 한 사람은 작은 회사의 관리인이고 다른 사람은 그 회사의 사장이라고 그들에게만 알려 준다. 그들이 방으로 다시 돌아오게 되면 이 직책에 해당

하는 역할을 연기해야 한다. 관리인은 새 회사 건물로 이사를 가는 입장을 강하게 주장해야 하고 사장은 그를 반대해 낡은 회사 건물로 이사를 해 임대료를 줄이자는 입장에서 연기를 해야 한다.

그들이 방 밖으로 나갔을 때, 나머지 사람들에게는 두 사람의 직책을 알려 주되 반대로 알려 주라! 모여 있는 사람들은 "관리인" 을 "사장" 으로, "사장" 을 "관리인" 으로 생각하게 될 것이다.

그 두 사람이 다시 방으로 돌아와 앉았을 때, 두 사람을 제외한 나머지 사람들은 작은 회사의 중간 경영자 역할을 수행해야 한다고 설명해 주라. 새로운 사무실 건물로 이사 사는 것에 대한 결정을 내려야 한다. 두 가지 방법이 제시되었다. 새로 지은 빌딩의 사무실로 이사를 가는 것과 청소를 많이 해야 되는 좀 낡은 빌딩의 사무실로 이사를 가는 것이다. 당장 수리 비용을 지출해야 하는 낡은 건물과 높은 임대료를 내야 하는 새 건물 가운데 어떤 결정을 해야 하는 것이다. 그룹은 어떤 사무실을 택할 것인지 합의된 결정을 내려야 한다(두 사람의 직책이 바뀐 사실을 폭로하지 말라). 그룹이 적어도 10분 이상 이 문제를 가지고 고민하게 하라. 누가 조용하게 있는지 찾아내어 토론에 참여하도록 이끌라. 모든 참가자들이 토의에 동참하도록 노력하라.

역할극 마무리 짓기

두 사람의 "바뀐 역할" 을 폭로하라. 세 명씩 짝을 지어라. 각 팀에게 서로 다른 질문을 토의하게 하라. 5분 정도 서로 토의하게 하라. 전체를 다시 모이게 한 후 각 팀으로부터 보고를 받아라.

1. 우리는 "사장" 의 의견에 대해 어떻게 생각했는가?

2. "당신은 직함에 맞게 역할을 잘 했다" 라고 생각을 했는가? 왜 그렇게 생각했는가? 혹은 왜 그렇게 생각하지 않았는가?

3. 여러분들 중에 우리가 새로운 직함을 받아 승진했을 때 다른 사람들 눈에 우리의 가치가 바뀐다는 것을 발견한 사람은 몇 명이나 됩니까?

4. 우리 삶의 질이 개인의 직함과 어떤 가까운 관계에 있는가?

5. "일 중독자"가 직장을 잃는 것이 다른 사람들이 직장을 잃는 것보다 더 큰 충격으로 다가오는 이유는 무엇인가?

6. 당신 자신이나 다른 사람의 가치를 그 사람의 직함이나 직책으로 판단하는 것이 합당한가?

기도 시간

세 사람씩 짝을 지어라. 역할극에서 드러난 서로의 개인적인 필요들을 위해 기도하라.

비전 나누기(발표는 셀 리더가 할 것)

다시 전체로 모여 다음을 토의하라. 주의: 새로운 사람들을 모임으로 데리고 올 것을 강조할 때가 되었다. 당신의 그룹은 맛깔 나게 분위기가 익어가고 있으며 새로운 사람들은 그룹에서 사랑과 따뜻함을 느끼게 될 것이다. 이는 새로운 사람들에게 친밀감을 주고 다음 셀그룹을 만들 핵을 제공하는 것이다. 이것이 이처럼 특별한 만찬을 갖는 이유다.

발표 내용은 사전에 아주 치밀하게 준비되어 있어야 한다. 셀그룹이 무엇이고 이 그룹에선 어떤 의미 있는 특별한 일들이 있었는지 간단하게 정리되어 있어야 한다. 이 모임이 그들에게 어떤 의미를 갖게 하는지에 대해 나누도록 두세 사람을 미리 준비시켜라(한 사람 당 1분을 지킬 것).

메모

셀그룹 일곱 번째 모임

친숙해지기
지난주에 당신에게 일어난 가장 중요한 사건은 무엇이었는가?

찬양 시간(10~15분)
찬양 리더에게 찬양 인도 계획을 맡기라.

교육 시간: 우리의 직장과 평안함
성경구절: 시편 75편 6~7절

1. 직장에서의 환경이 대개 우리의 평안함에 어떻게 영향을 미치는지 당신의 견해를 나누어 보라.
2. 당신이 하는 일에 얼마나 기쁨을 누리고 있는가?
3. 직장 환경과 관련해서 당신이 겪고 있는 특별한 문제들은 있는가?
4. 직장에서 승진은 잘 되고 있는가? 왜 그런가? 혹은 왜 그렇지 못한가?

기도 시간
오늘 밤에는 기도 시간을 조금 늘려 세 사람씩 짝을 이루어 기도하라. 이것은 지난 기도 시간보다 좀 긴 것이다. 가능하다면 토론 시간을 줄임으로 5~8분 정도의 기도 시간을 더 주라.

비전을 나누기(발표는 예비 목자가 할 것)
새로운 셀 원들을 환영한 뒤에 다음 두 가지 영역들을 다루어라.

1. 지난 번 모임에 관해 나누어라. 방문자들이 지난 주의 행사 뒤에 어떻게 반응하였는가? 다음 "초청의 밤"을 더 효율적으로 하기 위해 우리가 배운 것은 무엇인가?

2. 돌아가면서 자신이 전도하고자 노력하는 한 사람(혹은 두 사람까지도)의 이야기를 나누도록 시켜라. 불신자들의 삶 속에서 기도를 필요로 하는 요새들에 초점을 맞추어라.

메모

셀그룹 여덟 번째 모임

친숙해지기
지금까지 당신에게 가장 기억에 남는 셀그룹 주제는 무엇이었는가?

찬양 시간(10~15분)
찬양 리더에게 찬양 인도 계획을 맡기라.

교육 시간: 치유되지 못한 상처를 안고 살기
성경구절: 히브리서 12장 15절

1. 글을 읽지 말고 다음의 상황을 말로 설명하라.

"한 젊은 청년은 대학 교육을 포기하고 자신이 원하는 변호사 직업을 포기하면 자기 아버지의 사업을 물려받을 것이라는 약속을 받았다. 그는 11년 동안 아버지를 위해 열심히 일하며 적은 임금으로도 사업을 배워 갔다. 이 시점에서 아버지는 심장 마비가 왔고 갑자기 죽게 되었다. 아버지의 유서에는 사업을 매각해서 자금을 아내와 네 명의 자녀들 그리고 일곱 개의 자선 단체에 공평하게 나누라고 되어 있었다. 그의 몫은 $15,000밖에 안 돌아왔다. 그는 지금 30대 초반의 나이로 아버지에게 당한 일에 대한 쓴 뿌리를 안고 살고 있다."

2. 그의 안에 있는 이와 같은 쓴 뿌리가 앞으로 사람들과 관계에 있어서 어떤 영향을 미치겠는가?

3. 그가 쓴 뿌리의 감옥에서 자유로워지기 위해 취할 수 있는 방도가

있는가?

4. 당신이 용서해야 할 사람은 누구인가?

5. 우리 중에 개인적으로 하나님의 용서를 발견한 사람이 있는가?

6. 에베소서 4장 32절을 읽어라. "이것이 우리에게 어떤 의미를 주는 가?"라고 질문하라.

기도 시간:

파내고 잘려야 할 쓴 뿌리를 안고 괴로워하는 사람들이 있는지 질문하라. 모임 전체는 돌아가면서 한 사람씩을 위해서 기도하라. 그 사람이 "바로 여기서, 지금 당장!" 문제에서 구원을 얻도록 모임에서 기도해 주라. 아픔과 고통을 주는 나쁜 쓴 뿌리들에 대한 주도권을 가져라.

비전 나누기(발표는 예비 목자가 할 것)

새로운 셀 원 몇 사람으로 하여금 그들이 왜 모임에 들어 왔고 새로운 삶 시리즈 1권 『안내』에 대한 공부가 어떠했는지에 대해 간증을 할 것을 제안하라. 항상 그렇듯이, 나눌 사람들이 발표 내용을 미리 준비할 수 있도록 며칠 전에 이야기를 해 주라.

메모

_____

_____

_____

_____

셀그룹 아홉 번째 모임

친숙해지기
지난주에 당신 삶에서 가장 중요한 사건은 무엇이었는가?

찬양 시간(10~15분)
찬양 인도는 인도자에게 맡길 것!

교육 시간: 약속한 것을 지키기
성경구절: 잠언 27장 17절

당신이 직접 이 시간을 인도하지 말라! 예비 목자에게 그 일을 맡기라. 이 시간이 끝나자마자 예비 목자로부터 드러난 장·단점들을 그와 함께 평가하라.

1. 왜 어떤 사람들은 항상 늦는데, 어떤 사람들은 납부금을 기한 내에 지불하고 점심 약속 시간도 잘 지키는 등 자기가 한 약속들을 항상 잘 지킬 수 있는가?

2. 어떤 이들은 자기 약속을 소중히 여기지 않는 사람들을 자기 중심적이라고 이야기한다. 당신은 여기에 동의하는가, 아니면 하지 않는가?

3. 두 사람에 대해 생각해 보라. 한 사람은 항상 시간을 지키려 노력하고, 또 한 사람은 항상 약속 시간에 늦는다. 둘 다 약속 시간에 35분 늦었다 할 경우 한 사람이 다른 사람보다 더 많은 죄책감을 느끼겠는가?

4. 누군가가 당신을 기다리게 만든다면 기분이 어떻겠는가?

5. 당신이 누군가를 기다리게 한다면 기분이 어떻겠는가?

6. 이로부터 우리 자신에 대해 배울 수 있는 것은 무엇일까?

7. 이 같은 습관들을 극복하도록 서로를 도울 수 있는 방법은 무엇일까? "철이 철을 날카롭게 한다"는 것은 사실인가? 이것이 주님께서 우리에게 원하시는 것인가?

기도 시간

그룹 전체가 손을 잡고 서로를 위해 통성으로든 조용하게든 기도하게 하라. 기도를 시작할 사람을 정해 주고 모든 이들이 충분한 기도 시간을 가졌다고 생각될 때 당신이 마무리 기도를 하라.

비전 나누기(발표는 예비 목자가 할 것)

믿지 않는 사람과 구원받지 못한 친구들에 대한 사역에 관하여 셀그룹에서 이미 많은 시간을 투자했음을 인식시켜라. 이 친구들의 구원을 위해서 그룹에서 할 수 있는 가장 의미 있는 공헌은 그들을 위한 심야 기도의 밤을 갖는 것이다. 그들의 요새들(삶 속에서 그들이 그리스도를 경험하는 데 방해가 되는 영적인 장애물들)에 기도를 집중하라. 누군가의 집에서 모여 저녁 8시에 시작하여 자정 정도에 끝낼 수 있을 것이다. 이것을 논의하기 위해 5~10분의 그룹 시간을 할애하라. 이 모임을 금요일이나 토요일 저녁에 갖도록 계획해 보라.

메모

_____

_____

_____

셀그룹 열 번째 모임

심야 기도의 밤

이 모임을 금요일 저녁에 계획하는 것이 좋을 것이다. 이 모임이 셀 원들에게 많은 축복의 시간이 되도록 여러 가지 모양으로 변형시킬 수 있다.

다음의 가능성들을 보라.

1. 애찬으로 시작하라.

   모임이 저녁 7시에 시작되어 자정까지 진행되도록 계획하라. 아이들도 참석을 한다면 그들도 기도 모임의 첫 부분에 참석시켜라. 그 후에 아이들을 위한 파자마 파티(어린이들이 밤새 친구의 집에서 놀면서 함께 지내는 미국의 파티-역자 주)를 만들어 주라(그들이 그 집에서 밤새 놀 수 있고 바닥에서 자게 해 준다면 더 좋아할 것이다).

2. 기도에 대한 발표를 하라(기도를 다룬 장의 내용을 활용할 것). 이것은 예비 목자가 준비하는 것이 좋을 것이다.

3. 기도 순서 사이에 찬양을 집어넣어라(이 찬양들을 인도하도록 찬양 리더를 잘 준비시켜라).

4. 저녁 기도 시간을 나눔과 기도의 순서로 나누어라. 한 번에 한 사람씩 차례로 기도 제목을 나누게 하고 그 후에 기도하라.

5. 특별한 부분의 기도 필요들을 위해 특정한 시간(예로, 오후 11:00~11:30)을 할당하라. 여기에 전도 소그룹에서 연락하고 있는 사람들과 심방 팀의 사역 대상자들이 해당될 수 있을 것이다.

6. 밤이 깊어감에 따라 때때로 세 명씩 기도 짝을 이루어 기도해 보라.

7. 방 안에 있는 각 사람에게 일부러 다가가서 그들을 위해 기도를 해주는 것으로 모임을 마치도록 하라. 이 사람에서 저 사람으로 옮겨다니면서 각 사람의 인생을 하나님의 제단 앞에 그분이 기뻐하시는 거룩한 산 제사로 드려라.

가능성이 좀 보이는가? 내가 가졌던 첫 번째 심야 기도의 밤은 24년 전의 일이었고 아직까지 내 가슴과 마음에 지워지지 않고 있다! 당신의 셀그룹이 기도하는 셀그룹으로서 맛보게 되는 기쁨, 흥분감 그리고 능력은 당신을 전혀 다른 사람으로 바꾸어 줄 것이다. 여기에서 형성되는 영적인 유대감은 형용할 수 없는 것이다. 그것은 경험되어야 하는 것이다.

메모

셀그룹 열한 번째 모임

친숙해지기
18장에 있는 목록에서 한 가지를 고를 것

찬양 시간(10~15분)
찬양 인도는 찬양 인도자에게 맡길 것

교육 시간: 우리의 빚을 관리하기
성경구절: 고린도후서 9장 8~11절

1. 왜 어떤 사람들은 항상 수입 범위 내에서 지출하는데 어떤 사람들은 항상 빚을 지고 살아가는가? 그것은 돈을 버는 능력과 연관이 있는가?

2. 배가 떠 있기 위해 짐을 버려야 한다면 가장 중요하지 않은 물건들부터 버리기 마련이다. 당신의 빚더미가 그런 상황이라면 어떤 채무를 가장 먼저 해결하겠는가?

3. 빚이 없는 사람들이 말하기로는 자기들은 인생의 목표를 세우고 그 목표에 맞추도록 지출의 우선 순위를 만든다고 한다. 우리 중에 이렇게 해 본 사람이 있는가?

4. 그리스도인은 "제2의 수입원"이 없어야 한다(하나님 한 분만으로 충분하다)는 말의 의미는 무엇인가?

기도 시간
지난주 심야 기도의 여세를 잃지 말라. 이번 시간부터 평소보다 긴 기도의 시간을 유지하라. 일단 하나님의 백성들이 찬양과 기도하는 것을 익히기만 하면 그 뒤의 계획들은 필요없게 된다(이 책에 셀그룹 모임이 12개밖에 없는 이유도 여기에 해당된다. 그 후로는 성령님이 인도하시는 대로다).

비전 나누기(발표는 셀 리더가 할 것)

그룹 단위의 전도 행사에 대해 토의하라. 아래와 같은 제안을 하고 싶다. 즉, 가까운 대학교 학생회를 방문하여 학생들과 대화하며 전도하기, 쇼핑몰이나 개방된 상가에 들어가서 노상 예배하기, 날씨가 좋은 오후에 공원에 가서 사람들에게 전도하기, 지역에 있는 모든 술집을 방문해서 손님들을 만나 보기 등.

메모

셀그룹 열두 번째 모임

친숙해지기
17장에 있는 목록에서 한 가지를 고를 것

찬양 시간(10~15분)
찬양 인도는 인도자에게 맡길 것

교육 시간: 무엇이 우정을 유지시키는가?
성경구절: 잠언 18장 24절

1. 한 작가는 사람이 평생 동안 절친한 친구를 3~5명 이상 만들지 않는다고 했다. 당신은 이에 동의하는가?
2. 두 사람 사이에 강한 우정의 끈을 형성해 주는 것은 무엇인가?
3. 지리적인 근접성이 우정의 강도에 영향을 주는가? 왜 그런가? 혹은 왜 그렇지 않은가?
4. 왜 예수님이 "형제보다 친밀한 친구"인가? 갈라디아서 2장 20절의 가르침은 우리 생활 양식에 어떤 영향을 주는가?

기도 시간
지난주와 같은 형태로 기도하라.

비전 나누기(발표는 예비 목자가 할 것)
지금쯤은 셀그룹 전체가 새로운 삶 시리즈 3권 『실천』을 끝내 가고 있을 것이다. 이 모임이 끝난 뒤에 시간을 내어 그 교재의 핵심 포인트를 점검하라. 제11주의 내용에 집중을 하고 셀그룹이 나아갈 다음 단계(요한복음 3장 16절을 사용하여 "A 유형" 불신자들에게 전도하는 것을 훈련)를 논의하라. 4권 『전도 가이드』가 이를 위한 도구다. 셀이 이 사역에 참여하도록 교회에서 특별 훈련 기간을 마련해 줄 수도 있을 것이다.

당신은 두 개의 셀로 배가하는 단계 중에서 그 중간 정도에 왔다고 생각할 수 있다. 예비 목자의 역량에 대해 어떻게 생각하는가? 마지막 6~8주 동안은 셀의 지도력 전체를 그에게 맡겨 놓고 아직 개발되지 못한 부분들에 대해서만 조언해 주는 것이 좋다. 셀그룹의 마지막 단계로 접어드는 달들에서는 "A 유형" 불신자들과 "B 유형" 불신자들에게 전도하는 것을 훈련하는 일에 집중해야 할 것이다.

본 훈련 교재를 마쳐 가는 시점에서 『셀교회 지침서』를 읽기를 권한다. 하나님께서 셀교회 운동을 통해서 세계적으로 하고 계신 일에 대한 더욱 강한 인식을 갖게 될 것이다.

나는 이 책의 저자로서, 본 서의 모든 페이지는 저자 자신이 경험한 셀 리더, 지역 리더 그리고 담임목사의 위치에서 한 경험들을 토대로 쓰여졌다는 말을 하면서 끝을 맺고 싶다. 많은 시간을 소비해 당신을 위해 준비한 이 책이 소중한 영혼들을 하나님의 왕국으로 인도할 것이라고 생각하니 마음이 기쁘다!

우리가 이 지구상에서 만날 기회가 전혀 없다 해도 미래에 하나님의 왕국에 들어가서 당신과 교제할 것을 기대한다. 나는 다음과 같은 말로 끝을 맺고자 한다. "내 안에 계신 그리스도가 당신 안에 계신 그리스도에게 문안합니다!"

메모

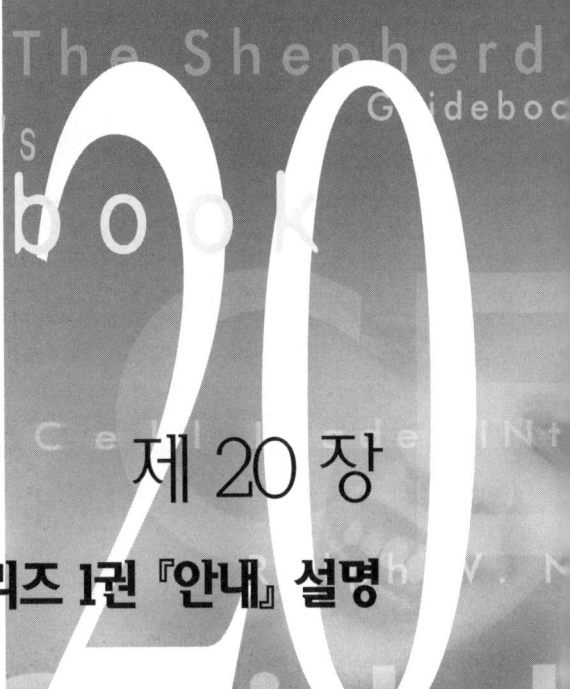

제 20 장

새로운 삶 시리즈 1권 『안내』 설명

새로운 삶 시리즈 1권 『안내』는 새로운 셀원이 겪게 되는 영적, 감정적, 지적인 영역들을 당신이 잘 이해하도록 하기 위해 고안되어 있다. 방문자가 당신의 셀원이 되고자 할 때 그에게 이 책자를 소개하라.

책을 집에 가지고 가서 기도하면서 한 장씩 공부하게 하라. 문제에 대한 옳고 그른 답이 없음을 알려 주라. 새 신자가 당신과 함께 이 책을 통해 나눔으로써 그가 셀그룹에서 경험할 영적 성장에 대해 통찰력을 갖게 하는 것이 이 책자의 목적이다.

새로운 삶 시리즈 1권 『안내』는 또한 "셀그룹 커리큘럼"을 이해하도록 안내해 준다. 이는 군대에서 신병이 받게 되는 기초 군사 훈련과도 같다. 군인은 전쟁에 투입되기 전에 전투에 필요한 훈련을 받아야 한다. 자신의 목숨이 그 훈련에 달려 있기 때문이다. 영적으로 볼 때도 많은 영혼들의 생명이 영적 훈련을 잘 받은 그리스도인의 인도함에 달려 있

터치 셀그룹 커리큘럼 야구장 도표

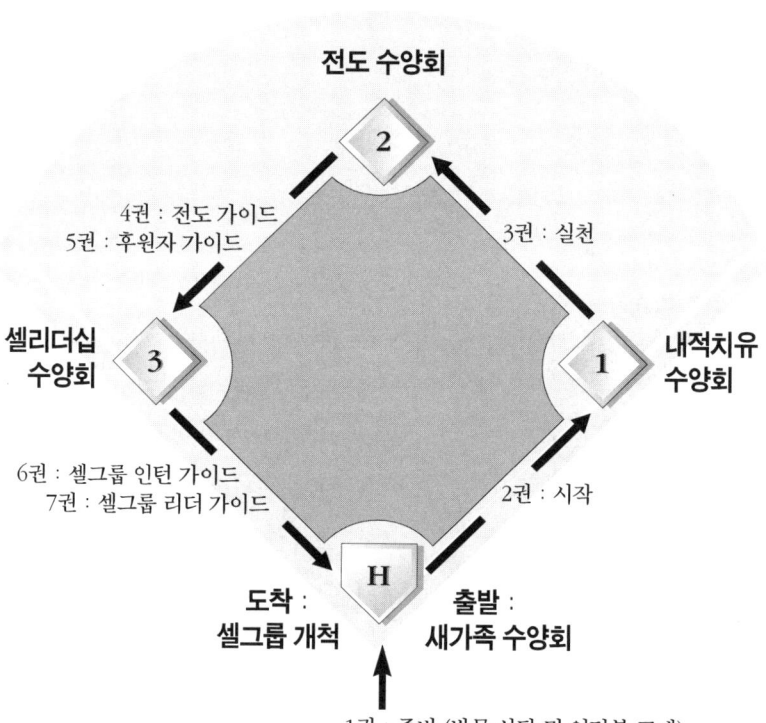

다. 새로운 삶 시리즈 1권 『안내』는 "셀그룹 커리큘럼"을 잘 시작할 수 있도록 돕는 도구다.

앞의 그림은 3권 『실천』의 254페이지에 있는 "야구장 도표"다. 이것은 훈련 과정을 야구장에 비유해 입체적으로 보여 준다. 그리고 훈련 도중에 "수양회"들을 통과하게 된다. 이 과정을 마치려면 약 1년이 걸린다.

새로운 삶 시리즈 1권 『안내』를 끝낸 다음에는 2권 『시작』을 하게 된다. 그 다음에 3권 『실천』을 하게 된다. 11주 과정 교재인 새로운 삶 시리즈 3권 『실천』은 워크북 형식으로 되어 있으며 매일 두 페이지를 공부한다. 이 두페이지를 공부하는 데 걸리는 시간은 보통 10분에서 15분이다. 이 책에선 신자의 가치관을 다루게 되는데, 하나님나라의 가치관과 길거리에서 주워 온 것 같은 세상 가치관을 비교하면서 하나님나라 가치를 이해할 수 있다.

이 과정은 또한 신자가 "A 유형"과 "B 유형" 불신자들에게 사역할 수 있도록 훈련시켜 준다. 모든 사람들은 이 전 과정을 셀리더 훈련의 중요한 부분으로 깊이 있게 배우고 경험함으로 훈련받아야 한다.

새신자에게 이 과정의 내용을 소개할 때, 위 페이지(3~4페이지)를 읽으면서 설명해 주는 것이 도움이 될 것이다. 이 페이지는 이 책을 사용하고 이해하는 방법을 소개한다.

당신과 새로운 셀원과의 관계는 죄를 밝혀내는 관계가 아니라 사랑의 관계이어야 한다. 많은 사람들은 사랑받을 만한 존재라는 것을 인식하기보다 죄책감에 눌려 있다. 우리는 그들이 사람받을 만한 존재라는 것을 알 수 있도록 도와주어야 한다.

새신자가 대답하기를 주저하더라도 고쳐주거나 답을 주지 말라. 계속적으로 사랑하는 마음으로 인내하고 기다려 주며 신뢰를 쌓아라.

그리스도와 함께 걸어온 발자취

처음에 당신이 어떻게 그리스도를 주님과 구세주로 영접하게 되었는지 간략하게 적어 보십시오.

지금까지 그리스도인으로서 내 삶은 다음과 같이 설명할 수 있습니다. 당신에게 가장 적절한 항목을 선택하십시오(✓).

□ 흥미진진한 – 나는 그리스도인이 된 것을 너무나 감사한다.
□ 강력한 – 나는 하나님을 생생하게 체험하고 있다.
□ 극적인 – 나의 삶에서 많은 변화를 경험하고 있다.
□ 어려운 – 나는 갈등하고 있다.
□ 기타:

위의 대답을 당신의 말로 간략하게 적어 보십시오.

새로운 삶 시리즈 :1권

당신은 얼마나 자주 하나님과 시간을 보내십니까?

□ 날마다 – 나는 날마다 하나님과 만나는 시간을 갖는다.
□ 꾸준히 – 나는 대략 일주일에 5번 정도 하나님과의 시간을 갖는다.
□ 때때로 – 생각 나면 하나님과의 시간을 갖는다.
□ 드물게 – 그런 시간은 거의 가질 수 없다.

가장 최근에 하나님과 만났던 시간 가운데 가장 기억에 남았던 날을 생각해 보십시오. 주님과 만나는 그 시간에 무슨 일이 일어났는지를 적어 보십시오.

최근에 성경 말씀을 읽기 위해 시간을 보냈던 때는 언제입니까? 당신은 그때 어떤 느낌을 가졌습니까?

□ 힘을 얻는 – 성경 읽기는 나의 영혼에 생기를 불어넣는다, 그래서 하나님과 더욱 가까워지는 것을 느낀다.
□ 깨달음을 얻는 – 성경 읽기는 나에게 개선될 필요가 있는 삶의 영역에서 통찰력을 얻게 한다.
□ 실천하기 어려운 – 나는 성경을 어떻게 삶에 적용해야 할지 모른다.

이 새신자는 어떻게 예수님을 믿게 되었는가? 그는 어떻게 신앙생활을 하고 있는가? 그는 주님을 어떻게 경험하고 있는가?

당신이 그의 가정을 방문할 때 그가 당신에게 가족들을 소개해 준다면 가족들을 소중히 여기고 서로 존중하는 관계를 만들어 가라. 나중에 그들도 예수님을 영접할 수 있게 될 것이다. 얼마 안 되어서 그들 또한 당신의 셀그룹에 들어올지 또 누가 아는가?

☐ 이해하기 어려운 - 나는 성경을 이해하는 데 어려움을 겪는다.
☐ 지루한 - 성경 읽기는 나의 주의를 크게 끌지 못한다.
☐ 기타: _____

하나님의 말씀을 당신의 삶에 적용하는 데 있어서 아래의 내용들이 얼마나 도움을 주는지 점수를 적어 보십시오.

(상당히 도움이 된다면 4, 적당히 도움이 된다면 3, 조금 도움이 된다면 2, 전혀 도움이 되지 않는다면 1로 적으십시오.)

____ 주일 설교를 듣는다.
____ 다른 사람들과 설교 내용을 나눈다.
____ 당신의 후원자와 시간을 갖는다.
____ 훈련 과정에 참여한다.
____ 경건 서적을 읽거나 교훈적인 테이프를 듣는다.
____ 성경을 공부한다.
____ 하나님의 말씀을 암기한다.

당신의 한계를 뛰어넘는 부정적인 환경에 대해 당신은 어떻게 반응하십니까?

☐ 염려한다.
☐ 화를 낸다.
☐ 그러한 환경을 무시하고 모든 상황이 순조로운 것처럼 행동한다.
☐ 그러한 환경에 뛰어들어 바로 삼으려고 애쓴다.
☐ 기도 시간을 늘린다.
☐ 기타:

타협적인 태도를 취하는 사람들과 함께 있는 자신을 발견했을 때 당신은 어떤 식으로 반응합니까?(거짓말, 험담, 술취함 등)

☐ 자리는 함께 하지만, 거기에 동참하지는 않는다.
☐ 그러한 행위에 정정 빠져들면서 죄책감을 느낀다.
☐ 그 자리를 떠난다.
☐ 그들이 하는 행위가 옳지 못하다고 그들에게 말한다.
☐ 그러한 사람들과의 관계를 단절한다.
☐ 기타: _____

5페이지 중반에서부터 8페이지에 이르기까지 새신자가 예수님을 믿게 된 배경과 신앙생활, 삶에서 하나님을 어떻게 경험하고 적용하는지에 대해 다루고 있다.

당신의 관계들

당신에게 가장 적절한 항목을 선택하십시오.(/).

당신의 가족을 어떻게 설명하시겠습니까?
- 친밀한 – 우리는 함께 있는 경우 서로 이야기를 나누는 것을 좋아한다.
- 화목한 – 서로 어울리기는 하지만 깊은 관계를 맺지 못한다.
- 벽이 없는 – 아무도 다른 사람들과 자신의 삶을 나누지 않는다.
- 불신하는 – 우리 가족들 간의 관계는 대체로 서로 시기하며 적의를 품고 있다.
- 기타:

위의 대답을 간략하게 적어 보십시오.
_____
_____
_____

다음 중 친한 친구나 가족과 있을 때 당신을 가장 잘 표현한 내용은 어느 것입니까?
- 자연스러운 – 편하게 느끼며 자연스럽게 행동한다.
- 열린 – 내가 믿고 생각하는 것에 대하여 자유롭게 이야기한다.
- 소극적인 – 다른 사람들이 먼저 말을 걸어주기를 기다리는 편이다.
- 갈등하는 – 믿는 것에 항상 굳게 서 있는 것은 아니다.

- 불만족스러운 – 아무도 나를 이해해 주지 않는 것처럼 느낀다.
- 기타:

다른 사람과의 관계에서 당신을 가장 잘 설명하고 있는 내용은 어느 것입니까?
- 나는 다른 사람의 감정에 민감하다. 그래서 사람들은 나를 이해심이 많은 사람으로 생각한다.
- 나는 깊이 있게 나누지를 못한다. 그래서 다른 사람과의 관계에서 대체로 피상적이다.
- 나는 다른 사람을 아무렇게나 막 대한다. 그래서 쉽게 화를 내서 갈등을 해결하는 데 어려움을 겪는다.
- 나는 다른 사람과 갈등을 겪은 때 이를 쉽게 해결한다.
- 나는 가능하면 조화를 이루고 싶기 때문에 비그리스도인 친구 앞에서 그리스도를 나타내는 것을 억제한다.

9∼10페이지에서는 새신자의 가족관계 및 다른 사람들과의 관계가 어떤 상태인지를 알 수 있게 해준다.

여기서 새신자의 사람들과의 관계 스타일을 알 수 있도록 질문을 통해 더욱 깊이 대화를 나눌 수 있다.

새로운 삶 시리즈 1권 「안내」설명

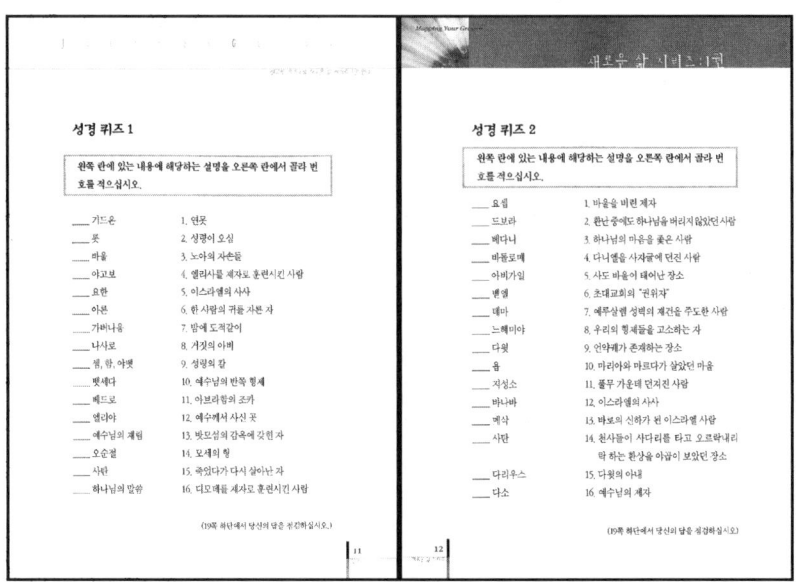

11~12페이지에는 성경 지식에 관한 두 개의 퀴즈가 있다. 새신자들의 성경에 대한 지식이 얼마나 되는가를 점검하라. 어떤 사람들은 성경적인 배경 지식이 전혀 없음을 발견하게 될 것이다. 당신이 성경에 관해 좀 알 것이라고 예상했던 사람들도 그렇지 않을 수 있다.

당신의 사역

당신에게 가장 적절한 항목을 선택하십시오.(✓).

과거에 받았던 사역 훈련이 있습니까?

☐ 새신자 과정
☐ 제자 훈련 기본 과정
☐ 성령의 은사에 관한 과정
☐ 전도 과정
☐ 지도력 훈련 과정
☐ 기타 _____

어떤 사역 활동에 참여해 보셨습니까?

_____ _____
_____ _____

당신의 교회 활동 참여도를 표시해 보십시오.

- 주일 예배 ☐ 규칙적으로 ☐ 불규칙적으로
- 훈련 과정들 ☐ 규칙적으로 ☐ 불규칙적으로
- 셀 모임 ☐ 규칙적으로 ☐ 불규칙적으로
- 다른 셀 활동 ☐ 규칙적으로 ☐ 불규칙적으로
- 기타 _____ ☐ 규칙적으로 ☐ 불규칙적으로

13

지난 한 해 동안 아직 예수님을 모르는 사람들에게 복음을 전하도록 하나님께서는 당신을 어떻게 사용하셨습니까?

☐ 여러 사람을 주님께 인도했다.
☐ 적어도 한 사람 정도는 주님께 인도했다.
☐ 증거를 하기는 했지만 아직 아무도 여기에 반응을 보인 적이 없다.
☐ 사람들을 교회나 셀그룹 활동에 데리고 왔다.
☐ 사람들을 교회나 소그룹 활동에 데리고 오는 일이 어렵게 느껴진다.
☐ 예수님께 관심을 가지고 있는 친구들은 이미 모두 헌신을 했다. 그래서 나에게는 더 이상 불신자 친구들이 없다.
☐ 다른 사람들과 예수님에 대해 이야기를 나눌 만큼 확신이 없다.
☐ 기타

다른 사람을 섬기거나 사역을 할 때 하나님께서 당신을 사용하신 시간들에 대해 생각해 보십시오. 무슨 일이 일어났는지 적어 보십시오.

_____
_____
_____

다른 사람을 돕기 위해 당신의 재정을 사용했을 때의 상황을 간략히 적어 보십시오. 당신은 이 일에 대해 어떻게 생각하십니까?

_____
_____
_____

14

13~15페이지에는 교회에서 이루어지는 훈련들과 사역에 대해 생각하도록 인도된다. 또한 전도에 대한 질문들과 남을 돕기 위해 재정을 사용하는 것에 대해 언급한다. 그리고 앞으로 할 수 있는 사역에 대해 생각하도록 해 준다.

여전히 계속되는 갈등들

"그리스도를 영접하기 전에 우리는 죄의 노예였다. 그러나 십자가 상에서 그리스도께서 죽으심으로 인해 우리에게서 죄에 대한 권세가 끊어졌다. 사탄은 우리에 대해 아무런 소유권이나 권리가 없다. 사탄은 패배한 대적이지만, 그는 이 사실을 알지 못하도록 막기 위해 온갖 노력을 다하고 있다. 당신이 과거에 예속되어 죄를 짓고 실패를 하며 승관에 의해 지배받은 수많은 예속이 없는 존재라고 속일 수만 있다면, 사탄은 그리스도인으로서 당신에게 주어진 약속을 무력화시킬 수 있다는 점을 잘 알고 있다. 사탄은 당신을 혼란스럽게 만들고 압박한 거짓말로 당신의 눈을 가려, 한때 당신을 얽어매고 있던 사슬이 끊어졌다는 사실을 당신이 보지 못하게 만든다."

"당신은 그리스도 안에서 자유로운 존재이다. 그러나 마귀는 그렇지 않다고 믿도록 당신을 속여, 당신에게 주어진 기업을 빼앗을 수 없게 한다." – 닐 앤더슨(Neil Anderson)

당신이 자유로워질 수 있다는 사실은 복된 소식입니다. 그리스도 안에는 승리가 있습니다.

16

아래의 내용들 가운데 당신이 여전히 싸우고 있는 영역이 있다면 표시해 보십시오(✓). 이것은 현재 당신이 처한 위치를 파악할 수 있게 하여 하나님께서 당신에게 자유를 허락하시는 데 도움을 줄 것입니다.

다음과 같은 내적인 감정이 계속해서 나를 괴롭힙니다.

☐ 죄책감 – 내가 옳을 때조차도 죄책감을 느낀다.
☐ 분노 – 나는 쉽게 화를 내고 때때로 격렬하게 분노한다.
☐ 염려 – 나의 한계를 벗어나는 환경에 대해 염려를 많이 한다.
☐ 침체 – 나는 부적절하고 무가치한 존재라고 느낀다.
☐ 쓴 뿌리 – 용서를 하고 잊어버리는 것이 어렵다.
☐ 기타 _____

내 머릿속에는 다음과 같은 것들로 가득합니다.

☐ 성적인 생각
☐ 부정적인 자아관
☐ 미래에 대한 염려
☐ 하나님에 대한 불경스러운 생각
☐ 옳은 일을 한 번도 한 적이 없다는 생각
☐ 아무도 나를 좋아하지 않는다고 생각하는 거짓말
☐ 기타 _____

17

나는 다음과 같은 성적인 욕망을 다스리기가 힘듭니다.

☐ 포르노그래피
☐ 성적인 환상
☐ 자위 행위
☐ 동성애
☐ 간통 · 간음
☐ 기타 _____

나는 내 삶에 밀려오는 두려움과 싸우고 있습니다.

☐ 질병에 대한 두려움
☐ 죽음에 대한 두려움
☐ 자살에 대한 두려움
☐ 정신 이상에 대한 두려움
☐ 내적인 상처에 대한 두려움
☐ 기타 _____

물질주의가 나에게 문제가 되고 있습니다.

☐ 물건을 사는 일을 절제하는 것이 어렵다.
☐ 신용 카드를 과다하게 사용하여 문제가 심각하다.
☐ 관대하게 구제하는 일에 참여하기가 어렵다.
☐ 나는 부를 축적하는 일에 빠져 있다.
☐ 기타 _____

18

나는 다음과 같은 문제들을 내 삶에서 발견합니다.

☐ 게으름을 다스리기가 힘들다.
☐ 다른 사람들에게 순종하기가 힘들다.
☐ 해야 할 일에 꾸준하지 못하다.
☐ 허물 다스리기가 힘들다.
☐ 기타 _____

성경 퀴즈 1회 해답
1. 빌립보 2. 우슬초 3. 성, 함, 야벳 4. 벨리더 5. 기드온 6. 베드로 7. 예수님의 제자 8. 사랑 9. 하나님께 영광 10. 하요일 11. 붓 12. 마가복음 13. 요한 14. 이른 15. 나사로 16. 마음

성경 퀴즈 2회 해답
1. 데마 2. 흠 3. 다윗 4. 다리우스 5. 다소 6. 마나세 7. 마라 8. 시몬 9. 지식 소 10. 베다니 11. 메삭 12. 드보라 13. 요셉 14. 분별 15. 아비가일 16. 마몬도제

19

여기에부터는 죄와 유혹, 사탄에 대해 생각해 보고 하나님안에서 올바른 정체성을 가질 수 있는 통찰력을 갖게 한다.

나를 괴롭히는 생각이나 감정은 없는가? 분노, 염려, 상처 등을 되돌아보고 점검해 본다. 또한 부정적인 습관이나 생각들, 두려움, 죄책감 등은 없는지 점검한다. 그러나 그런 것들을 솔직히 고백하고 하나님 앞에 내려놓음으로서 새신자는 좀더 자유로움을 경험할 수 있다.

셀리더는 본인이 원할 경우 솔직히 나눌 수 있도록 조심스럽게 열린 마음으로 들어주라. 그러나 모든 새신자가 솔직히 마음을 열고 나누려고 하지는 않을 것이다.

그럴 경우는 다음에 그런 기회를 가질 수 있을 때까지 인내하고 기다려야 한다. 그 사람과 대화 중에 깊이 있는 고백들이 나온다면 24시간 이내에 그 사람에게 반드시 전화를 걸어 다음과 같이 말하라. "당신의

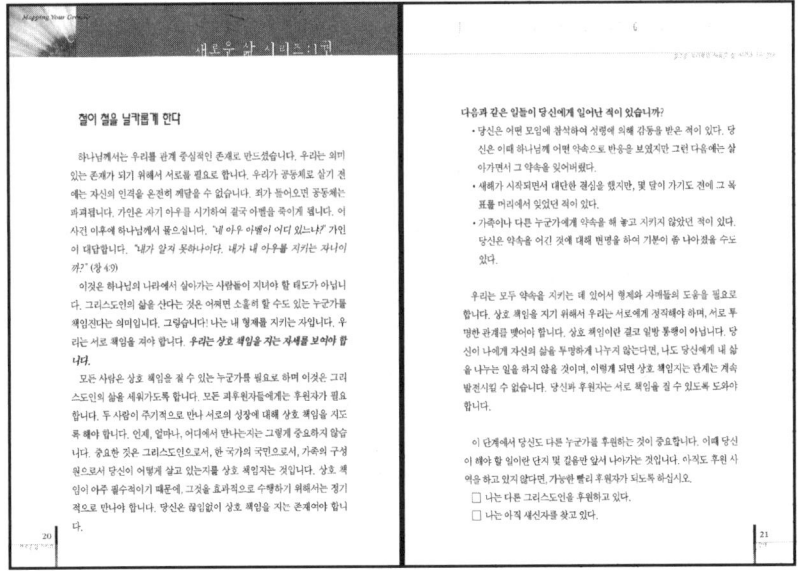

마음을 활짝 열어 제게 투명하게 보여 줘서 감사합니다. 주님께서 우리 두 사람이 함께 영적으로 성장하도록 우리를 셀그룹에서 만나게 하셨어요. 저를 위해 매일 기도해 주시겠어요? 제가 당신을 잘 도울 수 있게 해 달라고 기도해 주세요. 당신은 아주 소중한 사람입니다!"

많은 경우에 깊은 속마음을 고백하고 나면 그 사람 속엔 부끄러운 마음이 생긴다. "오! 내가 왜 그랬을까? 셀리더는 내게 대해 아는 것이 별로 없는데 나에 대해 어떻게 생각할까? 내 속사정을 다 알아버려서 너무나 창피해!" 이러한 때에 시기에 알맞는 격려와 지지의 말을 해 주어 안심감과 신뢰를 갖게 해 주라.

여기서는 앞으로 셀생활을 해 나갈 때 혼자가 아니라 함께 동행하고 도와줄 상호책임자를 가지는 것에 대해 생각하도록 해 준다. '작심삼일'이라고 혼자서 무엇을 결심하면 오래가지 못하고 포기하게 되지만 나를 점검해 주고 격려해 주는 사람이 늘 주위에 있다면 지속적으로 목표를 향해 전진할 수 있다. 후원자가 왜 필요하고 상호책임을 왜 져야 하는지 그 필요성을 강조하라. 상호책임을 지기 위해서는 서로에게 정직해야 하며 일방적이 아니라 쌍방향으로 서로의 삶을 솔직히 나누어야 한다.

자신에게 상호책임져 줄 사람의 역할과 관계를 이해한 후에는 새신자 자신도 또 다른 성도나 새신자와 상호책임지는 것에 대해 고려해 보도록 이끌어 주라. 하나님은 늘 관계를 통해 우리를 성장시키고 축복해 주신다. 새신자가 그런 하나님의 축복을 누릴 수 있도록 안내해 주라.

당신을 위한 여행 안내 지도

축하합니다! 당신은 제대로 길을 들어섰습니다. 그러나 나머지 생애를 살아가는 동안에도 계속하여 자라가야 한다는 것을 기억하십시오. 그리스도인의 삶이란 아주 흥미진진한 것입니다. 그것은 절대로 지루하지 않습니다. 당신의 인생은 기대한 모험이 될 것입니다. 그러한 모험을 즐기십시오. 그러한 모험은 언제나 멋진 발걸음이 될 것입니다. "모든 것이 합력하여 선을 이루느니라" 하나님을 신뢰하고 믿음으로 전진하십시오.

다음에 이어지는 내용은 당신을 위한 여행 안내 지도입니다. 이 지도는 당신에게 다음 목적지가 어디인지를 알려 줄 것입니다. 다음 단계를 아는 것은 아주 중요합니다. 무엇보다 다음 목적지가 어디인지 알지 못하면, 당신은 언제 거기에 도달할 수 있을지 알지 못할 것입니다. 반면에 당신은 이 과정을 통하여 하나님께서 훈련 과정에 어떤 항목을 추가할 것인지를 확실히 알게 될 것입니다.

고등학교에도 모든 학생들이 반드시 이수해야 할 일련의 필수 과목이 있습니다. 그리스도인들은 하나님께서 각자의 필요에 맞는 과목을 선택하도록 여러 가지 과정을 준비해 놓으셨다는 사실을 깨달아야 합니다. 하나님께서는 우리에게 안내를 가르치기 위해 여러 학생들과 함께 이 과정에 참여시키십니다. 또한 그분은 우리로 하여금 다른 사람들을 돌보는 것을 배울 수 있는 상황에 처하게 하십니다. 당신도 역시 적합한 여행 안내 지도를 가지고 있습니다. 이제 시작될 이 여행 중에는 놀라운 일들이 기다리고 있습니다.

다음 단계는 교회의 모든 구성원들에게 매우 중요한 것으로 모든 신자에게 필수적인 내용입니다. 목적지에 있는 정류장에 도착하기 위해서는 당신의 여정에서 이 단계를 거쳐야만 합니다. 여기서 잠시 기도를 한 후 영적 성장 평가서를 작성해 보십시오.

사랑하는 주님, 내 삶을 주님께 드립니다. 나는 어린양의 피로 구원을 받았습니다. 나는 나의 것이 아니라 주님의 것입니다. 내가 삶의 여정을 계속해 갈 때 더욱 그리스도를 닮아갈 수 있도록 도와 주십시오. 나의 삶이 성숙해지고 주님의 이름을 영화롭게 하기를 소원합니다. 예수님의 이름으로 기도합니다. 아멘.

영적 성장 평가서

아래의 관습이 자신의 삶에 전혀 부합되지 않으면 1로, 완전히 일치하면 5로 표시하고, 그 정도에 따라 1과 5사이에 있는 적절한 숫자로 적으십시오.

____ **새로운 가치들**
나는 새로운 가치관을 가진 하나님 나라의 시민일 뿐만 아니라 새로운 왕국의 가치에 따라 모든 가치들을 긍정적으로 세웁니다.

____ **관대하게 구제하기**
나는 물질의 청지기로서 하나님께서 나에게 맡겨 주신 물질을 관대하게 그리고 정기적으로 나눕니다.

____ **일관된 기도로 하나님께 의뢰함**
나는 기도하는 방법을 알 뿐만 아니라 기도 가운데 성실히 하나님께

『안내』를 통해서 새신자와 나누었던 내용들에 대해 하나님께 도움을 요청하는 기도를 드리라. 그리고 새신자가 향후 셀생활을 통해 영적으로 성장하며 점차 무거운 죄책감을 벗고 자유로운 삶을 되찾을 수 있도록 도울 준비를 하라.

『안내』22~26페이지에는 영적성장평가서가 있다. 새신자에게 영적성장평가서를 작성케 하고 자신이 하나님과 교회, 셀공동체를 통해 경험하고 발전해야 하는 목표를 생각하게 하라. 평가서 내용의 가치, 기도, 하나님 음성 듣기, 교회생활에 동참하기, 감사, 섬기기, 은사를 사용, 전도, 다른 새신자를 돕기, 선교등에 대한 현재의 상황이나 생각등을 살펴보며 어떤 영역에서 더욱 성장할 필요가 있는지 점검하라.

그리고 마지막에 향후 1년간 성장하고 싶은 목표를 정하게 하고 그것을 어떻게 발전시키고 달성할 수 있는지 구체적인 대안에 대해 나누라.

이때 셀리더가 자신의 성장에 도움이 되었던 훈련이나 자료, 경험 등

을 나눔으로써 모델을 제시해 주면 효과적이다. 이때 이 책의 7장을 참조하며 셀그룹에서 진행될 훈련과정을 설명해 줌으로 앞으로 자신이 걸어가게 될 단계를 알 수 있도록 도와주라.

마지막으로 27페이지에서 가까운 미래에 삶에 적용할 필요가 있다고 생각되는 내용들을 체크하는 지도를 보며 그 내용 중 3개를 골라 체크하게 한다. 22~26페이지를 통해 점검하고 나눈 내용들을 토대로 새신자의 현재의 필요와 성장하고자 하는 목표를 정한다면 앞으로 셀생활을 역동적으로 할 수 있도록 동기를 부여해 줄 것이다.

셀리더로서 이 새로운 삶 시리즈 1권 『안내』를 나누면서 새신자를 양육하기 시작하는 당신의 삶에 하나님의 은혜가 넘치도록 부어지기를 바란다!

메모

_____

_____

_____

_____

_____

_____

_____

새로운 삶 시리즈 1권 「안내」 설명

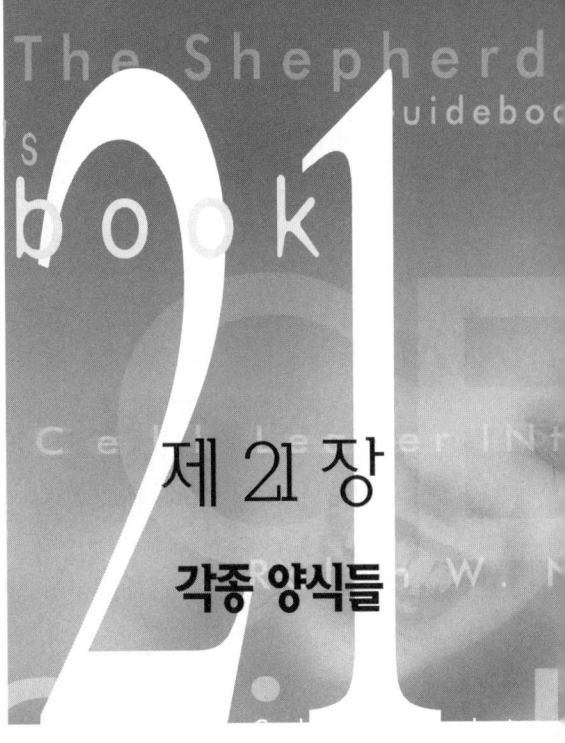

제 21 장

각종 양식들

　다음에 제시된 각종 양식들은 당신의 사역에 큰 도움이 될 것이다. 여기서 "셀그룹 모임 보고 양식" 이외에는 필요에 따라 사용하면 된다. 당신의 셀교회는 아마도 지금까지 사용해 온 양식들 중 어떤 것들은 본서에서 제시된 것을 모델 양식으로 대체하여 사용할 수도 있을 것이다.

　매주 셀 모임을 가진 뒤에 주별 보고서를 반드시 지역 사역자에게 제출해야 한다. 셀그룹이 모임을 가진 때로부터 24시간 이내 보고서를 제출하거나 혹은 전화나 팩스(또는 이메일)로 보내는 일을 단 한 번도 걸러서는 안 될 것이다. 이 보고서 제출을 위해 셀그룹 회원들 중 한 사람에게 책임을 위임할 수도 있을 것이다.

　본 서에 제시된 양식은 개인적으로 사용할 수 있도록 허락되어 있다.

〈셀그룹 서약서〉 322쪽

당신은 이 양식이 그룹 원들을 결속시키는 일에 있어서 매우 유용하다고 느끼게 될 것이다. 어떤 그룹들은 성문화된 서약서를 매우 효과적으로 사용하지만 어떤 그룹들은 그렇지 못할 수도 있다. 당신의 공동체가 처한 상황에서 이 양식이 얼마나 요긴한 지의 여부를 스스로 결정하라.

〈셀그룹 모임 보고서〉 323쪽

3부를 작성하여 한 장은 자신이 보관하며 다른 한 장은 차기에 셀그룹 리더가 되기 위하여 훈련을 받고 있는 예비 목자에게 그리고 나머지 한 장은 교회 사무실 또는 지역 사역자에게 제출한다.

〈영적 순례 면담 점검표〉 324쪽

셀그룹 회원을 만날 때마다 이 표에 제시된 개요를 사용하여 앞으로 그 사람을 돕는 준비를 위해 사용하라.

〈셀그룹 회원 신상 기록부〉 325쪽

셀그룹 구성원들의 이름과 기본적인 이력 사항을 기록하여 사망이나 기타 위급한 상황에서 그들의 직계 가족이나 연락할 대상자를 기록하라.

〈셀 그룹 방문객 방명록〉 326쪽

이 양식을 복사해서 셀 모임에 참석한 방문객들에게 나누어 줌으로써 그들에 관한 정보를 얻는 데 사용한다.

〈셀그룹 출석부: 제_____학기)〉 327쪽

21명의 이름을 기록할 수 있도록 되어 있다. 만일 셀그룹이 이보다 더 클 경우 이 양식을 복사하여 사용하라.

〈셀 리더의 자기 평가 양식〉 328쪽

〈예비 목자(인턴) 평가 양식〉 329쪽

앞에 있는 양식은 당신 자신을 검사하는 데 사용하며 [예비 목자 평가 양식]을 사용하여 예비 목자의 사역에 대해 함께 토의하라.

〈기도 연락망〉 330쪽

이 양식을 복사하여 셀그룹 구성원 모두에게 이름을 적게 한다. 각 사람들은 자기 이름 바로 위에 있는 사람의 연락을 받는다. 즉, 각자는 자기 이름 바로 밑에 있는 사람에게 연락을 한다. 만일 응답하지 않는다면 그 다음 사람에게 전화를 한다. 각 셀그룹 회원들을 위해 완성된 양식을 복사하여 나누어준다.

〈셀그룹 모임 평가〉 331쪽

〈셀그룹 모임 계획서〉 332쪽

예비 목자와 함께하는 시간에 매우 유용한 양식이다. 그룹이 성숙해 가면서 당신이 셀그룹에서 관찰하여 얻은 통찰들을 유형화시켜 주는 데 유용하다.

〈나눔 주제 계획서〉 333쪽

나눔의 시간을 계획하는 데 유용하다.

〈중보 기도 제목 기록표〉 334쪽

셀그룹 서약서

그리스도께서 나에게 화평을 가져다 주셨음을 인식하면서
나도 그 화평을 가지지 못한 사람에게 나누어 주겠습니다.

셀그룹 모임이 생애에서 중요한
전환점이 된다는 사실을 인식하면서
나는 이 모임과 사역에 참여하는 것을
우선순위 중에서 제일 첫 자리에 두겠습니다.

나는 우리 셀그룹이 존속하는 동안
2, 3명의 사람들을 그룹으로 인도하는 일에 최선을 다하겠습니다.

나는 깊은 고통 가운데 있는 사람들이
그리스도의 무조건적인 사랑에 응답하는 쪽을
선택할 수 있게 될 때까지
인내하며 그들을 섬길 것입니다.
나는 하나님께서 용납하신 모든 사람들을 용납하며
그들을 판단하지 않겠습니다.
나는 언제나 하나님께서 모든 일을
그분의 영원한 목적을 위해 허용하심을 기억하겠습니다.

나는 기도하는 마음으로 모든 상황에서
하나님께서 말씀하시고자 하는 바를 알게 되고
그분의 사랑의 음성이 되기를 구하겠습니다.

나는 어려운 상황들을 만날 경우 단순한 "해결책"을 제시하는
경망스러움을 전심으로 피하겠습니다.

서명:_____

셀그룹 모임 보고서

셀 이름		집 주인 이름	

모임 장소	참석 인원	방문객 인원

모임 일시	요일	시간

목자	예비 목자	찬양 인도자

참석자 명단

처음 참석한 사람의 이름에는 밑줄을 친다.
뒷면에 그 사람의 이름, 주소, 전화번호 등을 적는다.

이름	이름

다음 셀 모임에 관한 보고 사항

모임 일시	요일	시간

집주인 이름	전화번호	모임 장소 주소

중요합니다: 이 보고서를 모임 후 24시간 이내에 제출해 주십시오!

영적 순례 면담 점검표

그리스도인이 된 지는 얼마나 되었는가?

신앙에서 멀어진 경험은?

이전에 받은 그리스도인의 훈련 경험은?

교회 생활은 얼마나 적극적으로 했었는가?

구원 경험: 의심스러운가?

과거에 전도한 경험은?

성경 지식 퀴즈에 대한 점수는?

자신에게 주어진 성령의 은사를 아는지 여부는?

은사를 적극적으로 활용하는가?

지속적으로 기도 생활을 하는가?

지속적으로 성경을 공부하는가?

다른 사람을 그리스도께로 인도한 경험이 있는가?

이 사람은 배우는 태도가 어떠한가?

"견고한 진"을 다루는 교재나 자료가 이 사람의 견고한 진을 드러냈는가?

이 사람에게 있는 견고한 진은 무엇인가?

셀그룹 생활을 알고 있는가? 셀에 대한 준비 정도는?

양육인을 가지는 것과 스스로 양육인이 되는 문제에 대한 느낌은?

　면담을 마친 후 아직 기억이 생생할 때 이 사람에 대한 당신의 생각들을 기록하라. 당신이 특별히 관심을 가지게 되는 영역들을 적어라. 그리고 "중보 기도 제목 기록표" 양식을 사용하여 이 사람을 위한 중보 기도 제목들을 기록하라.

기타 생각들:

셀그룹 회원 신상 기록부

이름:

주소:

전화:

가장 가까운 사람:

이름:

주소:

전화:

가장 가까운 사람:

이름:

주소:

전화:

가장 가까운 사람:

이름:

주소:

전화:

가장 가까운 사람:

이름:

주소:

전화:

가장 가까운 사람:

셀그룹 방문객 방명록

이름:

주소:

전화:

특기할 사항:

이름:

주소:

전화:

특기할 사항:

이름:

주소:

전화:

특기할 사항:

이름:

주소:

전화:

특기할 사항:

셀그룹 출석부 : 제_____학기

∨=출석

이름	주별												
	1	2	3	4	5	6	7	8	9	10	11	12	13

각종 양식들

셀 리더의 자기 평가 양식

임무	평점 (10=매우 높다 1=매우 낮다)									
	10	9	8	7	6	5	4	3	2	1
구성원들의 집을 심방한다										
방문객들과 관계를 잘 맺는다										
새 가족들과 의식적으로 친숙해진다										
토의에 참여한다										
불신자를 전도 소그룹에 데려 온다										
목자 훈련을 받았고 지금 받고 있다										
심방을 계획한다										
개인적으로 심방한다										
효과적으로 셀 모임을 인도한다										
대화의 주제를 다룰 준비가 잘 되어 있다										
사역 나눔의 시간을 위해 적절한 준비를 한다										
토의 시간에 구성원들의 필요를 민감하게 파악한다										
문제 있는 사람들을 사랑으로 돌본다										
연쇄기도 조직을 인도한다										
지속적으로 구성원들을 위해 기도한다										
유용한 기록들을 활용한다										
상담가로서의 의식을 가지고 있다										
건설적 비판을 잘 수용한다										
예비 목자를 훈련시키고 있다										
예비 목자가 또 다른 사람을 훈련시키도록 훈련한다										
새 예비 목자를 감독한다										
예비 목자가 훈련시키는 사람을 훈련한다										
지역 사역자가 되고자 하는 열망을 가지고 있다										
지역 사역자로 추천받았다										

예비 목자(인턴) 평가 양식

임무	평점 (10=매우 높다 1=매우 낮다)									
	10	9	8	7	6	5	4	3	2	1
셀 원들의 집을 심방한다										
방문객들과 관계를 잘 맺는다										
새 가족들과 의식적으로 친숙해진다										
토의에 참여한다										
불신자를 전도 소그룹에 데려 온다										
목자 훈련을 받았고 지금 받고 있다										
심방을 계획한다										
개인적으로 심방한다										
효과적으로 셀 모임을 인도한다										
대화의 주제를 다룰 준비가 잘 되어 있다										
사역 나눔의 시간을 위해 적절한 준비를 한다										
토의 시간에 셀 원들의 필요를 민감하게 파악한다										
문제 있는 사람들을 사랑으로 돌본다										
연쇄 기도 조직을 인도한다										
지속적으로 셀 원들을 위해 기도한다										
유용한 기록들을 활용한다										
상담가로서의 의식을 가지고 있다										
건설적 비판을 잘 수용한다										
예비 목자를 훈련시키고 있다										
예비 목자가 또 다른 사람을 훈련시키도록 훈련한다										
새 예비 목자를 감독한다										
예비 목자가 훈련시키는 사람을 훈련한다										
셀 리더가 되고자 하는 열망을 가지고 있다										
셀 리더로 추천받았다										

기도 연락망

이름:
전화번호:
이름:
전화번호:
이름:
전화번호:
이름:
전화번호:
이름:
전화번호:
이름:
전화번호:
이름:
전화번호:
이름:
전화번호:

셀그룹 모임 평가

이 양식을 사용하여 예비 목자와 함께 모임을 평가하라

목자 이름:

날짜: _____ 년___ 월___ 일   참석 인원: _____ 명

나눔 주제:

모임에서 있었던 가장 중요한 일들은?

모임에 발견한 약점이나 문제들은?

이전에 알지 못했던 점들은?

필요한 조치들은?

(심방, 전화, 격려의 글 등)

셀그룹 모임 계획서

목자 이름:

모임 날짜: _____ 년____ 월____ 일

모임 장소:

   주소:

   약도:

할 일	책임자	준비 상태
음식		
방문객 소개		
친숙해지기(아이스 브레이커)		
찬양과 경배		
나눔 주제		
사역 나눔		
기도 시간		

기타 기록

이 양식을 사용하여 예비 목자와 함께 다음 목장 모임을 계획하라

나눔 주제 계획서

주제: _____   날짜: _____

　　이 주제를 사용하는 이유:

친숙해지기(아이스 브레이크):

시작하는 질문:

사용할 성경말씀:

　1._____   2._____

셀그룹이 이 주제에 관심을 집중한 뒤 성경구절을 하나씩 읽는다. 각 성경구절을 읽고 "이 구절이 우리의 주제와 어떤 관계가 있는가?"라고 질문한다. 한 구절에 적극적으로 반응을 보이지 않으면 다음 구절로 넘어간다. 성경구절이 그룹의 특별한 필요를 건드릴 경우 자연스럽게 토의에 들어간다.

앞으로 나눌 만한 주제:

어린이들이 목장에 참석할 경우 그들을 나눔의 주제에 어떻게 동참시킬 것이며 또는 그 모임이 그들에게 의미 있게 되도록 어떠한 것들을 어린이들에게 제공할 것인가?

중보 기도 제목 기록표

셀 원 이름:
기도할 영역:

날짜	기도 내용	믿음으로 나는 이 사람이:
요청일: 응답일:		
날짜 요청일: 응답일:	기도 내용	믿음으로 나는 이 사람이:
날짜 요청일: 응답일:	기도 내용	믿음으로 나는 이 사람이:
날짜 요청일: 응답일:	기도 내용	믿음으로 나는 이 사람이:
날짜 요청일: 응답일:	기도 내용	믿음으로 나는 이 사람이:
날짜 요청일: 응답일:	기도 내용	믿음으로 나는 이 사람이:

용어 사전

감정 영역(Affective Domain):

우리의 가치관이 보관된 인간 성품의 영역으로서 이 곳은 논리적으로 설명되지 않는다. 이 영역은 인지적 정보들에 의해 어느 정도 영향을 받고 있지만 일차적으로는 생활 경험에 영향을 받는 영역이다. 셀그룹에서 이루어지는 셀 원들간의 상호 작용은 감정 경험의 강력한 예이다. 이 영역의 변화를 위해서는 교사가 아니라 안내자가 필요하다.

축제 예배(Celebration):

특정한 지역이나 교구 안에 있는 모든 셀들의 셀 원들이 예배와 찬양과 성경공부를 위해 가지는 모임으로서 셀교회의 가장 큰 집회 단위다.

셀그룹(Cell Group):

지역 교회 구조의 권위와 지도 아래 있는 기독교 기초 공동체를 일컫는 용어다

셀교회(Cell Church):

비전통적 교회 형태로서 그리스도인의 셀 모임들이 특정한 방식으

로 가정에서 모여 예배, 교육, 불신자들을 향한 전도, 신자들의 결속, 양육과 서로간의 돌봄을 행한다. 셀들을 "기독교 기초 공동체," 즉 교회 생활의 기초 단위로 정의하는 교회다. 셀들이 지역적으로 연합하여 모이는 모임을 "회중들"(congregations)이라고 하며 모든 회중들의 전체 모임을 축제 예배라 한다.

인지 영역(Cognitive Domain):

교사가 전해 주는 것을 배우려는 학생과 교사를 필요로 하는 지식의 영역을 의미한다. 이 영역은 주로 논리적인 것들이 포함된다. 이 인지 영역에는 사람의 가치 체계가 포함되지 않는다(감정 영역과 심리 행동 영역을 참조하라).

회중(Congregation):

셀교회 운동의 경우 이 용어는 특정한 지리적 영역에 있는 셀들의 집합을 의미한다. 일반적으로 회중은 5~15개의 셀들로 구성되며 각 셀에는 10~12명의 구성원들이 있다. 회중은 매주 또는 매월 1회씩 모일 수 있다. 성경공부, 훈련, 지역 복음전도 활동 또는 특정 영역의 사역을 목적으로 하는 셀들의 모임이다. 회중은 단순한 셀들의 모임일 뿐, 그것이 교회의 기초 단위를 대신하지는 않는다. 대도시의 경우 한 셀교회에 많은 회중들이 있을 수 있다.

능력 부여자(Enabler): (사회자 참조)

훈련가(Equipper):

에베소서 4장 11~16절은 모든 믿는 자들은 사역자라고 가르치고 있다. 하나님께서는 모든 사람들에게 은사를 주시며 또한 은사를 가진 사람들을 훈련시키는 은사를 가진 사람들을 공급해 주신다. 그러한 사람들을 사도, 선지자, 복음 전하는 자, 목사와 교사로 부르며 이들의 주된 과업은 그리스도인들을 사역자로 훈련시키는 것이다.

사회자(Facilitator):

셀 리더(목자로도 불려짐)의 역할로서 셀 모임을 할 때 나눔의 시간을 인도하되 자신은 최소한으로 말하고 셀그룹 구성원들로 하여금 나눔의 경험을 가질 수 있게 해 주는 사람이다. 사회자는 가르치거나 그룹을 통제하거나 지배하지 않으며 셀그룹에서 나누어지는 모든 언급에 대하여 일일이 반응하지 않는다.

양떼(Flock):

『셀리더 지침서』에서 셀그룹을 의미하는 용어로 사용된다(셀 리더는 "목자"로 불려진다).

가정 교회(House church):

순수한 정의로는 가정에서나 혹은 집에서 모이되 자신들의 활동을 위해 모이는 그리스도인들의 고유한 그룹으로서 그들은 어떤 다른 교파에 속하지 않은 사람들이다. 어떤 경우에 이 용어는 셀그룹을 지칭하기 위해 사용되는데 이 경우 셀그룹은 엄격한 의미에서 볼 때 가정 교회는 아니다. 셀그룹이란 가정에서 모이기는 하지만 도시나 지역에서 하나의 운동으로서 함께 모이는 보다 큰 규모의 그리스도인 모임의(예를 들면 지역 교회와 같은 모임 단위—역자 주) 한 부분인 것이다.

친숙해지기(Ice Breakers):

이것은 소그룹에서 제일 먼저 시작하는 활동을 의미하는 용어로서 참석한 각 사람이 돌아가면서 자신에 관하여 나눈다. 이 활동은 모임 중에 불안을 느끼거나 평안을 느끼지 못하는 사람들의 "얼어붙은 마음을 깨뜨리고 녹이는" 역할을 한다.

예비 목자(Intern):

셀 리더로서의 사역 준비를 위하여 훈련받고 있는 사람으로서 인턴으로도 불려진다. 모든 셀 리더는 셀그룹이 시작되는 날로부터 예비목자를 가져야 한다. 그 이유는 약 6개월 후에는 그룹이 배가될 수 있도록 준비되어야 하기 때문이다. 그때가 되면 예비 목자는 셀 리더가 되어 새로운 셀을 형성한다.

취미 활동 그룹(Ineterest Group):

특별한 문제나 취미를 중심으로 셀 그룹이 작은 그룹들을 이루어 전도하는 셀그룹 속의 작은 그룹을 의미한다. 예를 들면, 홀로 된 부모들, 조깅하는 사람들, 알코올 중독자들, 정신 박약 아동의 부모들, 실직자들을 도와주는 그룹 등이 여기에 해당한다.

혈통 맺기 활동(Kinning):

셀 원들 사이에서 가족 관계를 이루는 활동.

로고(Logo):

사람들이 감상할 때 지성적, 정서적 반응을 일으키게 하는 상징물로서 삽화나 사진 등을 의미하는 용어.

사역(Ministry):

셀교회 안에서 이 용어는 안수 받은 목회자만이 아닌 모든 그리스도인의 활동을 가리키는데 사용되는 용어이다. 목회자들은 "성도들을 온전케 하여 봉사(사역)의 일을 하게 하는" 자들이다.

심리 동작 영역(Psychomotor Domain):

동작 기술이 개발되는 영역이다. 이 영역의 학습을 위해서는 배우려는 기술을 이미 익숙하게 배운 지도 교사를 필요로 한다. 자동차의 운전 연습, 기타 연주 등이 이 영역에 해당한다. 이 영역의 배움을 위해 취미 활동 그룹을 만들 수도 있다.

퀘이커교도의 질문(Quaker Questions):

소그룹의 첫 모임에서 종종 친숙해지기(아이스 브레이크)로 이것을 사용한다. 이 활동이 퀘이커교도의 질문이라고 불려지는 이유는 100여 년 전에 퀘이커교도들이 작은 마을들에서 새로 나온 신자들과 친숙해 지려고 이러한 질문들을 사용했기 때문이다. 이것들에 관해서는『셀리더 지침서』에 상세히 기술되어 있다.

전도 소그룹(Share Group):

셀그룹이 지원하는 복음 전도를 위한 셀그룹 속의 작은 하부 그룹이다. 세 명의 셀 원들이 어떤 종교 활동에도 마음을 열지 않고 있는 사람과 만난다. 이 전도 소그룹을 위한 훈련 자료로는 "마음을 여는 전도" 시리즈가 있다:『다리를 만듦』(Building Bridges),『그룹을 조직함』(Building Groups),『전도의 인식』(Building Awareness) 등이 그것들이다.

목자(Shepherd):

셀 리더의 생활 중 사역적인 면을 설명하는 데 사용된 용어다.

소그룹(Small Group):

이 용어는 일반적으로 전통 교회의 소그룹들, 이를테면 교제, 제자 훈련, 기도 등을 위한 소그룹들을 언급하는 데 사용된다. 이 용어는 교회 생활의 기초 단위인 셀그룹을 지칭하는 데 사용되는 용어는 아니다. 이와 같이 전통 교회의 소그룹은 다양한 프로그램 중 하나일 뿐이다.

터치(TOUCH):

이 T.O.U.C.H.란 "그리스도의 손 아래 다른 사람들을 변화시킨다" (TRANSFORMING OTHERS UNDER CHRIST'S HAND)는 뜻이다.

4권 『전도 가이드』(Touching Hearts Guidebook):

셀그룹에 있는 사람들에게 요한복음 3장 16을 사용하여 그림을 그려 가며 자신의 믿음을 전하는 방법을 배우게 하는 훈련 자료다.

터치 셀 사역(Touch Outreach Ministries):

미국의 텍사스주 휴스턴에서 1970대 초반에 설립된 이 사역 본부는 미국 내의 셀교회들을 컨설팅하는 사역에 초점을 맞추고 있다. 이것은 선교 단체가 아닌 셀교회를 섬기기 위한 사역 본부다.

A 유형의 불신자들(Type "A" unbelievers):

성경을 하나님의 말씀으로 받아들이고 있는 불신자들을 지칭하며 이들은 기독교적 사고를 가지고 있으며 성경공부와 설교에 대하여도 마음 문을 열어 놓고 있는 사람들이다. 셀 원들로 구성된 작은 전도 소그룹이 이들에게 전도한다.

B 유형의 불신자들(Type "B" unbelievers):

이들은 성경에 관심이 전혀 없는 불신자들이며, 성경이 하나님의 영감으로 기록된 말씀이라는 사실에 의문을 제기하며 기독교에 대하여 매우 제한적인 사고를 하는 사람들이다. 그들은 아직도 성경공부나 예배 참석에 대하여 마음 문을 열지 않고 있으며 설교에 대하여 적대적 감정을 품고 있을 수도 있다. 그들은 전도를 목적으로 불신자들이 관심을 가지는 주제를 중심으로 구성된 전도 소그룹이나 취미 활동 그룹을 통해서 관계가 맺어지고 복음 전도가 이루어진다.